メディアがつくる現実、メディアをめぐる現実

ジャーナリズムと社会問題の構築

The Constructing of Journalism and Social Problems

YAMAGUCHI Hitoshi
山口 仁

keiso shobo

はじめに　ジャーナリズムを論じるということ

「ジャーナリズムを研究する」という活動には困難が伴う。「ボクはね、メディア研究やコミュニケーション研究はわかるんだけど、『ジャーナリズム研究』という分野はどうもよくわからないんだよね、キミはどう考えているの？」。あるメディア史研究者にこう聞かれたことがある。また同世代の政治学の研究者からは「山口さんがやってるジャーナリズム研究って、科研（科学技術研究費）だとどの分野なんですか？」とも聞かれた。どちらも食事や会合での何気ない会話である。しかし、ジャーナリズム研究の置かれた微妙な立ち位置をそれとなく示す会話でもある。わかるようでわからない研究領域、それがジャーナリズム研究ではないだろうか。

こうした問題意識は筆者だけのものとも言い切れない。例えば故・鶴木眞は編著『客観報道――もう一つのジャーナリズム論』の冒頭で、日本のジャーナリズム研究が抱える問題について以下のように述べている。

ジャーナリストやジャーナリズム組織・業界が問題を起こすたびに、それを解説し、批判することにとどまる書物が「ジャーナリズム論」として幅を利かせている。既存のイデオロギーや理論を体系的に整理し、その中から独自のモデルや仮説を提示し、それにもとづいてジャーナリズムの分析を試みるという研究書はごく少数に限られている。この現状を見ると、日本ではジャーナリズム批判は存在しても、ジャーナリズム論、あるいはジャーナリズム研究が未成熟であることが痛感される。その最大の原因は、当該分野の研究者が、マス・コミュニケーション研究の応用領域としてジャーナリズムの問題を扱うことに熱心でなかったことに求められよう。（鶴木編 1999, はじめに）

ほかにも「数多く出版されているいわゆるジャーナリズム批判の文献の多くが、研究書としては刺激的ではなく、平板に思えた」（大石裕 2005, 266）といった指摘も似たようなものである。「ジャーナリズム」と呼ばれる現象は明らかに存在にするにもかかわらず、そしてそれを批判する書物は数多く出版されているにもかかわらず、なぜ「研究」にはならないのだろうか……。これがジャーナリズム研究に関して、私が常に抱えている疑問である。

またこうした問題とも関連するが、昨今のメディア・コミュニケーション研究（マス・コミュニケーション研究）の領域では理論志向の弱さが問題視されている。例えば日本マス・コミュニケーション学会のシンポジウム「マス・コミュニケーションの現在――理論研究への視座」（２０１６年）では、ジャーナリズム研究、特に理論的な研究発表・論文が少ないことが問題視された。

本書の目的は、社会学的な視座に基づいてジャーナリズムの社会的機能を理論的に検討し、具体的な事例分析を行うことで、こうしたジャーナリズム研究の「停滞」の克服に少しでも寄与することである。

本書は、第Ⅰ部が理論編、第Ⅱ部が事例編・応用編という二部構成になっている。

「第Ⅰ部　社会問題とジャーナリズムを分析する視点」では、ジョン・Ｉ・キツセを中心として社会問題研究の領域で提唱されてきた構築主義的視座（いわゆる「社会問題の構築主義」）に考察を加えながら、社会問題に関するマス・メディア報道（ジャーナリズム）を分析するための理論的フレームワークを提示する。

第1章「社会問題研究と構築主義的アプローチ」では、社会問題研究の中で展開してきた構築主義的視座について概観する。この論文は筆者の修士論文（と初めての公刊論文）をもとにしたものである。社会問題研究の中で構築主義的な発想がなぜ生まれなければならなかったのか、社会学の略史に触れながら論じている。そして構築主義論争を経て多様に分化してしまった社会問題の構築主義の意味・意義について、キツセの議論に寄り添いながら「一つ」の道筋を示す。社会問題研究そのものが内包する問題点に関する議論は現代社会でも存在している、いや現代社会にこそ顕著なものである。社会問題の構築主義が何を目指し、どのような困難にぶつかったかを振り返ることで、現代社会における社会問題研究の一つのあり方を提示できるのではないだろうか。

第2章「構築主義的社会問題研究とマス・メディア研究」では、マス・メディア研究の中で展開してきた構築主義的研究の一つであるモラル・パニック論を批判的に考察する。社会問題をめぐる客観的現実と構築された現実とを区別しその差異を批判的に考察するモラル・パニック論の限界を指摘しながら、それとは異なる構築主義の展開可能性について、現象学的社会学の知見を借りながら議論していきたい。

第3章「構築・構成される『ジャーナリズム』」では、第2章までの議論を踏まえながら、本書の中心となる視座である「（マス・）メディアに関する二重の現実の構築・構成」という考え方を提示する。メディアが現実を構築・構成しつつも、そうしたメディアの活動に関する現実もまた構築・構成されているのである。もっとも、こうしたアイディアは社会学理論の中でも連綿と受け継がれてきたものであり、かつまたニュース研究の中でも暗示的に提示されてきた。本章はそうした点に触れながら議論を展開していく。

第Ⅱ部「社会問題とジャーナリズムの構築・構成」では、第Ⅰ部で理念的に提示した「マス・メディアに関する二重の現実の構築・構成」という考え方を、いくつかの事例に基づきながら説明する。そして後半の第7章と終章では現代のインターネット社会におけるジャーナリズムとジャーナリズム論のあり方について試論的な議論を展開する。

第4章「公害・環境問題の社会問題化とジャーナリズム」では、水俣病事件報道の分析を通じて、日本社会の中で公害・環境問題が社会問題化されていった過程を考察する。水俣病事件は、現在でも社会問題をめぐる議論の中ではたびたび参照される事件である。しかし水俣病事件の社会問題化を阻んだのは、政府や企業といったわかりやすい「権力主体」だけではなかった。そうした主体の責任は当然あるとしても、むしろ現在振り返るべきは初期水俣病事件報道において作用していた別個の力である。その力は逆に1960年代中盤以降は、水俣病事件の社会問題化に寄与したのである。その様子を新聞報道・関連雑誌の分析を通じて明らかにしていきたい。さらに公害・環境問題の社会問題化が、公害・環境問題報道の規範を変えていった過程にも言及していく。

第5章「不確実性下におけるジャーナリズム」では、1990年代に社会問題化したダイオキシン問題とジャーナリズムとの関係について論じている。ダイオキシン問題はその発生源や毒性が未知のもの（いわば不確実性の高いもの）である社会問題として構築・構成された。こうした過程を分析するには「客観的現実」と「構築された現実」とを比較するモラル・パニック論では不十分である。そうした問題をどう分析すべきか、第2章で示したフレームワークを活用するのが本章である。後半では、ダイオキシン問題報道によって発生した「風評被害」に関する社会的論争について考察し、マス・メディア報道に関する現実が構築・構成されていく過程の特徴を明らかにする。本書のタイトル「メディアがつくる現実、メディアをめぐる現実」が端的に表れる事例がダイオキシン問題なのである。

第6章「論評主体から論評対象になるジャーナリズム」では、ジャーナリズムは社会問題の報道・論評の「主体」であるだけではなく、ときに報道・論評の「対象」になることについて、『朝日新聞』をめぐる社会的批判を事例に考察していく。『朝日新聞』の報道はどう問題化されていったのだろうか。キツセが提示した「対抗レトリック・カウンターレトリック」という概念を用いて分析している。なお、補足事例として近年の『朝日新聞』批判についても言及している。

第7章「何が『ジャーナリズム』とみなされるのか?」では、特定のメディア・コミュニケーション(およびその主体)が「ジャーナリズム」として構築されていく過程を考察するために「信頼」概念に関する社会学的な検討を行う。奇しくも今日、「ジャーナリズム(ニュース・メディア)の信頼性」「フェイクニュース」「ポスト真実」などが時事的問題となっているが、本章では第6章までの議論をもとにしながらメディアの信頼性を構築主義的にとらえていく。その上で、現代のメディア環境において信頼性の構築・構成過程がどう変容している/しうるのか考察する。

終章「現代社会におけるジャーナリズム、ジャーナリズム論」では、インターネットが台頭してきた現代社会(情報化社会)におけるジャーナリズムのあり方について、第7章までの議論を踏まえて試論的に論じる。マス・メディア産業の「斜陽化」が顕著になってきた現在、インターネットをはじめとするニュー・メディアに関する期待がジャーナリズム論として展開されてきた一方、インターネット特有のコミュニケーションのもたらす問題がジャーナリズムと社会問題のあり方に変容をもたらしてきた。さらにそうしたインターネット社会においてジャーナリズムを論じること自体がもたらす問題について論じ、今後のジャーナリズム研究と研究者としてのあり方について展望する。

本書の目的は、社会的行為・主体としてのジャーナリズムを一般的・理論的に論じることである。ジャーナリズム研究の発展には個別の時評、個別の事例分析を超えた議論が必要なのである。本書がジャーナリズム研究をそうした方向に牽引できることを心から願っている。

目　次

第Ⅱ部　社会問題とジャーナリズムの構築・構成

第Ⅰ部　社会問題とジャーナリズムを分析する視点

第1章　社会問題研究と構築主義的アプローチ

1　社会問題への「社会学的」アプローチ

社会学は誕生以来、さまざまな「社会問題」に関する議論を通じて、多種多様な概念、解釈枠組み、知見、理論、そして論争を生み出してきた。社会学の創始者として知られるオーギュスト・コントも、フランス革命後の無政府・無秩序状態という政治的・社会的動揺、そして産業革命後の資本家階級と労働者階級の対立による経済的不安といった危機的状況を克服し、新しい社会を再組織することを学問の目標の一つに据えていた。さらにコントは、新しい社会の担い手として（社会）科学者を想定していた。すなわち、問題とされる社会状況を理解し、分析し、解決していくためには、神学や形而上学などではなく、実証的・科学的知識が必要であり、そのような知識の担い手である科学者が新しい社会を創造していくことを、コントは期待していた。(1)このように社会学に対しては、それが一つの学問として始まったときから、眼前にある諸問題（社会問題）を理解・分析し、それを解決していくことが求められてきた。(2)

社会問題の解決に向けた活動と社会学の実践とが密接な関係を保ってきた以上、社会学の領域で展開された考え方や理論もまた、社会問題に関する議論の中で積極的に活用・応用されてきた。社会問題に関する社会学的な分析の中で、大きな役割を占めてきた概念が「社会病理」であり、その概念に基づいて以下のように社会病理学が展開された。

社会病理学（Social Pathology）としての社会問題研究

コントやハーバート・スペンサーは、生物有機体との類比から社会の説明を試みた。この説明様式は「社会有機体説」として知られている。そしてこの説明様式は、社会問題の議論においては「社会病理」という概念を導いてきた。すなわち社会本来の姿ではない病的状況として社会問題が存在するという考え方である。「社会病理」という用語を生み出したとされるP・フォン・リリエンフェルトは、彼の著書『社会病理学』の中でこのような社会有機体説に基づき、社会問題を一種の「社会の病気（病理）」とし、有機体である社会の異常状態として位置づけた（小関三平 1962, 14–19 参照[3]）。

一方、米国においては19世紀以降、社会学が大学の正式講座となっていった。それらの講座の多くは、牧師や社会事業家によって担当されていた。彼らは米国社会の伝統的・宗教的な道徳観や価値観に依拠しながら、さまざまな社会問題を論じた。もっともこうした価値観・道徳観に基づく社会改良的な社会問題研究も、20世紀になり、米国で社会学が制度化されていくとその傾向は次第に弱まった。そして社会問題をより科学的に客観的に分析しようという傾向が強まっていったのである（富田富士雄 1983, 28-33 参照）。このような状況下、社会有機体説に基づく「社会病理」の概念は、社会問題研究の基本的アプローチとして、数多くの著作や研究を生み出していった（米川茂信 2002, 2004 参照、表1-1参照）。だが、社会病理学が改良主義的な従来の社会問題研究の問題点を完全に克服したわけではなかった。その問題点を米川は以下のように指摘している。

表 1-1　社会病理学の主要な基礎理論と具体的な事例分析

基礎理論	説　　明	具体的事例
疎外論	疎外に関する二つの理論的立場（マルクス主義と米国社会心理学）によって異なっている。マルクス主義的な疎外概念は、人間と人間の関係が物と物の関係に転化し、価値や物による人間の支配という倒錯した現象を問題視している。一方、米国社会心理学の文脈では、①無力、②無意味、③無規範、④孤立、⑤自己疎遠の心理状態によって経験する疎外によって、人間性を失った人間が問題視される。	貧困、格差、人間の物象化（例：保険金殺人、営利誘拐、売春など）、大衆社会。
アノミー論	アノミー（社会的に規範が遂行されていない状況）の概念を基軸に、「社会病理（社会問題）」とそれに対する人々の適応を説明する理論。利己主義的、功利主義的・実績主義的価値観に支えられた欲望の支配する社会における「社会病理（社会問題）」の解明を目指す。	拝金主義、学歴偏重主義、ローン禍、組織暴力団、薬物乱用。
社会解体論	社会体系の組織構造（目標・関心・利害・手段・活動・相互作用の様式・地位・役割等の相互連関構造を規定した構成的規則）が欠けている、あるいは、社会関係ないし社会行動を十分にかつ適切に規則化しえないほどに、その機能に障害をきたし、その結果、集団の目標達成や成員の欲求充足が阻害されているような社会状態になっている状況。	単身家族、葛藤家族（離婚）、高齢者家族、過疎地域、過密地域、スラム・ドヤ街。
逸脱行動論	多種多様な「逸脱行動」を対象に、その概念、類型、原因、定義、反作用と要請、行動と反作用の過程等を説明する理論。特に犯罪・非行に関しては、体系的な理論化が進んでいる。	犯罪・非行、自殺。

出典：各基礎理論の説明は米川（2002, 67-122 参照）、事例は米川（2002, 162-303 参照）をもとに作成した。

> アメリカ社会病理学は、すでにその生成過程において、伝統的な規範・価値・行動様式を絶対視するような絶対主義的観点、生物有機体からのアナロジーであるところの社会有機体的観点、中産階級的・農村文化の生活様式を〈健康〉だとするイデオロギー的性格を内在せしめている。（米川茂信 2002, 9–10）

米国の社会病理学は「社会科学」を標榜していた。しかしそれらの研究は、社会病理現象を分析する前の「どんな現象が社会病理なのか」という定義をする段階で、「中産階級的・農村文化の生活様式」が「健康（正常）」であるという前提に大きく規定されていた。このように社会問題を「社会科学」的に考察しようとする試みであっても、まず社会病理や社会問題を定義する際の「価値判断」とどのように向き合うべきか、という問題を避けることはできなかった。この点に関しては、社会有機体説に基づいて社会病理を論じたエミール・デュルケームも以下のように述べている。

> 社会学においても、おなじ諸事件が学者の個人的な感情にしたがって有益なものとされたり、禍い多きものとみなされたりする（中略）（その理由は）科学が満足すべき進歩をとげたあかつきにでなければ真か否か証明もかなわないような諸命題を、すでに証明ずみであるかのように想定している。（デュルケーム 1978, 132–133，傍点・カッコ内は引用者によるもの。以下注釈がない場合は同様）

自らを社会科学として位置づけていた社会学や社会病理学の中にも、実際にはその議論を展開していく際、個人的な感情や常識に基づく想定をあたかも「証明ずみであるかのように」扱うものが存在していた。このようにデュルケームは、あらゆる社会類型に対して一様に善である、もしくは悪であるという判断を下すような基準を拙速に求めている当時の社会問題研究のあり方を問題視していた（デュルケーム 1978, 136 参照）。[4]

「どんな現象が社会問題であるか」という判断には、常に価値判断が伴う。したがって拙速な社会問題研究は、往々にして当該時代・当該社会の価値観や道徳観を安易に反映する傾向にある。こうした指摘は、米国の批判的社会学者として知られるチャールズ・ライト・ミルズも行っていた。ミルズは、社会病理学のテキスト（教科書）にはその著者のイデオロギー、すなわち価値観や信念が表出しているという視点を提示し、当時の米国の社会病理学講座で使用されていた教科書の分析を行っている（ミルズ 1971, 407-408 参照）。そしてそれらの教科書は、社会病理を「規範からの逸脱」、「文化遅滞」、「社会解体」という観点から記述する傾向があるとミルズは指摘した。[5] このようにミルズは、当時の米国で出版されていた社会病理学の教科書の多くは、著者やその著者が属する社会のイデオロギーが表出したものであると批判した。そしてそこに、特定の立場性や政治性（例えば、農村主義的な価値観、自由主義的な価値観、中間階級的な視点など）を見出した。

同様に「自己反省の社会学」を展開したアルヴィン・グールドナーも、米国において制度化され大衆化していった当時の社会学が、結果として体制化・保守化していったことを批判している。

> 社会学はその時期（1940年代から1960年代のあいだ）に、知的にはともかくも、制度的には成年に達した。社会学は学界において、将来発展する見込みのあるものとなった。（中略）社会学（そして、その他の社会諸科学：原著者）が日常文化の一部として大衆の手に入りやすくなった。（グールドナー 1974, 4）

グールドナーによれば、このような社会学の普及や一般化に寄与したのが、眼前の社会問題を論評する社会病理学であったという。当時、社会病理学の講座はさまざまな社会的事例を解説するために大学の教養課程に設置されていた。また社会病理学の一般向けの著作が数多く出版されることで、社会学の大衆化にも寄与した。一方でそのような大衆化した社会学は、社会に対して批判的立場をとるラディカルな人々には「支配文化の一部」と受け止められ、不信・不満の対象となっていたとグールドナーは指摘する（グールドナー 1974, 4 参照）。このグールドナーの議論に依拠すれば、社会病理学とは特定の価値観や道徳観を所与のものとし、それを社会に広める実践的活動としても位置づけられる。

ただしグールドナーは、上記の問題を資本主義社会米国に特有の問題として認識していたわけでもなかった。グールドナーは、当時の共産主義社会であったソ連においても「支配文化の一部」といえる社会学が誕生しており、そこには米国社会学と同様の問題が存在していることを指摘している[6]。ここでグールドナーが問題にしていたのは、社会学者の研究を規定する「先行仮説」であった。

> 好むと好まざるとにかかわらず、そして承知していようがいまいが、社会学者は自己の先行仮説によって諸研究を組織化するであろう。社会学の性格はそうした先行仮説に依存するだろうし、先行仮説が変われば、社会学の性格も変化するだろう。（グールドナー 1974, 35)

このようにグールドナーが指揮する「先行仮説[7]」とは、社会学の一つである社会病理学にも存在すると考えられる。つまり、どのような社会状態が好ましくないのか、何が社会的に達成されるべきかといった価値観や道徳観が、社会学者が社会問題を研究する際の「先行仮説」となるということである。そしてそれは「体制的」な社会問題研究であっても、「批判的」もしくは「ラディカル」な社会問題研究であっても同様である。

ミルズやグールドナーの指摘をまとめると、米国において「社会科学」を装いながら社会問題を論じてきた社会病理学をはじめとするさまざまな社会学は、必ずしも当該社会の道徳観や価値観から自由ではなかったということである。むしろ社会病理学とは、そのような道徳観や価値観を「先行仮説」とし、所与のものとして正当化することで、それらを再生産する社会的な実践の一つであったと理解することができるだろう。

社会問題研究と社会病理学を分ける立場：マルクス主義的社会問題研究

米国では「社会病理」という概念は、「社会問題」を分析し説明するために使用されてきた。つまり「社会問題」も「社会病理」のどちらも「社会的に好ましくない状況」を指し示す概念として用いられてきた。日本における社会病理学も同様の観点から「社会問題」や「社会病理」を扱ってきた。

一方、日本にはマルクス主義的観点から社会問題研究を行ってきた系譜も存在する。この系譜では、社会問題とは資本主義的な生産関係によって発生する構造的矛盾として理解されてきた。そして下部構造と上部構造の観点に基づいて、労働者階級の生活困難を中心にさまざまな問題現象を解明し、階級的視点に立って社会体制の変革を目指す研究を展開してきた（米川茂信 2002, 24 参照）。この系譜に属する社会問題研究者の中本博通は、「社会病理においてはその発生要因の全てが資本主義社会のせいとは考えていないのに対して、社会問題ではその発生要因はすべて資本主義社会にあると考えている」（中本博通 1974, 3）と述べる。そして社会問題と社会病理の相違点として、①原因、②思想的・学問的背景、③問題意識、④問題領域、⑤是正策の方向性、の5点を挙げている（表1-2参照）。

もっともこのような立場も、眼前の社会問題を「社会科学的」に「正しく」分析しようとする姿勢を有している点では、前述した社会病理学と共通点があるといえる。この背景には、社会問題という社会状況は（社会病理学もマルクス主義的な社会問題論も）科学者による分析によって正しく理解されなければならない、という前提があった。つまり、社会状況の認識において、科学者と社会の人々の間には格差が存在し、前者の認識こそ正しいという前提である。(8)

表1-2　マルクス主義的社会問題論から見た社会病理と社会問題の区別

	社会病理	社会問題
①　原因	多様な原因（資本主義社会に起因しないものもある）。	資本主義社会に固有のもの（資本主義の体制原理から生じる根本的矛盾が社会問題となる）。
②　思想的・学問的背景	社会学、もしくは心理学的手法。	経済学的手法（特にマルクス経済学）。
③　問題意識	個人および集団の社会生活の障害を指摘し、解明する。	資本主義社会の矛盾を指摘し、その矛盾の表出のあり様を解明し、矛盾の解決を志向する。
④　問題領域	人格の病理、血縁関係の病理、地域社会の病理、社会体制に起因する病理、社会的諸機能ないし文化の病理、国際関係の病理。	労働問題（人口問題、住宅問題、婦人問題を含む）、社会的差別、公害問題。
⑤　是正策の方向性	資本主義社会の大勢の枠内で対応する（社会福祉事業、社会保障、犯罪対策、強制、教育の充実）。	社会政策、社会運動、大衆運動（現社会体制の価値の否定と、新しい価値実現の方向を志向する）。

出典：中本博通（1974, 3-5・25-29参照）をもとにして作成

このような前提は、当然であるようにも思われる。しかし前述のようにミルズやグールドナーは、社会病理学や社会学全般に関する批判を行い、そのような前提はときとして疑わしいものになると指摘してきた。そして、以下で取り上げる社会問題研究における構築主義的アプローチ（社会問題の構築主義）[9]も、既存の社会問題研究や社会学全般が有していたこのような前提に批判的な視点を投げかけることで、その主張を展開してきた。

本章では以下、日本において社会問題の構築主義がどのように受容されたか、そしてその後、どのように展開されたのかを考察し、その過程の問題点を指摘していく。具体的には、社会問題の構築主義が広く受容されていくに従い、当初の問題関心・目的意識が曖昧になっていったことを批判的に取り上げる。そしてこのような問題を解消するために、社会問題の構築主義の提唱者とされるジョン・I・キツセの議論、特

に1960年代以降のキツセの議論に焦点を当て、彼が社会問題研究において構築主義的アプローチを取り入れてきた理由を考察していく。(10) そして、他の社会学との関係を考察しながら、社会問題の構築主義の応用可能性を高めていきたい。

2　社会問題研究における構築主義的アプローチと日本におけるその受容

2-1　ラベリング論の台頭とその衰退

前節で概観してきたように、社会病理学をはじめとする社会問題研究は、眼前にある社会問題の理解、分析、解決を目指して行われてきた。見方を変えれば、このような社会問題研究は、その「眼前」の状況が「社会問題である」ことを所与のものと扱っていた。これは、社会問題研究の一領域である逸脱行動研究においても同様であった。「逸脱行動とは何か」という問いは、研究を行う際の前提となって不問に付されていた。研究の関心は、その「逸脱行動」の理解、分析、解決に向けられたからである。このような逸脱研究に対して、別の視角から逸脱行動の分析を試みたのがハワード・S・ベッカー、フランク・タンネンバウム、エドウィン・M・レマート、そして前述のキツセらに代表されるラベリング論に依拠する逸脱研究であった（吉岡一男 1991, 1-15 参照）。ラベリング論は、それまでの逸脱研究では前提となっていた「逸脱行動とは何か」という問いに焦点を当てた。そして彼らや彼らの行動が「逸脱である」と定義（ラベリング）されていく過程に関心を向けてきた。

アウトサイダー――集団規則からの逸脱者――は、多くの省察、理論化、科学的研究の主題であった。逸脱者について一般に人が知りたいと思うのは、次のような点であろう。なぜ、彼らは逸脱を犯すのか？　彼らの規範違反はどうしたら説明づけることができるか？　いったい彼らの何が、彼らを禁じられた行為に駆りたてるのか？　科学的研究はこれらの問いに答えるべく研鑽を重ねてきたわけであるが、まさにそうすることによって、科学的研究は常識的前提、つまり社会的規範の違反行為（もしくはそれと目された行為）にはなんらかの固有な逸脱性（質的な特殊性）が存在するのだという常識的な憶断を、容認してきたのである。「逸脱」のレッテルを特定の行為や人間に適用する際、研究者は通常そのレッテルを疑問視せず、むしろ所与のものと見做している。そうすることで、研究者は、判定を行う当の集団の諸価値を容認しているのである。（ベッカー 1978, 10）

ラベリング論は、ミクロレベルの現象である逸脱行動に関する研究アプローチであり、マクロレベルの社会現象である社会問題とは次元が異なる。ただ、このアプローチの重要な点は、行動そのものに逸脱性が本質的に備わっているのではなく、ある行動に対して自己や他者が「逸脱である」というラベルを貼ることによって、それが「逸脱行動」として定義されていく、という視点を有していたことである。したがってラベリング論の研究では、ある行動が「逸脱（行動）である」と定義されていく過程に関心が払われることになった。それは逸脱（行動）の定義を所与のものとしていた従来の研究とは大きく異なるものであった。こうしてラベリング論は、従来の社会問題研究（や逸脱研究）の中で暗黙のうちに行われていた価値判断の存在を明らかにしただけではなく、ラベリング（が行われる過程）という新たな分析対象をも手に入れた。

もっともこのような発想自体は、必ずしもラベリング論独自のものではない[11]。では、なぜラベリング論が逸脱研究の中で一定程度、批判的・対抗的な研究として受容されていったのか。その背景には、従来の社会問題研究の行き詰まり、もしくはそれらの研究に基づいていた諸政策の挫折があったといわれている（村上直之 1999, 258–259 参照）。べッカーらのラベリング論が主張された1960年代は、米国社会で大きな価値観の転換が起こった時期である（五十嵐武士ほか編 1995, 258-259 参照）。当時の米国社会では公民権運動・移民運動・女性運動など従来の価値観にとらわれない新しい社会運動が起こっていた。またこの時期は、社会学理論においても大きな転換が生じていた。ハーバート・ブルーマーらによるシンボリック相互作用論、ピーター・バーガーやトーマス・ルックマンらによる現象学的社会学、もしくはグールドナーによる社会学批判など、既存の社会学、つまりパーソンズらの機能主義的社会学に対抗する運動が生じていたためである。[12] ラベリング論もこのような60年代の米国社会の中で展開されていた。

ただし一方で、60年代の米国社会学は機能主義的社会理論批判という点では共通項を持ち合わせていても、その内部に多様な差異を抱えていた（西原和久 1998, 19-35 参照、2003, 55-60 参照）。同様に当時の米国社会の潮流の中にあったラベリング論も「逸脱はラベリングによって形成される」ということに関しては共通の見解を持っていたものの、その内部ではさまざまな展開の方向性が混在していた。例えば、一概にラベリング過程を研究するといっても、ある行動に対して「逸脱である」とラベリングする主体（社会統制機関や道徳的事業家）[13]の活動を研究することと、ラベリングされる対象（「逸脱者」とされる人々）の実態を研究することは大きく異なっている。また、「逸脱」の原因はラベリングであるという考え方を応用すれば、ラベリングを無くすことで「逸脱行動」を減少させることができる、という考え方を導くこともできる。このラベリング論の考え方は、米国の刑事政策の分野で応用された。すなわち、警察などによる取締りはラベリング活動の一種として考えられ、そのような取締りが逸脱者を生み出す原因であると主張された。[14] また「逸脱者」の実態を明らかにしつつ、それに対する「不当」なラベリングを批判的に扱う研究もあった。このような研究は英国で広まり、その一部は「モラル・パニック論」として展開されている（本書第2章参照）。[15]

さらに逸脱行動の原因がラベリングにあるとする立場に対しては、逆に実証的な逸脱研究から反論が行われた。それらの研究は、逸脱のラベリングを無くしても、「逸脱行動」は無くならないことを証明するような実証的研究も提示されていった（吉岡 1991, 247–251 参照）[16]。そして、ラベリング論が応用された刑事政策の結果に対する不満なども、ラベリング論に対する批判者の勢いを強めることになった（徳岡秀雄 1987 参照）。このようにラベリング論はさまざまな研究方向を持っていたが、自らの社会学的位置を明確にできないままさまざまな方面からの批判にさらされた（宝月誠 1990, 242–244 参照）。

2-2　社会問題の構築主義の提唱と構築主義論争

こうした状況下、ラベリング論の考え方を修正・再考するかたちで提示されてきたのが、社会問題の構築主義（社会問題研究における構築主義的アプローチ）である。このアプローチは、ラベリング論者の一人でもあったキツセによって提唱された。社会問題の構築主義では、社会問題とは人間の外部に客観的に存在する状態としてではなく、人間が状況判断・価値判断という一種の解釈行為を通じて作り上げていくものとしてとらえられる。そして社会問題の構築主義のアプローチをとる研究者は、社会問題が定義されていく過程には人間による状況判断・価値判断が不可欠であると考え、それらの解釈行為を研究の対象に据えた[17]。

日本においても、当初、社会問題の構築主義（特にキツセの議論）はラベリング論の一種として紹介されている（宝月誠・大村英昭 1986, 宝月誠 1990, 242 参照）。確かに社会問題の構築主義は、ラベリング論の一つの性質、つまり逸脱行動を定義するラベリング行為を研究対象に据えるという性質をより特化させる形で提示されてきた。ただし、前述したようにラベリング論にはさまざまな研究の方向性が混在していた。それがラベリング論を衰退させる原因の一つともなっていた。そこでキツセはその点を踏まえ、ラベリング論の一つの性質に注目し、それに特化して社会問題研究に援用した。キツセが注目したのは、ラベリング論とそれ以前の逸脱研究との違いであった。ラベリング論の一つの特徴は、逸脱行動が定義される過程を研究対象に据えることである。これに倣い、キツセも社会問題が定義される過程を研究対象に設定するよう提唱した。どのような社会問題もそれが問題として社会の中で認識されるようになるまでには、人びとが価値判断に基づいてその状況を「社会問題である」として定義し、それが人々の間で受容されていく過程が必要不可欠である。従来の社会問題研究は、そのようにしてある状況が「社会問題である」という定義が社会の中で受容され、所与のものとなった後に行われていたものである。しかし、キツセは従来の社会問題研究では触れられてこなかった「社会問題である」という定義が社会的に受容されていく過程を新たな研究対象に設定した。[18]そしてある状況を社会問題であると定義していく行為、すなわち社会問題を構築・構成していく行為は、「クレイム申し立て活動（claim-making activities）」と名づけられた。そしてクレイム申し立て活動は、構築主義的な社会問題論の研究対象となった。[19]

社会問題の構築主義の考え方、すなわち人々がある状況を「好ましくない状態」であると定義して、それを社会問題として構築・構成していくという考え方は、ラベリング論の主張とも類似している。しかし、社会問題の構築主義とラベリング論との大きな相違点は、研究を行うに際して、申し立てられたクレイムの内容を検証することや、その真偽を問うということは主目的としないと明言していることである。[20]従来のラベリング論が、ラベリング過程に関心を払いながらも、同時にラベリングされる人間の参与観察を行い、ラベリングの正当性を問いただしていたのとは対照的である。[21]また、社会問題の構築主義は、ラベリングの「間違い」を批判的に糾弾するようなラベリング論の系譜とも明らかに異なっていた。社会問題を構築・構成していく過程（クレイム申し立て活動）にしか関心を払わない点に対しては、逸脱研究でラベリング論の立場をとっていた研究者からも批判が投げかけられた。[22]それでも社会問題の構築主義は、クレイム申し立て活動という新しい研究対象を設定し、数多くの事例研究を生み出していったのである（Holestein and Miller 1989, 中河伸俊 1999 参照）。

しかし、このような社会問題の構築主義に対する根源的な批判が、ウールガーとポーラッチによってなされ、「構築主義論争（オントロジカル・ゲリマンダリング論争）」と呼ばれる大きな論争へと展開した。彼らの提起した論点をまとめると以下の二点になる（ウールガー＝ポーラッチ 2000 参照）。

①社会問題の構築主義は、クレイム申し立て活動のみを研究対象とし、クレイム申し立て活動が想定する社会の状態には関心を払わないと宣言している。それにもかかわらず、実際には状態に言及した研究を行っている。例えば、「本当は社会問題ではないのに、クレイム申し立て活動によって社会問題が作られた」というような説明に見られる問題点である。このような説明では、申し立てられたクレイムの内容を否定していることになるので、キツセが提唱した社会問題の構築主義の志向性とは異なる。

②社会問題の構築主義は、クレイム申し立て活動という人々の現実定義行為を研究するとしているが、実はそのような研究をすること自体、人々の行為を「クレイム申し立て活動」であると定義している。そもそも人々の行為に「クレイム申し立て活動」とそうでない活動の違いが客観的に存在するわけではない。そのような概念は社会問題の研究者が作り上げたものであり、またその概念をもとに形成される理論も研究者が作り上げたものにすぎない。

ウールガーとポーラッチは、社会問題の構築主義の「恣意性」を批判した。すなわち、①に関しては、申し立てられたクレイムの内容の正誤・真偽を問わないとしているにもかかわらず、特定のクレイムを正しいものとみなし、別のクレイムは間違っているとみなすことの恣意性を批判している。そして②に関しては、研究者が人々の行為の中から「クレイム申し立て活動である行為」と「クレイム申し立て活動ではない行為」という区別をしていることを批判している。つまり、構築主義の研究者が「クレイム申し立て活動」という特定の行為を恣意的に構築・構成していることを、ウールガーらは批判している。

ウールガーらによる指摘は、社会問題の構築主義の内部に分裂をもたらした。(23) 一つの立場は、社会問題の構築過程（クレイム申し立て活動）を研究するにあたり、社会問題であるとされる状況を研究者が自ら検証し、それと申し立てられたクレイムの内容を比較する「コンテクスト派」である。コンテクスト派は、「正確な」統計やデータをもとにクレイムの内容を判断することで、恣意的な区別を回避できると主張した。

もう一つの立場は、クレイム申し立て活動の分析に限定し、社会問題とされる状況の状態を独自に判断することは止めて、あくまでも社会問題の構築主義に厳格であることを目指す「厳格派」である。(24) そして厳格派は、以下で述べるようにエスノメソドロジーへの傾斜を強めていくことになった。

2-3　エスノメソドロジーへの傾斜と構築主義概念の拡大

日本では、社会問題の構築主義に関する論争は、申し立てられたクレイムの内容を判断するかどうかに関する論点（「コンテクスト派」に立つか、「厳格派」に立つか）に関連して紹介された。しかし1990年代後半以降、日本での社会問題の構築主義に大きな影響を与えたのは、「クレイム申し立て活動」という分析概念そのものに対する批判であった。社会問題の構築主義（特に厳格派）は、従来の社会問題研究に対して、自らの立場を維持するためにエスノメソドロジーの知見の活用してきた。(25) 例えば、エスノメソドロジーの研究手法の一つに「エスノメソドロジー的無関心」というものがある。これは、研究対象の適切性や妥当性についての関心を（あえて）持たないこと、つまりそれらに対する判断を停止するという手法である。申し立てられたクレイムの内容は問わずに分析することや、繰り広げられる相互行為としてのクレイム申し立て活動の記述に専念しようとする社会問題の構築主義の考え方は、この「エスノメソドロジー的無関心」と共通性を持っている。[26] このようにエスノメソドロジーに依存しながら議論を展開してきた社会問題の構築主義にとって、ウールガーとポーラッチといったエスノメソドロジストの側からの批判は大きな打撃となった。またエスノメソドロジストのボーゲンとリンチは、社会問題の構築主義に対し、以下のように批判をしている。

（社会問題の構築主義の）研究は数多く行われてきたが、それらの研究は一般的な社会問題の構築過程に関して一貫した、または異論のない視座を提供することはないだろう。それらの研究は、社会問題を構築する実践的行為という測りがたく複雑な対象に関する、その場限りの一見解を提供するにすぎない。(Bogen and Lynch 1993, 231)

ボーゲンらのようなエスノメソドロジストからみれば、社会問題の構築主義は依然として客観主義的であり、かつ科学主義的であると批判される。ここでいう客観主義的な点とは、社会問題の構築主義の研究者は「クレイム申し立て活動」という行為類型が客観的に存在しているかのようにとらえていることである。また科学主義的な点とは、「クレイム申し立て活動」という社会学的な概念を用いて経験的に理論を構築できるととらえていることである。[27] 一部のエスノメソドロジストは、このような考え方をとる社会問題の構築主義（特にキツセの考え方）に対して、厳密な概念への置き換えることは、むしろ対象の多様な側面を捨象するだけである、と批判している（西阪仰 1996, 岡田光弘 2001, 31 参照）。つまり彼らは、キツセらが「クレイム申し立て活動」という専門的概念を持ち出すことでかえって社会問題の構築・構成過程の多様な側面をとらえそこなっている、と批判している。

このような批判を受け、キツセの議論を支持していた構築主義の研究者は、よりエスノメソドロジーへの接近を図ることで、そのような批判に対応しようとした。[28] 彼らは「クレイム申し立て活動」という概念を、一般理論構築のためのものとしてではなく、事例を選びだすための「感受概念」[29] としてとらえなおした。つまり、「クレイム申し立て活動」という概念を精緻化して社会問題の構築・構成過程に関する一般的な説明をしていくのではなく、個別的な事例について「ありのままの記述」をする方向へと向かっていった。[30]

以上のようにコンテクスト派と厳格派の分裂、またエスノメソドロジストによる厳格派（特にキツセ）に対する批判、その他にも社会問題の構築主義を批判的なアプローチとして解釈しようとするもの（支配層によって社会問題が構築・構成されていることを批判する研究、弱者の側からの社会問題の構築・構成を求める研究）など、[31] 社会問題の構築主義は研究アプローチとしての射程をより拡大していった。現在では構築主義的アプローチとは何か、ということをめぐって見解を一致させることは困難となってきている。さらに、社会問題研究以外でも用いられていた「構築（主義）」や「脱構築」というキーワードに着目し、それらの研究との統合を目指すような動向も見られる（上野千鶴子編 2001 参照）。このような研究動向について、構築主義者の中河伸俊は『社会構築主義』は、単一のパラダイムというより、ディスカッションの場を開くキイワードとして取り扱ったほうがよいもののように思われる」（中河伸俊 2001a, 7）と述べている。

このように近年、「構築主義」という概念を拡大して捉える傾向が強まってきた。確かに、構築主義とはさまざまな研究分野において生じてきた考え方（事物が人間の行為によって構築・構成されている）の総称であるが、各分野の差異を考慮しないまま、曖昧な連帯感によって共有されているキーワードとしての側面が強くなっている。そして前述の中河らの言葉に代表されるように、日本では緩やかに共有された「構築主義」というキーワードのもとで、個別の事例研究が行われている。優れた事例研究は数多く行われているが、[32] 社会問題の構築主義そのものの性質を論じることは少なくなってきている。

3　社会問題の構築主義の社会学的位置づけ

3-1　社会問題の構築主義の目的

「構築主義」という曖昧な概念のまま、ゆるやかな連帯を形成しているのが構築主義的アプローチの現状であり、社会問題の構築主義もその傾向にある。もっとも、構築主義の中には、存在が自明視された構築物を脱構築していくために「構築主義」という概念を用いる研究もある[33]。それに対して、脱構築的な批判よりも具体的な事例研究を生み出していくことを目指している社会問題の構築主義は、キツセらの意図したものに近い（平英美・中河伸俊 2000, 14-15 参照）。しかし前述したように、個別的な事例の記述に止まる事例研究は、キツセが社会問題の構築主義を提唱した目的からは遠ざかっているといわざるをえない。そこで本節では、キツセの議論の再検討を通じて、社会問題の構築主義の再解釈を行っていく。特にラベリング論者として著名だったキツセが、なぜ社会問題の構築主義を提唱したのか、その理由を中心に考えていきたい。

『社会問題の構築』が出版される15年程前、キツセは逸脱研究に関する論文の中で以下のような主張を展開していた。

> 本論の目的は、（逸脱研究における）理論と調査の焦点を、逸脱行動に関する諸形式の研究から、ある人々が他者によって逸脱であると定義されていく過程へと移すことである[34]。（Kitsuse 1962, 248）

前述したように、当時の逸脱研究は、ある行動が逸脱行動であることは所与のものとしながら、議論を展開していた。それらの行動の具体的な状態や逸脱行動の原因、そしてその解決策を提示することが研究の主目的であった。そのような状況では、社会学者は医者のように逸脱行動を診断し、それに対処することが期待された。社会病理（や社会問題）というマクロレベルの社会状況を研究する者に対しても同様であった。すなわち、社会学者は逸脱行動や社会病理に関する「正しい状況」を科学的に診断するような役割が期待されていた。

これとは別の方向を提示したのが、逸脱が定義される過程に注目したキツセの逸脱研究であった。逸脱行動を定義しようとする者は、社会学者だけではない。むしろ、社会のいたるところでさまざまな人々によって逸脱の定義は行われている。それらの多くは根拠に乏しく、憶測に基づいたもの、偏見にすぎないものも多い。また厳密な検証を行えば、間違いであるとわかるような逸脱の定義も多い。従来の研究では、このような一般の人々による逸脱の定義は、社会学者による定義に比べて曖昧かつ不正確であるとされ、重要なものとしては考えられてこなかった。しかし、キツセは一般の人々が日常的に行っている逸脱の定義を研究することにも社会学的な意味があると考えた。それは人々の用いている逸脱の定義の中に、社会で共有されている逸脱観、すなわち逸脱に関する解釈枠組みを見出すことができるとキツセは考えていたからである。仮に、それが逸脱に関する間違った定義であったとしても、その定義が人々の間で受け入れられるということ自体が社会学的に重要な現象なのである。例えばキツセは、ある人間が同性愛者であると定義されていく過程を研究することにより、社会ではどのような人間が同性愛者であると考えられているか、どのような兆候が同性愛者の証拠として受け入れられているのか、そしてそこからどのような価値観が社会的に共有されているか明らかにしようとした（Kitsuse 1962 参照）。

また翌年のシクレルとの共同論文では、キツセは社会学者などの専門家が統計的データを用いて逸脱を定義していく過程を研究している（Kitsuse and Cicourel 1963 参照）。この論文でも、逸脱の定義の是非や正誤よりも、どのような行動が逸脱として認定されていくのかということに焦点が当てられている。この時代のキツセに共通して見られる特徴は、人々が「逸脱」や「社会問題」の定義を行っていく過程を研究することを提唱していることである。他にも、教育カウンセラーが生徒の個性を定義し、彼らに進学アドバイスをしていく過程の研究や、刑務所で、囚人の罪を定義し、その更正の方向性を示す教育プログラムの研究などをキツセは行っている（シクレル＝キツセ 1985 参照、キツセ＝山村 1963 参照）[35]。この時代のキツセはラベリング論者として知られていたが、すでに彼の研究の中に社会問題の構築主義の要素を確認することができる。キツセは、社会問題とされる状況に関して人々が行っている定義の内容の真偽を明らかにしたり、間違った定義を批判・否定したり、自ら社会問題の「本当の状況」を定義することを研究目的とはしていなかった。ある状況が社会問題であると定義されていく過程の分析を通じて、社会の分析を行うことを目的としていたことである。むしろキツセは、社会問題の構築主義（当初は「定義主義的アプローチ」と呼ばれていたが）という「新しい名称」を用いることで、ラベリング論の性質の一つを再構成しようと試みていたのだと考えられる。

このような諸研究を経て、キツセはスペクターと共同で『社会問題の構築』を著した。この著作は「社会問題の社会学」という社会学の一領域の創設を目指して執筆されたものである。社会問題の社会学とは、「社会問題」とされる現象を事例横断的に分析し、それらに関する一般的説明を求める社会学の一分野である。そのためには「理論的に筋が通り、方法論的に明確で、経験的に調査可能な社会問題の定義」（スペクター＝キツセ 1990, 43）が必要であった。しかし従来の社会問題研究では、社会問題の定義そのものが曖昧であった。なぜなら「社会問題とはこのような社会状況である」という状況に関する定義では、そこに「好ましくない」といった価値判断を含むことになるからである。そのような価値観の判断は極めて不明確であり、明確に定義することは社会学の範疇を超えると考えられる[36]。

これに対してキツセが採用した研究戦略は、社会問題を構築・構成しようとする人々の行為（クレイム申し立て活動）を研究の対象にすることであった。クレイム申し立て活動は社会的行為の一種であり、社会学的な視点から分析が可能である。また申し立てられたクレイムの内容の真偽を問わないのであれば、社会学者が扱いにくい分野・領域におけるクレイム申し立て活動を分析することも可能になる。クレイム申し立て活動の研究に専念し、社会問題とされる状況の客観的状態に関心を払わないという極端なキツセの主張は、「社会問題の社会学」という特殊な研究領域を形成するための手段であった。キツセが、社会問題の社会学を成立させるための手段として社会問題の構築主義をとらえていたことを考えると、以下のような記述の意味も明らかになるだろう。

> 社会問題の社会学の研究者が、ある状態についての申し立ての客観的根拠の問題に、まったく無関心とさえ言えるほど、注意を払わずにいるべきだというのは、それほど極端な主張ではない。この主張はわれわれが客観的状態の実在を認めないということを意味するわけでもないし、社会学者のほかのいかなる科学者も、客観的状態についての証拠の提示や、その状態の原因の究明をすべきではないということを意味するわけでもない。そこに存在すると想定された種々の状態についての、事実的根拠はどうであってもよい。クレイム申し立て活動とそれに答える活動自体が、社会問題の社会学の研究対象なのである。このような活動は実在しており、社会学的な視点からその存在を立証し、その内実を分析することができる。（スペクター＝キツセ 1990, 122-123）

確かに、キツセは社会状況を分析し、その解決を目指すような従来型の社会問題研究を批判していたが、それは全面的な否定ではなかった。キツセは構築主義を社会問題研究における唯一のアプローチとして位置づけていたわけではなく、「社会問題の社会学」という社会学の一領域を形成するためのアプローチであると位置づけていた。したがって、構築主義的アプローチを手段として採用する自覚がないままに、構築主義の概念が拡大していくのは、少なくともキツセが想定していた当初の目的とは異なるものといえよう。

そして社会問題の社会学は、あくまで社会学の一分野として存在し、そして社会学が社会科学の一種である以上、社会問題に対する一般的な説明を志向すべきであると、キツセは考えていた。したがって、キツセは社会問題を事例横断的に説明することができる理論を構築する必要性を強く主張していた。

> われわれは、状態の理論ではなく、クレイム申し立て活動の理論を築き上げることに関心があるのだ。したがって、われわれにとっての客観的な状態の意義とは、その状態について主張がなされているという点にあるのであって、たとえば科学者のように、ある独自の見地から、その主張の妥当性を判断することにあるのではない。（スペクター＝キツセ 1990, 120）

> 社会問題の理論の中心課題は、クレイム申し立て活動とそれに反応する活動の発生や性質、持続について説明することである。そのような理論は、改良的な処置や物質的な報酬、社会的、政治的、または経済的に不利な境遇の緩和を他者に要求する、あらゆるグループの活動に当てはまらなければならない。（スペクター＝キツセ 1990, 119）

キツセは、専門的な概念に依拠しながら事例分析を行うことで一般理論の構築を志向していた。したがって、キツセは社会科学観、社会学観、理論観という点では、極めてオーソドックスな考え方をとっていたと指摘される（松本三和夫 2009, 80-85 参照）。その点に限れば、キツセが批判した従来の社会問題研究の方が、彼の議論と親和性を持っていたともいえるだろう。しかし前述したように、このようなキツセの立場は次第に批判されるようになっていった。キツセは、従来の社会問題研究に対する批判的アプローチである構築主義の提唱者として認知されたからである。しかもエスノメソドロジー（特に「エスノメソドロジー的無関心」や一般理論を構築することへの批判的態度など）と結び付けられて理解されてきたために、キツセが専門的概念や一般理論の構築を目指していたことが軽視されていったからである。(37) 従来の社会問題研究とキツセの社会問題の構築主義との類似点は、もっぱら批判的にとらえられてきた。

そしてキツセが構築主義的な考え方を適用した分野が社会問題研究だったことも、その後の構築主義の展開の方向性を位置づけることになったと考えられる。社会学の歴史の中では、眼前の社会問題を分析することと社会学の実践とは相当程度重複してきた。したがって、社会問題研究において構築主義的アプローチを適用するということは、すなわち社会学そのものへ構築主義的アプローチを適用することへと（なかば誤解に近い形で）転化する可能性があった。そしてこの可能性は、前述した構築主義論争において現実のものとなった。(38)

3-2　現実の社会的構築・構成としての構築主義

1980年代の構築主義論争からしばらく経過した1993年、キツセは、ピーター・イバラとともに『社会問題の構築』を再考する論考を発表している。この論考の中でキツセは、分析者としての社会学者の関心、研究対象としての社会の構成員（社会の人々、メンバー）の関心を区別することが必要だと主張している（Ibarra and Kitsuse 1993, 26参照）。そして社会学者が行うべき「分析」について、以下のように述べている。

分析とは、社会の構成員が日常世界で使用している言語を低く評価したり、けなしたりするのではなく、またそれを説明せずに放置するのでもない。社会の構成員が使用している言語を再構成することである。したがって、構築主義の視点からすれば、社会の構成員と社会学者とを区別することが重要となる。まず、社会の構成員が言語的な生産物と活動（シュッツの用語で言う「一次的構成概念」）を提供し、次に社会学者はそれを研究対象として（実践的な関心とは異なった）理論的な吟味（theoretical scrutiny）を行う（そして「二次的構成概念」を作る）。社会問題とは、「一次的構成概念」の次元に属する社会的相互作用のことを指している。社会の構成員は、記述、解釈、評価という活動を通じて、シンボルを使って間主観的な存在を構築し、それに道徳的な性格を付与して「一次的構成概念」である社会問題を構築・構成している。こうした相互作用の場で社会の構成員が使う定式化や記述、解釈などの手段を、研究者は分析的に言い換えることで「第二次的構成概念」を構築・構成する（Ibarra and Kitsuse 1993, 28, イバラ＝キツセ 2000, 52：訳文は一部修正している、カッコ内はイバラ＝キツセのもの）

このようなキツセの発想、すなわち日常世界で人々が現実を構築・構成していることを強調する発想は、１９６０年代、米国で生じた社会学理論における発想の転換とも軌を一にしていた。日常世界における人々の主体性を重視する傾向は、シンボリック相互作用論、エスノメソドロジー、そして現象学的社会学など幅広い領域で見られるものである。ただしキツセは、社会問題という現実の構築・構成過程における人間の主体性のみを強調していたわけでもなかった。むしろキツセは、社会学者としてクレイム申し立て活動の様式や一般型を明らかにしようとしていた。[39]また、クレイム申し立て活動は社会的に受け入れられるときと、受け入れられないときがあることも指摘していた。[40]クレイム申し立て活動は社会的な相互行為である以上、クレイムを申し立てる人と、それを受け取る人がいる。クレイム申し立て活動によって社会問題が構築・構成されるためには、申し立てられたクレイムが人々の間で共有される必要がある。このように、社会問題が構築・構成されていく過程とは、さまざまな社会的な拘束を受ける過程なのである。

このように現実の存在を構築・構成過程に還元しつつも、その過程が社会的に拘束されているという考えをとっている点では、社会問題の構築主義は現象学的社会学の現実観と類似しているといえる[41]。現象学的社会学では、現実は人間の解釈行為によって構築・構成されると理解される。しかし、その解釈は個人が自由に行えるわけではない。個人は自らが成長し、社会化する過程で獲得してきた解釈枠組みである知識に基づきながら、現実の解釈を行っている。そしてその解釈を他者と間主観的に共有していく。個人が行った解釈を他者と間主観的な共有することが可能なのは、解釈図式である知識を同じ社会に属する他者もまた有しているからである。このような過程を経て、個人の主観的な現実解釈が相互行為によって間主観的に共有されていくと考えられていたからである。このような過程を経るから、現実は社会的に構築・構成されるといわれるのである（バーガー＝ルックマン 1977=2003, 28–71 参照）。

そして社会学の理論に関する認識についても、キツセは現象学的社会学であるアルフレッド・シュッツの理論観に接近している。シュッツは社会科学者が構成する理論について以下のように述べている[42]。

> それらの人々（社会学者の研究対象となる人々）は、自らが日常生活の現実として経験するこの世界を、一連の常識的な構成概念によって社会科学者に先立ってあらかじめ選定し解釈している。（中略）社会科学者がそうした社会的現実を把握しようとすれば、彼（研究者）の構成する思惟対象は、社会的世界のなかで自らの日常生活を営んでいる人びとの常識的な思考によって構成された思惟対象に、基づけられていなければならない。したがって、社会諸科学の用いる構成概念は、いわば二次的な構成概念である。すなわちそれは、社会的な場面にいる諸々の行為者が構成した構成概念についての構成概念である。社会科学者が、自ら携わる科学の手続き上の諸基準に従って観察し説明しなければならないのは、そうした行為者の行動なのである。（中略）それゆえ、人びとが日常生活の中で自ら経験、とりわけ社会的世界についての経験を組織化する際に依拠する一般原理を究明する

ことが、社会科学方法論の第一の課題である。（シュッツ著作集第1巻、123）

シュッツは、人間が使用する概念を「（常識的な）一次的構成概念」と「（社会諸科学が用いる）二次的構成概念」と分けた。そして前者を社会の人々が日常生活における相互行為で用いるもの、後者はその人々の相互行為を解釈するために観察者（社会科学者）が用いるものとした。社会学の理論も、日常世界における人々の現実解釈も、どちらも人間によって構築・構成されたものであることは変わりない。確かに構築主義的な社会問題研究も、人々のクレイム申し立て活動の分析という解釈を行っているので、その点では現実を構築・構成しているといえる。しかしそれは、社会の人々が日常生活の中で行っている現実の解釈とは次元が異なるものである。社会の人々は、ある社会状況に関して「それは社会問題である」という日常的・常識的な定義を行っている。それに対して、社会問題の構築主義の研究者は、社会の人々が社会問題を構築・構成していく行為を、「クレイム申し立て活動」という社会学的な概念に基づいて分析している。社会問題の構築主義とは、人々のクレイム申し立て活動に関する一貫した説明を構築・構成しようとするアプローチである。シュッツの議論に依拠すれば、人々のクレイム申し立て活動によって構築・構成される社会問題が「一次的構成概念」であり、その過程に関して社会問題の社会学の研究者がクレイム申し立て活動の分析を通じて構築・構成していく理論が「二次的構成概念」であると考えることができる。

そして社会問題とは、社会的に構築・構成された現実の特殊な一形態である。つまり、社会問題の構築主義とは、現実の社会的構築・構成を扱う研究（たとえば現象学的社会学）の特殊な一領域と考えることができる。では、現実を構築・構成する行為と、社会問題を構築するクレイム申し立て活動との違いは何であろうか。現実を構築・構成する行為と、社会問題を構築・構成するクレイム申し立て活動の区別をしてこなかったことが構築主義的な社会問題研究の一つの問題点である。むしろ現実一般と社会問題を区別しようという志向は、マートンのような従来の社会問題研究の方にあった。マートンは社会問題を以下のように定義していた。

社会問題とは、人々がこうであるべきだと考えるものと、現状の間に看過できないほどの格差があるとき生じる。(43) (Merton and Nisbet 1971, 1)

このマートンの定義を構築主義的アプローチに基づいて修正すると、以下のようになるだろう。

社会問題とは、ある社会状況があるべき状態から乖離・逸脱しているという解釈が、社会の中で共有されていくことで構築・構成される現実の一形態である。この解釈を行い、他者に伝え、社会の中で共有していこうとする一連の行為がクレイム申し立て活動である。社会問題の構築主義では、社会的行為としてのクレイム申し立て活動が主な研究対象になる。

4　「社会問題の社会学」のための構築主義

現象学的社会学をはじめとするいくつかの社会学の系譜は、人々が現実を構築・構成していく過程を研究対象にしてきた。そして社会問題の構築主義は、現実を構築・構成する行為の中でもクレイム申し立て活動、つまり現実を批判的に構築・構成する行為を研究対象に据えてきた。人々は社会的に共有されている価値観や規範に依拠しながら、他者と社会問題に関する解釈を共有していく。逆に考えれば、社会問題が構築・構成される過程とは、社会的に共有されている価値観や規範意識を観察し分析するのに適した過程である。そして、社会問題の構築主義の研究では、申し立てられたクレイムの内容の真偽を問うことを目的とはしない。したがって、社会問題の存在をめぐる論争に過度に参入する必要もなくなるし、社会学者が専門外となるような分野における社会問題の構築・構成過程の分析も以前よりは容易になるだろう。

もちろん、社会問題の構築主義はあくまで社会問題研究における一つのアプローチである以上、その限界は存在する(44)。だが本書で強調しておきたいことは、構築主義的アプローチが社会問題研究における唯一無二のアプローチである必要はないということである(45)。社会問題の構築主義は、社会学者がさまざまな社会問題を事例横断的に特定の観点から分析する「社会問題の社会学」を確立していくための一手段として採用されてきたからである。キツセが、「社会問題の社会学」という社会学の一領域の中で目指していたことは、①社会問題とされるさまざまな現象を網羅的・事例横断的に分析すること、②「クレイム申し立て活動」という研究対象を設定し、社会学的な観点に基づいて「クレイム申し立て活動」に関する統一的・理論的な説明を作り上げていくことであった。構築主義的なアプローチはそのための手段だったと理解することができる(46)。そしてそれは、「社会問題」を伝えることをその主たる役割として期待されている「ジャーナリズム」を事例横断的に分析する際にも有用な視座であると考えられるのである。

第2章　構築主義的社会問題研究とマス・メディア研究
――モラル・パニック論を超える試み

1　社会問題の社会学とマス・メディア研究の接合

前章で論じてきたように、社会問題の構築主義の目的は、社会問題を人々の社会的行為（クレイム申し立て活動）によって構築・構成されるものとみなし、その行為を研究対象に据えることであった。もっとも社会問題の構築主義の特徴は、あくまでその目的を徹底しようとしたことであり、ラベリング論をはじめとして同様のアプローチを採用する社会問題研究は、以前から存在していた。

これらの研究が注目してきたラベリング行為やクレイム申し立て活動とは、言い換えれば、ある社会状況や人々の行為に対して特定の解釈をしていく行為である。また、その解釈を他者と共有し、さらに一定の規模をもった社会の中で共有していく行為である。このように特定の現象を社会問題として構築・構成していく過程では、情報の交換（伝達と受容）と情報の共有が行われている。この点において、クレイム申し立て活動やラベリング行為とは、一種

郵 便 は が き

恐縮ですが
切手をお貼
りください

112-0005

東京都文京区
水道二丁目一番一号

勁 草 書 房
愛読者カード係行

(弊社へのご意見・ご要望などお知らせください)

・本カードをお送りいただいた方に「総合図書目録」をお送りいたします。
・HP を開いております。ご利用ください。http://www.keisoshobo.co.jp
・裏面の「書籍注文書」を弊社刊行図書のご注文にご利用ください。ご指定の書店様に至急お送り致します。書店様から入荷のご連絡を差し上げますので、連絡先(ご住所・お電話番号)を明記してください。
・代金引換えの宅配便でお届けする方法もございます。代金は現品と引換えにお支払いください。送料は全国一律100円(ただし書籍代金の合計額(税込)が1,000円以上で無料)になります。別途手数料が一回のご注文につき一律200円かかります(2013年7月改訂)。

愛読者カード

60308-4　C3036

本書名　メディアがつくる現実、メディアをめぐる現実

お名前《ふりがな》　（　　歳）

ご職業

ご住所　〒　　お電話（　　）　－

本書を何でお知りになりましたか
書店店頭（　　書店）／新聞広告（　　新聞）
目録、書評、チラシ、HP、その他（　　）

本書についてご意見・ご感想をお聞かせください。なお、一部をHPをはじめ広告媒体に掲載させていただくことがございます。ご了承ください。

◇書籍注文書◇

最寄りご指定書店

市　町（区）

書店

（書名）	¥	（　）部
（書名）	¥	（　）部
（書名）	¥	（　）部
（書名）	¥	（　）部

※ご記入いただいた個人情報につきましては、弊社からお客様へのご案内以外には使用いたしません。詳しくは弊社HPのプライバシーポリシーをご覧ください。

のコミュニケーションであると考えられる。したがって、クレイム申し立て活動を研究対象に据える社会問題の構築主義とは、コミュニケーション研究の一領域であるということもできるだろう。

コミュニケーションは、それを行う当事者の数や情報の到達範囲に応じて分類可能である(1)。その中でも、社会全体において情報の交換（伝達・受容）・共有が行われるマス・コミュニケーションは、近代社会の形成・維持・再生産を考える上で無視することのできない社会過程として位置づけられてきた。現代では、人々が行うコミュニケーションの相当の部分を新聞、テレビ、雑誌、映画などのマス・メディアが担っているからである。

このことを考慮すれば、コミュニケーション研究としての社会問題の構築主義は、マス・コミュニケーションが行われる過程についてもその議論を展開していく必要性と必然性に迫られているといえるだろう。人々が「社会問題」であるとして日常的に考えている社会現象や人間の行為に関する情報のかなりの部分は、マス・メディアを通じて伝達されているからである。

以上のように考えれば、社会問題が構築・構成されていく過程においてマス・メディアがいかなる役割を持っているのかを考察することは、社会問題の構築主義にとっても重要な研究テーマとなる。本章では、前章で言及した社会問題の社会学における視座転換が、マス・メディア研究の中でどのような形で反映されていったのか、そして今後はどのような展開の方向性があるのか、考察していく。

2　マス・メディア研究におけるラベリング論：モラル・パニック論

第1章で概観してきたように、社会問題研究には社会問題の存在に関して二通りの視座がある。一つは、普遍的な価値観や規範が社会に存在しており、それから逸脱した社会状況が社会問題であるという視座である。これにしたがえば、社会問題とは社会の病理であり、社会を解体するものである。そして社会学（者）には、社会問題とされる社会状況の正確な把握と、それに対する効果的な対策を纏め上げることが求められる。二つ目は、一つ目の考え方が前提としている普遍的な価値や規範の存在に疑いを向ける視座である。この場合、社会問題とは「誰にとって」の問題であるかということが問われる。そして、一部の者たちの価値や規範が、普遍的なものとして主張されていく過程に関心が向けられるようになった。このような視点をとる代表的な研究がラベリング論である。

ラベリング論は、逸脱研究の対象を「逸脱（者）」とされる人々やその行為・行動から、彼らや彼らの行為・行動に対して「逸脱である」とのラベリングが行われる過程へと研究対象を移行させた。特に、ラベリングの過程において強大な影響力を有する者、例えば警察や検察や政府（各種統制機関）などの公的機関、精神科医などの活動が研究の対象に据えられた。そして「逸脱」とは、ある行為に関してラベリングをする者、そしてそのラベリングを受容する者たちとの間の相互行為によって形成されるととらえられた(2)。ここに「逸脱」をコミュニケーション研究の文脈で捉える視点が存在する。

ただラベリング論は、総じてマス・メディアを逸脱や社会問題を構築・構成する一要素としてとらえる程度で、マス・メディアの社会的役割・機能を中心的に指摘している研究は、それほど多くないと思われる。これに対し、社会問題の構築・構成過程におけるマス・メディアの役割を強調したのが、１９７０年代、英国で展開されたモラル・パニック論である。モラル・パニック論は、前述のような社会問題研究の視座転換を背景として登場してきた。中でもスタンリー・コーヘンはラベリング論に依拠しながら、社会不安に関する議論を展開した。コーヘンは、特定の人々の行動や現象に対して、社会的関心が急激に高まり、社会不安が引き起こされた状態を「モラル・パニック」であると位置づけた。モラル・パニックが発生する過程とは、以下のように定義されている。

状況、出来事、人々や集団が社会的な価値や利害に反するものとして定義されるようになる。これらの性質をマス・メディアが特徴づけ、それをステレオタイプ化して表象する。このような脅威に対して、編集者・記者、宗教家、政治家、良識ある人々などが社会的な価値や利害を守ろうと活動する。そして社会的に信用のある専門家が、この状況を診断し、対策を練っていく。(Cohen 2002, 1)[3]

このような「モラル・パニック」の形成過程には、いくつかの特徴があるが、その中で最も重要なものとして挙げられているのが「不均衡性（disproportionality）」である。これは、ある対象（個人や集団の行動もしくは社会状況）が、その客観的な問題の程度に比べて過大に問題視（問題であると認識）されていることを意味している。すなわち「不均衡性」とは、人々の行動や社会状況の客観的な深刻さ・問題の程度と、そのような行動・社会状況に対する人々の反応との間に生じている差異（すなわち「不均衡」）について言及した概念である。[4]モラル・パニックとは、ある社会状況に対して「不均衡」な問題意識が形成され、その意識が社会の中で広範囲に共有されていくことで形成される。

このモラル・パニックという現象に焦点を当てる研究には、以下のような二点の問題関心を有していると考えられる。一つ目は、人びとの問題意識の形成に寄与しているマス・メディア報道が、社会問題をセンセーショナルに取り上げていくことへの批判である。コーヘンが取り上げた英国の若者問題に関する事例でも、マス・メディアが若者を社会の敵としてステレオタイプ化し、センセーショナルに報道することを批判的に考察している。社会問題の構築・構成過程におけるマス・メディアの役割を批判的にとらえるこのような見解は、マス・コミュニケーション論やジャーナリズム論の中でも数多くみられるものである。例えばブライアン・マクネイアは、マス・メディアは報道を通じて事件・出来事を意味付けし、何が社会問題であるかを定義することで、社会問題の構築・構築過程において大きな役割を果たしていることを批判的に指摘している。[5]また「モラル・パニック」という概念を明確に用いなくとも、マ

ス・メディアが事件・出来事を誇張して報道することは、しばしば批判の対象となってきた。(6)

二つ目は、社会問題が構築・構成される過程を、社会の支配的な価値が再生産されていく過程としてとらえようとしたことである。すなわちモラル・パニック論は、既存の支配的な価値から逸脱をするものが批判され、社会問題化され、そしてそれらの矯正を試みられることにより、支配的な価値はより強固なものになっていくという視点を持っていた。

3　モラル・パニック論の限界

一方、モラル・パニック論に対しては、いくつかの観点から批判することが可能である。それらの批判について以下考察していく。

モラル・パニック論のイデオロギー的な「偏向」の問題

モラル・パニック論へ投げかけられた批判の一つは、その議論がイデオロギー的な偏向を有していることに対してである。それは、モラル・パニックの概念が適用された事例研究が偏っていたことからもうかがうことができる。

モラル・パニック論の中で、モラル・パニックを生み出していく主体として想定されていたのは、警察や教会などの公式・非公式の社会統制機関であった。モラル・パニック論は、これらの社会統制機関が、社会問題を「不均衡」に構築・構成していくことを批判してきた。(7)これはモラル・パニック論が提唱されていた当時の社会背景も関係している。モラル・パニック論は、ラベリング論の影響を受ける一方、英国の批判的犯罪学の影響も強く受けていた。こ の批判的犯罪学は、犯罪の原因を資本主義社会における不平等に求めており、マルクス主義の影響を強く受けていた。(8)

そのような犯罪学では、政治的・経済的な支配エリート階層は、自分たちの価値観に逆らう者を社会全体の敵とみなし、彼らに対する統制を正当化するため、マス・メディアを利用してモラル・パニックを発生させていると理解されてきた。前に引用したコーヘンによるモラル・パニックの定義の中でも、モラル・パニックを巻き起こす主体として挙げられていたのは、政治家や宗教家などの社会のエリート階層であった。

もっともコーヘンは、モラル・パニックを巻き起こす主体として「良識のある人々」も想定していた。良識の担い手は、社会統制機関やエリート階層に限定されるものではない。さまざまな主体が「良識の担い手」になりうる以上、モラル・パニックを引き起こす主体もまた多様に存在しうる。したがって、モラル・パニックという概念は、多様な事例に適用できるはずである。それにもかかわらず、モラル・パニック概念を特定の事例にのみ限定して適用することは、あらゆる社会問題とは社会的に構築・構成されるものである、という考え方の可能性に制限を加えることになる。ここにモラル・パニック論のイデオロギー的な問題点が存在する。

日本においても、モラル・パニック論の観点に基づいてマス・メディア報道の分析を行った平林紀子が、以下のようにモラル・パニック論のイデオロギー的な問題点を指摘している。マス・メディアは、常に社会統制機関の影響下にあるわけではなく、場合によっては社会統制機関の起こした不祥事を取り上げることもあるからである。平林はこのように指摘し、モラル・パニック論が想定している社会問題の事例の狭さを批判している。(9)

この点については、コーヘン自身も後に反省的に回顧している。モラル・パニックという概念は、「保守的な勢力」によって構築・構成された社会問題を「リベラル左派」が批判するために用いられる傾向が強かったとコーヘンは回顧している（Cohen 2002, xxxi-xxxii 参照）。(10) その結果、非エリート層が主体となり草の根的に発生していったモラル・パニックに対する関心は高まらなかった。とはいえ、前述したようなモラル・パニック論内部の自己批判もあって、近年ではさまざまな立場によって引き起こされるモラル・パニックを広くとらえていくべきである、という認識は一定程度共有されるようになった。その結果、対象とされる社会問題の事例も徐々に拡大している[11]。

「不均衡性」を指摘することの困難性

扱う事例の幅を拡大し、イデオロギー的な「偏向」に関する問題点を克服したとしても、モラル・パニックという概念には依然として問題点がある。それはモラル・パニック概念の根幹をなしている不均衡性[12]に関する問題である。ここでいう不均衡性とは、問題とされる社会状況や人々の行動・行為に関する客観的状況と、それを問題とする人々の認識や対応との間に生じている乖離のことである[13]。現代社会では、マス・メディアの報道は、人々の現実認識の形成過程において相当程度の影響力を持っている[14]。したがってモラル・パニック論は、問題とされる社会状況に関する客観的状況と、マス・メディア報道を比較し、その乖離を指摘してきた。マス・メディア報道は、人々の状況認識に大きな影響を与えているとみなされたからである。そして、モラル・パニック論の研究者は、少年犯罪や児童虐待問題、若者問題、移民問題や薬物問題などを過剰・過大に取り上げるマス・メディア報道を批判の対象としてきた（上野加代子 2003, 鮎川潤 2002, Cohen 2002, Thompson 2003 参照）。

ただしこの点に、モラル・パニック論の二つ目の問題が存在する。それは、ある社会問題に関するマス・メディア報道が、過剰・過大であると判断をすることは、容易ではないからである。社会問題の構築・構成過程における不均衡性を指摘するためには、「社会問題とされる事例」の客観的状況とマス・メディア報道で伝えられる内容との間の差異を指摘する必要がある。すなわちモラル・パニックの存在を指摘する研究者は、まず社会問題の客観的状況（いわゆる「客観的現実」）の把握をして、マス・メディア報道（いわゆる「象徴的現実」）がその客観的状況を正確に伝えていないことを指摘しなければならない。通常、社会問題とされる社会状況を客観的に把握するためには、統計などの数量的データ、研究者自身が対象に参与観察して得られた質的データ、もしくは他の（マス・）メディアの情報

（ある新聞報道の誤りを証明するために、別の専門誌を用いるなど）が利用される。しかし、このようなデータの比較検討をするためには、そのデータが研究者自らの専門に近い領域でなければ判断が難しい。かつてモラル・パニックの事例であるとされた社会問題（少年犯罪や若者問題など）は、もともと逸脱研究や社会問題研究の中で扱われてきた事例でもあった。そのため、その種の社会問題を研究する者にとっては、データを適切に解釈することも可能だった。反面、従来の逸脱・社会問題研究者が専門としてこなかった領域、たとえば公害・環境問題などの自然科学領域のデータに関しては、どれが客観的な状況を指し示すものなのかを判断するのは困難であるといえるだろう(15)。

またそれ以前に、データを収集する活動そのものに付随している問題もある。ある社会問題への関心が高まると、それまでは特別意識されなかったことまで社会問題の兆候として認識され、データとして記録されるようになっていくことがある。例えば児童虐待問題に対する社会的な関心が低かった時代には「しつけ」として認識されていた親の行為が、児童虐待が社会問題化していくにしたがって「虐待」として認識され、一件の虐待事件として報告されていく。もしくは、ある社会問題が構築・構成されると、その問題に対する社会調査も頻繁に行われるようになり、大量のデータが集積されていくことがある（上野加代子・野村知二 2003, 59–74, 171–194 参照）すなわちデータを収集する行為も、社会的な諸要因から完全に独立しているわけではない（シクレルとキツセ 1963=1985, シクレル 1964=1981, 288–292 参照）。これは公式統計だけの問題にとどまらず、あらゆるデータ収集に付随する問題である。社会問題が構築・構成されていくことと、社会的行為としてデータ収集が行われていくということは相互に関係している。したがって社会問題の構築・構成過程では、収集されたデータそのものが議論・論争の対象となる場合もある。そのような場合、客観的な状況を把握することは一層困難になると思われる。

また、社会問題に関する諸価値を比較することも困難が伴う作業である。「重要な価値」が侵害されている状況が社会問題であり、「些細な価値」の侵害にもかかわらず過大に問題視されている状況がモラル・パニックであるとするならば、そこではさまざまな価値観の比較が行われていることになる。その判断は、いったいどのような基準で誰が行うべきなのか、それを明確にするのもまた困難である。したがって、異なったイデオロギーを有する論者の間では、「モラル・パニック」を適用すべき事例に関して合意を形成することは困難となる。

以上のように、社会問題の構築・構成過程における不均衡性を判断する作業には、困難が伴う。そしてそのことは、社会科学の一概念として「モラル・パニック」を適用できる社会問題の事例の幅を著しく限定するという帰結も導いてきた。

「不均衡性」を指摘することの有意性・意義に関する疑問

モラル・パニック論に関するより根源的な問題とは、近年、不均衡性を指摘することの意味・意義そのものについて疑問が呈されていることである。「現実とは社会的に構築・構成されたものである」という構築主義の考え方に厳密に依拠すれば、「客観的」なデータや統計に基づいて現実を把握することも、「偏見」や「ステレオタイプ」によってセンセーショナルに現実を描写することも、どちらも事件・出来事を解釈しそれに意味を付与することで現実を構築・構成しているという点では同様である。また、ある社会問題の構築・構成過程に不均衡性が存在するということは、前者の形態をとる現実の構築・構成行為が、後者の形態をとる現実の構築・構成行為によって排除されている過程であると言い換えることができる。モラル・パニック論では、このような過程が批判的に取り上げられてきた。

このような批判は、一見当然のように思われる。だが厳密に考えれば、このような批判が可能となるのは、「ある事件・出来事の客観的状況を正確に把握しながら現実を構築・構成していくことが可能であり、かつそうしなければならない」という現実の構築・構成に関する規範的前提が社会の中で共有されている場合に限られる。逆に考えれば、このような規範的前提が共有されないところでは、不均衡性を指摘することそのものの有効性が失われる。

例えば、化学物質汚染や遺伝子組み換え問題、食品安全問題、地球環境問題といった社会問題(16)に関しては、前述のような規範的前提の有効性が疑問視されるようになってきた。特に次の①や②のような特徴を有する社会問題に関しては、その構築・構成過程における不均衡性を判断することは困難であるし、また意味を成さないと考えられている(Ungar 1998, 2001 参照)。

①不確実性（uncertainty）が高い問題：現在の科学問題や環境問題に関しては、その危険性は専門家であっても判断することが困難である。危険性を評価する指標の計測が困難であるだけでなく、その指標の選択について専門家の間でも意見が分かれることが多くなっている。

②予防原則（precautionary principle）に則った対策の必要性：現時点において、問題の危険性が「不確実」であっても、将来的には大きな損害をもたらす恐れがあるので、未来志向の対策を採用すべきである。

同様の指摘は、科学哲学や科学技術社会論においても行われている（藤垣裕子 2003, 101-120 参照）。特に②の予防原則に関しては、地球環境対策を講じる際の基本的な考え方にもなっている(17)。不確実性が高く予防原則に基づいた対策が必要な社会問題に関しては、その構築・構成過程に不均衡性が存在することよりも、むしろ重大な危険性があるかもしれないにもかかわらず、それを社会問題として構築・構成しない不作為の方がむしろ批判の対象となる(18)。このような状況下では、モラル・パニック概念の有効性は、極めて限定的なものにとどまることになるだろう。

4　現実の社会的構築・構成とジャーナリズム

4-1　社会問題に対する構築主義的アプローチ

上述してきたように、社会問題が構築・構成されていく過程を批判するためにモラル・パニックの概念を用いることにはさまざまな問題がある。一方で、モラル・パニックの概念は、社会問題の構築・構成過程を、社会的な価値観が表出したり再生産されたりする過程としてとらえるためにも用いられてきた。

ラベリング論やその応用形態であるモラル・パニック論と、社会問題の構築主義の大きな違いとは、クレイム申し立ての活動の分析に際して、そこで行われている社会問題の定義の妥当性の有無に関係なく、あらゆるクレイム申し立て活動を研究対象に設定すべきであると、と主張したことである（第1章参照）[19]。一見、このような主張は極端なものに思えるが、現実の社会的構築・構成を扱う議論の系譜の中では、決して珍しいものではない。例えば、バーガーとルックマンは以下のように述べ、その妥当性の有無に関係なく、あらゆる知識を研究対象とする必要があると指摘していた。

〈知識〉の究極的な妥当性、ないしは非妥当性（それがいかなる基準にせよ）とは関係なく、何であれ社会において〈知識〉として通用するものはすべてこれを対象としなければならない。（バーガー＝ルックマン 2003, 4）

妥当性の有無にかかわらず、現実の構築・構成過程におけるあらゆる知識を研究対象とすべきというバーガーらの主張は、彼らが社会学的研究を行う目的とも関係していた[20]。というのも、この考え方をもとに研究を行う目的とは、社会的に構築・構成された現実の「虚偽性」や「虚構」を暴露したり摘発したりするためではなく、そのような現実を構築・構成する行為が、人々が形成している社会の中で受け入れられていく社会的要件を体系的に分析することだからである（バーガー＝ルックマン 1966=2003, 17参照）。

現実は以下のような過程を経て社会的に構築・構成されていく。まず、人々は自らの体験や経験を解釈する[21]。人々はその解釈を他者に伝え、彼らと解釈を共有しようとする。解釈の中には、集団内・集団間、そして社会全体で共有されていくものもある。ここでいう解釈とは、人々が自ら持っている解釈の枠組みである知識を用いて、解釈対象である自らの体験・経験の中でも特定の側面を際立たせ、それを類型的に確認・認識することである。換言すれば、解釈をするということは、特定の枠組みを用いて自らの体験を類型的に理解することである[22]。このような過程をアルフレッド・シュッツは「類型化の過程」（シュッツ著作集第3巻、314）と呼んでいる。

またこのような類型化は、ある経験について常に決まった形で行われているわけではない。すなわち、人々がある経験をしたとしても、それを類型化する方法が一つしかないということは考えられない。人々は、解釈の枠組みである知識の量やその多様性に応じて、自らの経験をさまざまな形で類型化することができる。人々はさまざまな解釈の枠組みである類型を有しており、それらは「類型化の体系」（シュッツ著作集第3巻、318）を形成している。

とはいえ、人々が自らの経験を解釈・理解する範囲は、一定の幅に収まっている。確かに、人々は自らの経験をさまざまな形で類型化することができるが、「この経験はこのように解釈するのが当然である」、「この経験をそのように解釈するのはおかしい」というように、どの類型化がより適切であるかを意識的・無意識的に判断している。そして解釈の範囲を自ら規定している。このように、どの類型がその体験に対して有意なのか（関連しているのか）を規定しているのが「レリバンス（関連性・有意性）の体系」である。ある経験に関する解釈が行われていく過程では、レリバンスの体系に規定されながら類型化が行われている。このように人々による解釈行為を規定するこれらの体系は、あわせて「レリバンスと類型化の体系」（シュッツ著作集第3集、318）と呼ばれている。[23]

人々は、このようなレリバンスと類型化の体系を個人的に有している。一方で、この体系は社会的に共有されているものであり、過去から受け継がれてきた社会的遺産でもある。そしてこの体系は、さまざまな教育を通じて、その社会の中で生活する人々に伝えられていく。人々は社会化の過程でこの体系を習得していく（シュッツ第3集、318参照）。そしてこのレリバンスと類型化の体系が社会の中で間主観的に共有されていることで、もともとは個人が主観的に行った解釈であっても、他者と間主観的に共有することが可能となる。そしてある事件・出来事に関する個人的解釈が、他者と共有され、社会の中でも共有されていくことで、現実は社会的に構築・構成されていく。一方、人々の個人的な解釈を規定しているレリバンスと類型化の体系は、彼らが成長し、社会化する過程で習得してきたものである。そういう点では、個人的な解釈もまた社会的なものである。

レリバンスと類型化の体系は、人々が生きている日常生活世界を含むあらゆる現実の構築・構成の過程に作用している。[24]したがって、レリバンスと類型化の体系は、社会の中で社会問題が構築・構成されていくときにも作用していると考えられる。特に社会問題の構築・構成過程では、本書第1章で論じたように、①あるべき状態に関する規範的な観点からの現実の構築・構成、ならびに②（改善すべき）現状としての現実の構築・構成が、それぞれレリバンスと類型化の体系に規定されながら行われている。そして①と②の差異を解消するために有効であると思われる施策が、対策や解決策として理解されていく。[25]例えば、「少年犯罪の増加」が社会問題として構築・構成されていく過程では、あるべき状態としての「安心・安全な社会」が想定されながら、そこから大きく逸脱した「少年犯罪が増加している」という現実が構築・構成され、そして「警察の取締り強化」「監視装置の設置」「道徳教育の推進」などの施策が解決策として理解され、正当化されていく。このように社会にとって望ましい状態が類型化され、改善すべき現状が類型化され、解決策が類型化されていく。社会的に共有されたレリバンスと類型化の体系は、この一連の過程に作用し、社会問題が構築・構成される方向性を規定している。モラル・パニックが発生する過程において表出し、再生産されている社会的な価値観（イデオロギー）とは、このレリバンスと類型化の体系の一種であると考えられる(26)。

もっともモラル・パニック概念は、前述してきたように、適用できる事例が制限されていた。そのため、社会の中で共有されているレリバンスと類型化の体系を記述し分析するための概念としては、柔軟性が欠けているという問題点があった。

レリバンスと類型化の体系を発見すること

前述のレリバンスと類型化の体系は、各個人が持っているものであり、人々の間でも一定程度共有されている社会的なものである。そしてあらゆる現実の構築・構成過程において、この体系は作用している。だが、このような議論はあくまでも理念上のものである。社会的に共有されているレリバンスと類型化の体系のあり様を、具体的な事例分析を通じて発見・抽出するためには、研究者はその体系が典型的に表出しているような事例を選択する必要がある。それは、「なぜその事例の分析を通じてレリバンスと類型化の体系の抽出を試みるのか」という問いを導くことにもなる(27)。前述したように、モラル・パニック研究の場合には、事例を選択する段階で研究者自身の党派的・イデオロギー関心が強く表れていたため、もしくは不均衡性を指摘することに固執したために、扱える事例の幅が狭まったことが批判の対象となっていた。

イデオロギー的偏向の問題は別にして、なぜモラル・パニック論において不均衡性が「根本的な要素」として位置づけられてきたのだろうか。その一つの答えは、モラル・パニックに該当するような事例にこそ、社会的に共有されている価値観、すなわち偏見やステレオタイプを含む広い意味での解釈図式が表出すると考えられていたからではないだろうか。つまりモラル・パニックに該当する事例とは、レリバンスと類型化の体系が典型的に顕著に表出する事例であると捉えられていたからではないか、ということである。

社会問題が構築・構成されていく過程を、研究者が「それは社会的に共有された価値観の反映をしながら行われたものである」と指摘しても、実際には「それは客観的な問題状況をありのままにとらえただけである」という反論（すなわち「それを指摘して何の意味があるのか」という含意を持つ反論）は常に用意されている。例えばステュアート・ホールは、英国で社会問題として構築・構成された「若者の犯罪増加」は、政治的エリートやマス・メディアによって形成されたモラル・パニックにすぎないという指摘を行った。これに対して、ワディントンは統計データを用いることで、「若者の犯罪増加」はモラル・パニックなどではなく、単に客観的な現実の脅威に対する社会の正常な反応にすぎない、と反論したことがある（Waddington 1985 参照）。

逆に考えれば、モラル・パニック論に内包されている論理、すなわち『「社会問題の客観的状況をありのままに把握して構築・構成した現実』は、実際には客観的なものではなかった」という論理には、以下のような含意があるといえる。それは「客観的ではない状況」があたかも「客観的な状況」であるかのように思いこまれ、「あまり深刻ではない事態」があたかも「深刻な脅威」であるかのようにみなされるのは、そのような解釈をしている人が偏見やステレオタイプを有しているためであるという論理である。そして、そのような偏見やステレオタイプが社会の中で共有されているために、モラル・パニックが社会的に発生するという論理である。したがってこの論理は、モラル・パニックに該当する事例を分析すれば、社会で共有されている偏見やステレオタイプを含む解釈図式、すなわちレリバンスと類型化の体系を効率的に発見できるという論理も導くことになる。

ところで、ある現実が構築・構成されていく過程では、常に別の現実の構築・構成の可能性が排除されている。そしてこの排除は、明示的・暗示的に正当化されている。そしてモラル・パニックが形成されていく過程では、この排除の「疑似的な正当化」が行われていると考えられる。例えば、社会問題化された「少年犯罪の増加」が、実際にはモラル・パニックだったという事例を想定してみよう。この事例については、「少年犯罪は増加している」という現実と「少年犯罪は増加していない」という現実、少なくとも二通りの現実を構築・構成することができる。そして「少年犯罪の増加」というモラル・パニックが発生する過程では、マス・メディア報道などによって「少年犯罪は増加している」という現実が構築・構成されていく一方で、「少年犯罪は増加していない」という現実は、その構築・構成の可能性があったにもかかわらず排除される。この時、「少年犯罪は増加している」という現実を構築・構成しようとする主体（例えばマス・メディア）は、少年犯罪に関係する事実や出来事を大きく取り上げることで、「少年犯罪は増加していない」というもう一つの現実の構築・構成の可能性の排除をし、かつその排除を明示的・暗示的に正当化している。このような立場に対して、「それはモラル・パニックである」という批判的指摘を行うこと、例えば「少年犯罪は増加していない」と証明するデータを提示することは、「少年犯罪は増加していない」という現実を対抗的に構築・構成しているだけではなく、そのような現実の構築・構成の可能性を排除し、その排除を正当化していた主体（この場合、マス・メディア報道）を批判している。つまりそこでは「彼ら（マス・メディア）が試みていた排除の正当化は疑似的なものにすぎない」という指摘を行っているのである。この指摘は、換言すれば以下のようであるといえよう。すなわち、マス・メディア報道は、自らの活動を「客観的に現実を構築・構成すべきであり、現にそうしている」と位置づけているにもかかわらず、実際には「客観的に現実を構築・構成していない」だけではなく、「客観的に現実を構築・構成している」かのように標榜しているのだ、という指摘である。モラル・パニック論は、このような過程を通じて、社会で共有されている価値観を明らかにしようと試みていた。例えば、「実際」には少年犯罪は増加していないのにもかかわらず、人々の間で「少年犯罪が激増している」という現実が自明視されていくのであれば、そこに社会の少年に対する視線・意識、そして社会的に共有されている考え方・価値観（例：少年犯罪は厳しく処罰すべき、若者は社会不安の原因であるという考え方）を見出すことができると、モラル・パニック論は主張してきた。

もっともこのような分析が有効になるのは、マス・メディアが自らの報道について「客観的に現実を構築・構成すべきである」という規範的意識を持っていて、かつその規範が社会の中で広く共有されている場合に限られる。言い換えれば、社会問題の構築・構成過程における不均衡性の存在が、その規範に反しているとみなされるような状態であることが、モラル・パニック論の分析が有効となる条件でもある。反対に、不確実性が高い社会問題の構築・構成過程のように予防原則に基づく対策が求められるような状態では、不均衡性の存在そのものは問題とはならない。したがってそのような状況下では、モラル・パニックの概念は有効性を失う。

モラル・パニック概念は、社会問題の構築・構成過程に作用するレリバンスと類型化の体系を効率的に抽出するためには有用な分析概念ではあった。しかし、現代社会ではこの概念が適用できる事例が徐々に限定されつつあると考えられる。したがって、現実の構築・構成過程を事例横断的に柔軟に記述・分析するという観点では、モラル・パニック概念の有効性は限られたものといえる。

「不確実性」が高い社会問題の構築・構成過程で用いられている「規範」

しかし、レリバンスと類型化の体系を効率的に抽出しようというモラル・パニック論の問題意識・目的意識そのものは、社会問題の構築主義に基づいて実際に事例分析を行っていく上では重要である。具体的な事例分析を志向する社会問題の構築主義にとっては、モラル・パニック論のこの問題意識・目的意識をどのようにして立て直すかが課題となってくるだろう。そのためには、不確実性が高く予防原則に基づく対策が求められる社会問題の構築・構成過程は、どのような規範意識に基づいて行われているのかを明らかにする必要がある。

リスク社会を論じた山口節郎によれば、現代では社会問題の構築・構成において以下のような規範が求められる。

すなわち、不確実性が高まったリスク社会において社会問題を構築・構成し、その対策を講じていく際には、科学者などの特定の人々・集団による問題の構築・構成行為に排他的・特権的な正当性を与えずに、それ以外（問題の当事者を含む「被害者や病者」）の視点を取り込んでいくべきであるという規範である。そうすることで、専門家や科学者が自己の意思決定を自省することが、リスク社会の専門家に求められると論じている。(28)

この指摘は、すなわち（専門家としての）科学者による現実の構築・構成に対して特権的な正当性を付与してきた近代社会のあり方を批判している。なぜなら社会問題の「客観的状況」を把握する方法として、そしてその状況把握に基づいて何らかの対処・対策をとるための方法として、従来、客観的であるとされてきた科学の限界が明らかになったからである。このように科学の限界を指摘する意見は、科学技術社会論の領域においても見られる。

科学の営みが絶対的であり、それにしたがえば自然を克服できたり、問題を解決できたりするという推測はもはや成り立たなくなってきている。（中略）究極的な確実性もなければ絶対的な真理でもない、昨日の最善の治療は、今日ではすでに危険な方法として見捨てられるかもしれない（中略）現在の最善を否定するだけの材料はないが、独善に陥っていないという証明もまた存在しない以上、次善の可能性につねに担保を残しつつ現在の最善を選択する、現在の最高を選びつつつねにその失敗と過誤を想定し対応策を講じておくことに意義がある。

（宗像慎太郎・塚原東吾 2005, 186）

不確実性の高い社会問題に関しては、たとえどのような方法を用いたとしても、特定の一時点ではその社会問題の「客観的状況」や「客観的脅威」を画定することは不可能である。したがって「究極的」で「絶対的」な解決策や対処法も、特定の一時点では導き出すことはできない。このような場合に求められていることは、さまざまな視点を取り入れることで問題の多様な側面を明らかにすること、そして継続的に問題を構築・構成し、場合によっては以前構築・構成した問題を事後的に再検討し、それを再構築・再構成することである。そうすることで問題を多角的な観点からとらえ、より適切な対処を行うという姿勢である。

またこのような要求は、単に理想主義的な観点からのみ導き出されるものでもない。不確実性の高い社会問題に対して予防的に対策を行うということは、言い換えれば、危険に関する根拠が不完全なまま対策を行うということでもある。その過程では、選択と同時に排除も行われている。そこで排除されるのは、「今とは別の対策をとる」という選択肢かもしれないし、「別段対策を行う必要はない（別の問題に注力すべき）」という選択肢であるかもしれない。これらの選択と排除は、予防原則に基づき正当化され、証拠不十分なまま行われている。

もちろん、不確実性が高く緊急な対策が必要な社会問題に対しては、不完全な根拠のまま、状況を判断したり、対策を決断したりすることもやむをえない。しかしその場合、不完全な根拠のまま排除された別の選択肢が存在するかもしれない。だから、時間の経過や状況の変化、特に新しい危険性の発見に応じて「いつでも見直しが出来る意思決定」（藤垣裕子 2003, 215）をしておくことが要求されている。すなわち社会問題を継続的に構築・構成し、場合によっては再構築・最構成するということは、証拠不十分なまま排除されたかもしれない選択肢を、遡及的に救済するという極めて実践的な意味合いも含まれている。

このように考えると、不確実性が高い社会問題の構築・構成過程にも規範は求められていることがわかる。すなわち、不確実性が高い社会問題の構築・構成過程を分析する場合、状況の変化に伴って過去の選択・決定の再検討が行われたかどうかに注目する視点である。そして過去の選択・決定の再検討が行われていない場合には、ある一時点において構築・構成された現実が自明視され続け、別の現実の構築・構成の可能性が排除され続けているということができる。このとき、「あらゆる危険性（可能性）を考慮すべき」という規範に基づきながら社会問題を構築・構成していたにもかかわらず、「特定の危険性（可能性）だけを考慮していた」という状況となるそのような状況にもかかわらず、あたかもその規範が守られているかのような状況が継続していれば、その状況は「排除の疑似的正当化」と評価することができるだろう。そしてそのような状況を可能にしているのが、現実の構築・構成の過程を規定しているレリバンスと類型化の体系である(29)。

ただし、この種の排除は特定の一時点では判断することができず、複数時点における分析が必要になってくる。すなわち、代替的な現実の構築・構成可能性がありうるにもかかわらず、一定時間が経過したあとにもそのことに言及されず、過去からある現実が継続的に構築・構成されている、そして別の現実の構築・構成の可能性が過去から継続的に排除されていることを指摘していくことが必要となる。したがって、不確実性が高い社会問題の構築・構成過程を分析するときには、必然的に時間軸を拡大した分析が求められることになる。

現実の構築・構成の二重性

本章ではモラル・パニック概念の限界が生じた要因について、「現実は客観的に構築・構成することができるし、そうすべきである」という規範的見解が、現代社会では必ずしも多くの人々の間で共有されなくなってきたからであると論じてきた。その一方で、現実の構築・構成過程における「排除の疑似的正当化」であるモラル・パニックの事例分析を通じて、レリバンスと類型化の体系を効率的に見出そうとしたモラル・パニック論の問題意識を評価してきた。その上で、不確実性が高い社会問題の構築・構成過程に関しても、「排除の疑似的正当化」と呼べるような状況があるのではないかを検討してきた。そして、不確実性が高い社会問題の構築・構成過程に関しても別の規範がありうるし、その規範に反している状況ではやはり「レリバンスと類型化の体系」が効率的に抽出できることを議論してきた。このような議論は、今後、不確実性の高さや予防原則が主張されながら社会問題が構築・構成されていく場合が多くなっていくことが予想される中で、社会問題の構築・構成過程の分析を行っていくためには必要になってくると思われる。

そしてその過程で以下のことも明らかになってきた。すなわち、現実の構築・構成過程の分析に際しては、「どのような現実が構築・構成されるのか」という問いのほかに、「現実はどのような手法で構築・構成されるべきか」という問い、言い換えれば「現実の構築・構成のあり方に関する現実の構築・構成」という次元が存在することが明らかになった。例えば、「不確実性が高い社会問題を構築・構成する際に求められることは、客観的な現実を明らかにすることではなく、予防原則に基づいて問題を構築・構成していくことである」という主張は、「現実の構築・構成のあり方に関する現実」を構築・構成しているといえるだろう。すなわち、「社会問題（としての現実）を構築・構成していく行為のあり方をめぐって現実（予防原則を重視した行為が必要であるという規範的が社会的に共有されている）が構築・構成されている」状況である。このように現実の構築・構成過程は、二層的・二重的（場合によっては多層的・多重的）に存在している。

モラル・パニック論の問題とは、このような現実の構築・構成過程の多層性・多重性を、明確に認識しないまま、分析を行っていたことである。モラル・パニック論は、「現実は客観的に構築・構成すべきである」という現実が構築・構成される社会では有効な分析概念である。しかし、そのような現実が構築・構成されていない社会では、分析概念としての有効性を失う。現実を客観的に構築・構成することが困難であると考えられているような公害・環境問題に関して、モラル・パニック論が有効性を失う理由は、このように説明することができる。

本章では、モラル・パニック論の限界を考察する過程で「二重の現実の構築・構成」の考え方を導いてきた。つづく第3章では、この考え方をマス・コミュニケーション過程に応用することで、さらなる構築主義的な視座の精緻化を図っていきたい。

第3章　構築・構成される「ジャーナリズム」

1　構築主義的アプローチの応用にまつわる問題

本章の目的は、マス・コミュニケーション研究やジャーナリズム研究の中に、第1章・第2章で議論してきた構築主義の視座が適用・展開できる新たな領域が存在するかどうか考察することである。構築主義に関しては、ヴィヴィアン・バーが著書『社会的構築主義への招待』の中で「哲学、社会学、言語学などを含む、多くの学問から影響を受けており、本質的に学際的」（バー 1997, 2）と述べているように、ある物事（事物）は社会的に構築・構成されている、という視点を持つ諸研究が「構築主義的」であるとみなされてきた。

構築主義的視座を広くとらえようとするこのようなバーの発想は、さまざまな構築主義的研究の間の差異を見落とすおそれがある。確かに、１９８０年代中盤の米国で発生し、その後の日本でも展開された構築主義論争のように「正統な構築主義・正しい構築主義」を探求することはあまり有意義ではないと考えられる（第1章参照）。とはいえ、構築主義的研究の多様性を認めるのであれば、それぞれの構築主義的研究が何を分析対象としていて、その結果どのような知見をもたらしてきたのか、もしくはもたらすことができるか、ということをある程度明確にする必要がある。マス・コミュニケーション研究やジャーナリズム研究の領域で、構築主義的視座の新たな応用・展開の可能性を検討していく際も同様であるといえる。

本章では上記の問題意識に基づき、構築主義的な視座の一つの起原とされるアルフレッド・シュッツをはじめとする現象学的社会学の議論を参照する。そして、構築主義的な視点がどのような問題意識で適用されてきたのか、研究対象として何を想定していたのかを検討していく。そして、現在のマス・コミュニケーション研究やジャーナリズム研究の中で構築主義的視座がどのように適用・展開されているのかを検討する。その上で、構築主義的視座を適用することができる新たな領域があるかどうか検討していきたい。

2　社会的世界における意味の構築・構成

2-1　現象学的社会学における構築主義的視点

構築主義の起源に関しては、さまざまな論者が多様な見解を提示しているが、明確に画定することが困難である。ただマス・コミュニケーション研究においては、現象学的社会学にその発想の起源を求めてきた。その中でも、アルフレッド・シュッツの著作『社会的世界の意味構成』と彼の影響を受けたといわれているピーター・バーガーとトーマス・ルックマンの著作『現実の社会的構成』（旧題：日常世界の構成）がしばしば参照される(1)。特に「現実は社会的に構成（construct）されており、（中略）この構成がおこなわれる過程を分析しなければならない」（バーガー＝ルックマン 2003, 1）というバーガーらの見解は、構築主義的視座には典型的にみられるものである。また、バーガーとルッククマンは著書の中で「日常生活における知識の基礎に関するプロレゴーメナ（序論・序説）の部分でシュッツの業績に大きく依存しているばかりでなく、それ以後のわれわれの主要な主張がみられるさまざまな重要な部分においても、彼（シュッツ）の研究に大きく負っている」（同書 23, 括弧内引用者追加）と述べているように、彼らの議論がシュッツから大きく影響を受けていることを認めている。

バーガーやルックマンが『現実の社会的構成』を発表したのは1966年である。1960年代は、米国社会学において有力な地位を築いていたタルコット・パーソンズをはじめとする構造機能主義的な社会学理論に対し、批判的立場が隆盛していた時代である。西原和久は、これらの立場をまとめて「意味学派」と呼んでいる。(2) なお那須壽は、1960年代の米国の社会情勢に関して「社会から負わされている『役割』を確信をもって無視する人びとが社会の表舞台に登場し、それゆえに社会は不安定な揺れ動くものと映った時代であった」（那須壽 1997, 106）とも述べている。「意味学派」に分類される研究者は、「アイデンティティ喪失の危機に直面している人びとが、自らの『原点』を求めて身近な日常生活世界に降り立ち、対面状況のなかで『他者理解』を媒介にしながら自己確証を得ようとする、そうした人びと」（那須 1997, 107）に対して研究の関心を向けていた。すなわち「意味学派」に分類される研究者は、人々を決められた役割にしたがってただ活動する存在としてよりも、常に自らの役割について解釈し意味付けしながら活動する意識的存在としてとらえようとしていた。(3)

このような社会学の転換期において、シュッツの著作（生前唯一の単著である『社会的世界の意味構成』）の再版や著作集全3巻（日本語版は全4巻）が刊行された。また米国の学会においてもシュッツに関する特集がたびたび開催された。さらにシュッツの友人や彼の指導を受けた研究者（ハロルド・ガーフィンケル、モーリス・ナタンソン、バーガー）が社会学の領域で影響力を持ち始めたことなどの要因によって、シュッツは「意味学派」のシンボリックな存在となっていった（那須壽 1997, 99–108, 146–150 参照）。(4)

そのシュッツの議論は、当時の社会学の主流派では自明視されていた事柄を再検討するための手がかりとなるものであった。それは次のような議論である。

世界についてのわれわれの知識はすべて、すなわち科学的な思考における知識はもとより常識的な思考における知識もまた、構成概念を必要とする。つまりあらゆる知識は、思考（思惟）の組織化のそれぞれの段階に特有な一連の抽象化、一般化、形式化、理念化を必要としている。純然たる事実といったものは、厳密に言えば存在しない。事実とはすべてはじめから、われわれの精神の諸活動によって全体の文脈から選定されたものなのである。したがって事実とはつねに、解釈された事実なのである。（中略）われわれは世界の或る（ある）特定の側面（相）を把握しているに過ぎないということだけである。すなわちわれわれが把握するのは、みずからの生活を営んでいくという観点からみて、もしくは科学の方法と呼ばれる、一連の思考手続きのうえで是認された諸基準の観点から見て、関連がある特定の側面を把握しているということである。（シュッツ著作集第1巻、50-51 参照）(5)

シュッツの議論の特徴は、自明視された事柄を疑う姿勢のほかに、①科学や理論に対するペシミスティックな視点を提示していること、そして②日常生活世界を主題化していることである（吉澤夏子 2002, 15-16 参照）。ここでいう①科学や理論に対するペシミスティックな視点とは、シュッツが社会理論の絶対性・特別性を否定していたことである。先ほど引用した箇所でシュッツは、「世界についてのわれわれの知識はすべて、すなわち科学的な思考における知識はもとより常識的な思考における知識もまた、構成概念を必要とする」と述べている。つまり、普通の人々による世界の理解も、科学者による世界の理解も、どちらも構成概念を必要としている点では同じであり、科学者の理論だけが特別な存在ではないとシュッツは主張している。社会理論を精緻化していけば、現実世界のすべてを正しく理解できるという考え方をシュッツは採っていない。シュッツは、社会理論を「世界ある特定の側面を把握」するための方法の一つとして位置づけていた。社会理論に対するこのような考え方は、自己反省の社会学を提唱したグールドナーの議論の中にも見られる。(6) だがグールドナーとは異なり、シュッツは社会理論そのものを批判したり、それをラディカルに超克したりすることを求めてはいなかった。「あらゆる知識は、思考（思惟）の組織化のそれぞれの段階に特有な一連の抽象化、一般化、形式化、理念化を必要としている」と述べているように、ある知識を用いて物事の抽象化して考えたり、複数の事物に共通点を見出して一般化したりすることは、社会理論家以外の、社会のあらゆる人々が行っているとシュッツは指摘していた。(7) すなわち、社会理論に向けられたシュッツのペシミスティックな視点とは、社会理論の存在価値やその正当性に対して向けられていたのではない。自分の体験や周囲の環境を類型化し、それらを意味付けして解釈することができるのは社会理論家だけである、という考え方に対してペシミスティックな視点を向けていた。逆にいえば、社会理論家ではない普通の人々もまた日常生活を営む上では、自分たちが存在する世界を解釈し理解しながら生活していることを、シュッツは強調していたといえるだろう。そしてこの考え方は、シュッツの議論のもう一つの特徴である、②日常生活世界の主題化を導いていく。

2-2　シュッツの議論における「自己解釈」と「他者理解」

シュッツが、日常生活を営む普通の人々が行っている世界の理解に着目したのは、人間は自己と他者が存在する世界を理解しながら行為を遂行していると考えていたからである。すなわちシュッツは、人間を周囲の世界を理解しながら生活する「意識する存在」としてとらえていた。そしてシュッツは、以下のような問いを設定している。

この社会的世界は，そのなかにいる被観察者としての行為者にとって何を意味しているだろうか，またその行為者は，その社会的世界の中で行為することによって何を意味していたのだろうか。（シュッツ著作集第3巻，24）

そして，シュッツが研究課題として提示したのが，「人々がお互いを理解し合い自分自身をも理解する，その活動のメカニズム」（シュッツ著作集第3巻，24）である。シュッツは，人々は相互理解をしながら，各自の行為を遂行していると考えていた。そして人々の行為を研究するためには，この相互理解のメカニズムをまず分析対象とする必要があるとシュッツは主張した。

人間の行為が遂行される過程では，二種類の理解・解釈が行われている。まず行為者が自らの経験・体験を解釈する「自己解釈」である。行為者は継続的・持続的にさまざまな経験をしている。ただしこの段階の体験は，行為者の明確な認識において行われているのではなく，多くの場合は無意識的に積み重ねられている。そして行為者は，この積み重ねられた経験に対して反省的な視点を向けることで「体験を体験する」（森元孝 1995，151）のである。すなわち，行為者は意識的に自己の特定の体験に着目して類型化し，類型化した体験をそれぞれ関連させることで，それら一連の体験に意味を付与している。そしてこの過程では体験を理解・解釈するために，レリバンスと類型化の体系（第2章参照）が作用している。こうして行為者は，自らの体験を自己解釈している。一方，その行為者を見る他者もまた行為者のふるまいに意味を付与している。すなわち，行為者のふるまいの中から特定のふるまいに着目し，それらをそれぞれ関連させて理解・解釈を行っている。そしてお互いの解釈・理解が重なり合ったとき，行為者の存在する世界において解釈が共有され，相互に理解しあうことが可能となる。(8)

なお，上記の解釈や理解は，個々人が自由に行うことはできない。レリバンスと類型化の体系のうち，個人が独自に作り出すことができるものは，ほとんどないからである。人々は学習や教育を通じて，彼らが属している社会からレリバンスと類型化の体系を修得している。

私にとってこの社会的世界は、はじめから組織された世界としてつねに与えられている。私はいわば、この組織された社会的世界のなかで生を受けたのであり、そしてこの世界のなかで成長してきたのである。私は学習や教育を通して、また様々な体験や試みのすべてを通して、この世界とそれに伴う様々な制度について、十分に定義されたものではないにしろ一定の知識を脩得している。(9)（シュッツ著作集第3巻、26）

レリバンスと類型化の体系として機能する諸々の知識を共有している者どうしは、お互いの行為を理解・解釈し合うことが可能である。すなわち、行為者は自らどのような行為をしているのか理解・解釈し、他者もそれを同じように理解・解釈しているだろうと想定できる状況が形成される。(10)以上の点を踏まえれば、シュッツは構築主義的な視座を、人々の行為を研究するために活用していたといえる。そして、このようなシュッツの発想は、あらゆる行為の分析に応用することができると考えられる。

3　マス・コミュニケーション研究における構築主義的アプローチの展開

3-1　マス・メディア報道による「現実の構築・構成」

一方、マス・コミュニケーション研究において、構築主義的アプローチはマス・メディアのニュース報道の分析に対して適用されてきた。マス・メディアは報道（論評や解説も含む）を行う過程で、事件・出来事の中のいくつかの事実に着目し、それらを取捨選択して、ニュースとして纏め上げている。このような事実の取捨選択の過程を伴っているため、マス・メディアは起こった事件・出来事をそのまま報道することはできない。このように、ニュースは事件・出来事を定義し、それらに意味を付与することで、特定の現実を構築・構成しているという見解が展開されてきた(11)。

デニス・マクウェールは、マス・コミュニケーション研究における構築主義的アプローチの基本原理として、以下の五点を挙げている（マクウェール 2010, 132 参照）。

①社会とは、固定した現実というよりは構築されたものである。
②マス・メディアは現実を構築するための素材を提供する。
③マス・メディアは意味を提供するが、その意味は交渉されたり、拒絶されたりすることもある。
④マス・メディアはある特定の意味を選択的に再生産する。
⑤マス・メディアは社会で生じた現実を客観的に報じることはできない（すべての現実は解釈されたものである）。

同様にスタンリー・バランとデニス・デイビスも、人々が現実を類型的に意味付けしていること、さらにその類型をマス・メディアが提供していることを指摘している（バラン＝デイビス 2003, 354-358 参照）。

このようなマクウェール、バランとデイビスによる構築主義的アプローチの整理では、人々が選択的・類型的に現実を意味付けして理解していること、さらにはその意味付けに関してマス・メディア報道は大きな影響力を持っていること（人々はマス・メディア報道に大きく依存していること）が強調されている。それは、事物は人々の活動から独立して存在していて、客観的にそれをとらえることが可能であるという立場への批判的見解であり、さらにマス・メディアは客観的な報道をすることができる、もしくはすべきであるという考え方に対する批判でもある。

ただしマス・コミュニケーション研究では、「構築主義」と明示しないまでも、同様の発想に基づいた研究は古くからある。例えば、ウォルター・リップマンのステレオタイプ論の中に、似たような見解を見出すことができる。

われわれはたいていの場合、見てから定義しないで、定義してから見る。（中略）騒がしい混沌状態の中から、すでにわれわれの文化がわれわれに定義してくれるものを拾い上げる。そうしてこうして拾い上げたものを、われわれの文化によってステレオタイプ化されたかたちのままで知覚しがちである。（リップマン 1922=1987, 111-112）

リップマンの指摘に従えば、マス・メディア（で働く記者）は事件・出来事をそのまま伝えているのではなく、ステレオタイプに基づいて報道を行い、読者である人々もそのステレオタイプに基づいてニュースを受容していることになる。その過程では、マス・メディア報道の中で、そして人々の思考の中でステレオタイプ化された現実が作り出されていると考えられる。同じような見解は、「疑似環境論」を展開した藤竹暁の議論にも見出すことができる。

人間と彼が行動を要求されている環境世界、すなわち現実環境（real environment）との間には、現代においては、膨大に象徴化された環境、すなわち疑似環境（pseudo environment）が挿入されている。そして、人間は、疑似環境を手がかりにして、それを通して、現実環境へと適応の行動を行なうのである。だが、この象徴化された疑似環境を通しての現実環境への対応において、人間はあまりにも多く疑似環境に依存しすぎることによって、逆に、現実環境に裏切られることになる。（藤竹暁 1968, 23-24）

現代社会において、この象徴化された疑似環境の形成に深く寄与しているのがマス・メディアの活動（特にニュース報道）である。直接体験できない世界を認識するとき、人々はマス・メディアに強く依存するだけでなく、直接体験できる世界に関してもマス・メディアを通じて提供される知識や情報に基づいて解釈を行っている。そのため疑似環境は、もはや「疑似」としての性格を失い、人々の環境認識において大きな割合を占めていく。このようなマス・メディアによる環境形成機能に対する視点に、構築主義的な要素が含まれていると指摘することは十分可能であろう。(12)

これら議論に共通するのは、マス・メディアの報道では事件・出来事がそのまま客観的に伝えられるわけではなく、ニュースが生産される過程において、事実の取捨選択およびその事実の関連付けが行われているということを指摘している点である。このような視点は、マス・コミュニケーション研究の中では古くから存在しており、マス・メディア報道に対して何らかの形で批判的な議論を展開する研究とも親和性が高い。本章第1節で言及したヴィヴィアン・バーによれば、以下の四点のいずれかに当てはまる研究は「構築主義的」であるとされる（バー 1997, 3-7 参照）。

①自明の知識への批判的スタンス：構築主義は、世界が存在するとみえるその見え方の前提を、絶えず疑うように注意を促す。特に世界を理解する際に用いるカテゴリーが、必ずしも実在する区分と一致するものではないと主張する。

②（知識の）歴史的および文化的な特殊性：世界を理解する仕方（カテゴリーや概念）は、歴史的・文化的に特殊なものであり、それらの所産であり、その時代や社会のさまざまな制度に依拠している。

③知識は社会過程によって支えられている：世界の理解の仕方は、人々がお互いに絶えず携わる、社会過程および社会的相互作用の所産である。

④知識と社会的行為は相伴う：一方で、世界の理解の仕方は人々の行為を生み出す。特定の世界の理解の仕方は、

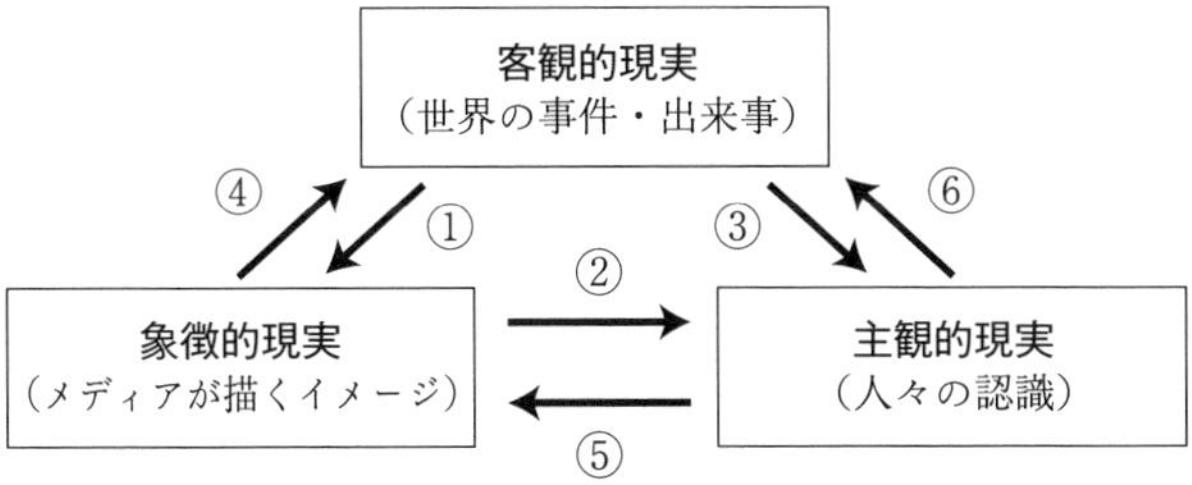

図3-1　現実の社会的構築・構成のモデル

出典：アドニー＝メイン（1984=2002: 146）をもとに作成。
矢印の番号は引用者が追加。本章の内容に合わせて一部修正。
原典にある「近接―遠隔」は省略。

　特定の社会的行為を支持し、他の社会的行為を退ける。

バーの引用部分の「知識」を「ニュース（の内容）」と置き換えれば、疑似環境論やステレオタイプ論を構築主義的アプローチとして解釈することは十分可能であるといえるだろう[13]。

　さらにマス・メディアによる現実の構築・構成過程における位置づけを示したのがアドニーとメインらによる以下のモデルである。かれらは現実をここで、客観的現実（事件・出来事そのもの）、象徴的現実（メディアが描くもの、メディア・コンテンツ）、主観的現実（人々の認識・意識）[14]の三つに分類し、それぞれが相互に影響を及ぼしあうものとみなした（図3-1参照）。

　これらの三つの「現実」は相互に影響を及ぼしあっており、図3-1ではそれぞれ①から⑥の矢印で表される。

①事件・出来事をメディアが取り上げてメディア・コンテンツ（例えばニュース）を制作する過程
②メディア・コンテンツを通じて人々が社会的な事件・出来事を認識する過程
③（メディアに依存せず）人々が社会的な事件・出来事を認識する過程

さらに双方向的な④から⑥の過程も含めて考える必要がある。

④メディア・コンテンツが事件・出来事の推移に影響を与える過程
⑤人々の認識がメディア・コンテンツに影響を与える過程
⑥人々の認識が事件・出来事に影響を与える過程

事件・出来事の現場や当事者がメディアの報道を踏まえて、もしくはメディアで報道されることを前もって予想して行動する場合の過程が④で示される。同様に、事件・出来事の現場や当事者が人々の認識を見極めながら活動することで、事件・出来事の推移が変わる場合には⑥の過程が活性化している。そして⑤の過程は、メディアが人々（読者・視聴者）の意識を一部踏まえた上で報道していく場合がそれに当たる。こうしてある社会的事件・出来事に関するメディア報道と人々の集合的意見が形成され、逆に集合的意見が報道や社会的事件・出来事に影響を与えていく。

3-2　マス・メディア報道に関する「現実の構築・構成」

前節で論じたように、ニュース内容を知識としてとらえ、その知識に対して批判的な視点を投げかける見解は、構築主義的なマス・メディア研究として知られるゲイ・タックマン(15)の議論の中でも展開されている。以下のタックマンの見解は、バーが列挙している構築主義の要件①から④を十分満たしていると考えられる。

私（タックマン、引用者）は知識が常に社会的に構成されることを再確認したいのである。知識は常に経験を整理し、意味を形成する。最終的に力説したいのは、知る手段としての知識（ヒューマニスティックな努力や科学）、および知ることを拒む手段としての知識（イデオロギー）が社会に根ざしたものであり、しかもそれが、人々が作り出す相互関係に影響を与えているということだ。（中略）社会生活について語るニュースは社会的資源である。知識の源であり、権力の源であるニュースは世界に開かれた窓なのである。（タックマン 1991, 296-297, 最初のカッコ以外は原著者）

ここでタックマンの議論を詳細に見ていくと、事件・出来事に対する意味付与と異なった「もう一つの現実の構築・構成」へ言及していることがわかる。

ニュースは社会的意味を定義、再定義し、社会的意味を構成、再構成するだけではない。ニュースは物事のやり方、あるいは既存の制度における既存の手続きを定義、再定義、構成、再構成するのである。（タックマン 1991, 266）

この引用箇所の前半部では、タックマンは出来事・事件に意味が付与されるという文脈で現実の構築・構成過程について言及している。一方、後半部では、ニュースによって「物事のやり方」、「既存の制度」、「既存の手続き」が（再）構築・構成されていくことに言及している。さらにタックマンは、ニュースに関する諸制度について以下のように述べている。

ニュースが公認された制度にどっぷりつかっていること、ニュースが中央集権的に収集されることを、19世紀

　から受け継いだ特質としてわれわれは当たり前に思っている。そして制度にどっぷりつかっていることが、ニュースの新しい形が生まれるのを妨げていることにわれわれは気がつかない。（タックマン 1991, 265）

　このようにニュースを生産する行為が繰り返し行われることによって、ニュースに関する既存の制度は正当化され、その正当化された制度は固定化していく。制度化されていったニュースは、新しい形をとることが徐々に困難になっていく。そして、ニュースを生産する行為も既存の「物事のやり方」で遂行されることになる。タックマンは自著『ニュース社会学』の位置づけを「仕事および職業についての社会学であると同時に知識の社会学を探求したものである」（タックマン 1991, 295）と述べているが、「制度にどっぷりつかっていること」で、特定の形式・やり方が、ニュースを生産する仕事・職業にとって「当たり前」のものとなっていくことを批判的に指摘している。[16]

　このような過程で構築・構成されているものは、事件・出来事に関する現実というよりも、ニュースの規範・理想や取材手法や編集方法、そして表現手法などといった「ニュースのあり方」や「ニュース観」（「ニュースとはこういうものだ」とニュースについて人々が思い描く現実）と考えた方がいいだろう。この「ニュース観」は、その生産者・送り手である記者・新聞社はもとより、その消費者・受け手である市民・国民、そしてときにはニュースの規制に関与する国家・政府との間でも部分的に共有されている。そして特定の「ニュース観」が支配的になり、公認のものとなっていくことで、特定のニュースのあり方が正当化されていく。そしてそれ以外のニュースのあり方は、排除されていく。[17]

　このように考えるとタックマンの議論の中には、ステレオタイプ論や疑似環境論と問題関心を共有する①事件・出来事に対する意味付与としての現実の構築・構成のほかに、②ニュース観（ニュースのあり方）の構築・構成、というもう一つの現実の構築・構成過程への関心が含まれていることがわかるだろう。ではこれらの①と②に関する現実の構築・構成過程は、構築主義的アプローチによってどのように再評価・整理することができるだろうか。

4　コミュニケーションの中から構築・構成される「ジャーナリズム」

4-1　現象学的社会学の含意

第2節のシュッツの議論と第3節でのタックマンの議論を組み合わせながら、構築主義的な視座をマス・メディア組織で働く記者（ジャーナリスト）の行為に適用していくと、次のような見解が導き出されるだろう。まず、記者は自らの体験・経験を理解・解釈しながら行為している意識的存在であるといえる。なぜなら記者は、マス・メディア組織の中で、ニュースの取材・執筆はどのように行われるべきか、例えば、どのような事件・出来事にニュース・バリューがあるのか、ニュースはどのようなスタイルで報道したらよいのか、その過程ではどのような倫理・道徳が求められるのか、ということを公式・非公式に学習しながら、記者として日々の活動をしているからである。そして記者は自己や他者（同僚や同業者）の体験を理解・解釈し、さまざまなコミュニケーションやその主体の中からある特定の行為や行為主体を「ジャーナリズム」として解釈していく。[18] こうして「ジャーナリズム」が存在する「ジャーナリズムの世界」というべき一つの世界が構築・構成される。そして、その中で自己や同僚・同業者をジャーナリストとして位置づけていく。このことを踏まえれば、前述のシュッツの引用箇所（本書57頁参照）は、以下のように読みかえることができるだろう（カッコ内は、引用者が追記）。

（記者は）組織された社会的世界（＝ジャーナリズムの世界）のなかに生を受けたのであり、そしてこの世界のなかで成長してきたのである。私（＝記者）は学習や教育を通じて、またさまざまな体験や試みのすべてを通して、この世界（＝ジャーナリズムの世界）とそれに伴う様々な制度について、十分に定義されたものではないにしろ一定の知識を修得している。

このようにして、記者は自らの体験・経験を解釈・理解して意味を付与していく。こうして構築・構成された「ジャーナリズムの世界」は記者個人だけでなく、同僚・同業者、さらにはその記者の活動の産物を受け取る者、すなわちニュースの受け手の間でも間主観的に構築・構成されていく。あらゆる人々があらゆる行為を遂行する際、自分たちが存在する社会的世界を構築・構築している。それと同様に、記者も「ジャーナリズムの世界」を構築・構成し、その中で活動している。なぜなら記者もまた意識を持った主体である人間の一人だからである。

以上のような「ジャーナリズムの世界」の構築・構成と、マス・コミュニケーション研究において言及されてきた「事件・出来事の解釈としての現実」の構築・構成を統合すると、ジャーナリズムという社会的現象に関しては、そこに二つの現実の構築・構成過程が存在していることがわかる。第一は、記者が事件・出来事を報道し、その報道を読者が受容していく過程である。そこでは事件・出来事に関する解釈・理解が共有されていくことで、現実が構築・構成されていく。第二は、そのような記者の体験・経験を記者自身、もしくは同僚・同業者、さらには受け手が「それはジャーナリズム（という行為や行為主体）である」と理解・解釈していく過程である。その過程では、記者の行為は単に情報を伝達するコミュニケーションとしてではなく、その中でも特殊な行為である「ジャーナリズム」として構築・構成されていく。そしてその結果として、ジャーナリズムという行為や行為主体が存在する「ジャーナリズムの世界」が構築・構成される。その一方で、「ジャーナリズム」としては構築・構成されないコミュニケーションや、「ジャーナリズム」として構築・構成されたとしても社会の周辺に追いやられているコミュニケーションも存在する。[19] もちろん、社会の変化に応じて、あるコミュニケーションやその主体が新たに「ジャーナリズム」として構築・構成されていくこともありうる。

4-2 「ジャーナリズム」の定義の多様性

社会の中で特定のコミュニケーション行為やその行為主体が「ジャーナリズム」であると解釈されていくことに対して、ジャーナリズム研究が無関心であったとはいえない。むしろジャーナリズムに関する規範的議論（いわゆるジャーナリズム批判）は、積極的にその種の構築・構成に関与してきた。

「何がジャーナリズムなのか／何がジャーナリズムではないのか」という問いは、現代社会において繰り返し提起されてきた。確かに、ジャーナリズムに関して「同時代を記録し、その意味についての批評する仕事全体」（鶴見俊輔 1965, 41）、もしくは「事件・出来事の報道・論評・解説すること、およびその主体[20]」という基本的な定義に関しては、ある程度の合意が存在する。しかし、その具体的なあり方をめぐっては、多種多様な議論が展開されてきた。例えばハーキャップは、ジャーナリスト（ジャーナリズム）を、①客観的レポーターとしてのジャーナリスト、②調査者としてのジャーナリスト、③エンターテイナーとしてのジャーナリストに分類している（Harcap 2009, 93, 110, 123 参照）。以下この分類を参考にしながら、私見を交えつつ、それぞれのジャーナリズムの分類について論じることとする。

①客観的レポーターとしてのジャーナリスト：ジャーリストが「客観的レポーター」として理解されるとき、ジャーナリストは個人の主観や意見とは切り離された「正しい事実」を伝えることが求められる。一方、ジャー

ナリスト自身も「客観的」であることを強制されているだけでなく、むしろ仕事をしていく上ですすんで「戦略的な儀礼」にしている場合がある。また「客観的なレポーター」であるジャーナリストは、意見が割れている問題については「両論併記」「不偏不党」であることが求められる。

②調査者としてのジャーナリスト：ジャーナリストが「調査者」として理解されるとき、ジャーナリストは自ら新しい情報や情報を探し出し、隠された事実を明らかにしていくことが求められる。そのためにはジャーナリストには、鋭い問題関心、調査能力が求められることになる。

③エンターテイナーとしてのジャーナリスト：ジャーナリストが「エンターテイナー」として理解されるとき、ジャーナリストはオーディエンスを楽しませることが求められる。すなわち単なる情報提供者としてではなく、オーディエンスの興味を引く話題を話題（ユーモア、ショービジネス、セックス、動物モノ、犯罪モノなど）を提供していくことが求められる。

これらの①から③の分類は、それぞれ相反する要素が含まれる。例えば、客観的レポーターとしてのジャーナリストが重視する「両論併記」「不偏不党」という原則に対して、調査者としてのジャーナリストは、そのような原則に拘束されることで「社会悪」を追及することができなくなると批判する。一方で、調査者としてのジャーナリストに求められる「鋭い問題関心」が、偏向したニュースの原因になると客観的レポーターとしてのジャーナリストは批判する。また、エンターテイナーとしてのジャーナリストは、オーディエンスのことを無視したジャーナリストはエリート主義的であると批判するかもしれない。逆に、オーディエンスにおもねるジャーナリストは社会の知的レベルを低下させていると批判されることもあるだろう。このように、ジャーナリスト（ジャーナリズム）の分類はいくつかありうるが、それぞれが矛盾している。

また当事者であるジャーナリスト以外に、ジャーナリズムの研究者やジャーナリズム教育を担う者も「ジャーナリズムのあり方」について言及している（Jorgensen and Hanitzsh 2009 参照）。さらにジャーナリスト、研究者、教育者の三者は、互いのジャーナリズム観に対して、相互に批判的でもある（Zelizer 2009 参照）[21]。ゼリザーによれば、ジャーナリズムに関する議論では、「ジャーナリズム」という概念が明確な定義がなされないまま繰り返し用いられてきたという。そして（マス・）メディア環境、およびそれをとりまく政治的、経済的、社会的環境が刻々と変化する中で、「ジャーナリズム」と呼べるようなさまざまな行為やその行為主体に注目が集まり、さまざまな立場から統一性のない概念や知識をもとにした「ジャーナリズム研究」が展開されてきたと指摘している[22]。その結果として、ジャーナリズムとはどのような活動なのか、そしてそれとアカデミズムの関係はどうあるべきか、ということに関して、コンセンサスを形成もせずに、各々の領域で別個に議論が行われてきたと指摘する（Zelizer 2009, 29 参照）。

さらに、政府、特定の利害関係者、一般市民もまたジャーナリズムのあり方に言及し、マス・メディアに規範的な役割を期待している（マクウェール 2010, 214-215 参照）。それらの見解の間には、共通点がある一方、不一致の部分も数多く存在している。またマス・メディアやそこで働くジャーナリストは、自らの責務について他者に語られることを好まないし、多くの規範的な議論に関しても共感することは少ない（マクウェール 2010, 247 参照）。とはいえ、さまざまな主体がジャーナリズムのあり方に言及していること、そしてその過程で「ジャーナリズムの世界」が構築・構成されているということに変わりはない。

4-3　「ジャーナリズムの世界」が構築・構成される過程

「ジャーナリズムの世界」が構築・構成される過程は多様に存在しているが、その中には、研究者にとって調査しやすい過程とそうではない過程がある。例えば、マス・メディアの報道の現場で働く記者が日常的に構築・構成している「ジャーナリズムの世界」は、研究者にとって見えにくいものである。また、ニュースを受容する者やマス・メディアが報道した事件・出来事の当事者が構築・構成している「ジャーナリズムの世界」も同様である。(23)

一方、研究者にとって調査しやすいものもある。それがジャーナリズム批判の中で構築・構成されている「ジャーナリズムの世界」である。本章のこれまでの議論に依拠すれば、いままでジャーナリズム批判として展開してきたさまざまな規範的研究とは、「ジャーナリズムの世界」を構築・構成する一活動としてとらえなおすことができる。それらの研究は、ジャーナリズムのあるべき姿を語り、現状のマス・メディア報道がそこから逸脱していることを論じながら、ジャーナリズムに関する現実を構築・構成しているからである。(24)

そして社会に流通しているこれらのジャーナリズム批判は、一種の言説であり、特にメディア言説という形態をとっている。すなわちジャーナリズム批判は、「既存のジャーナリズム研究」ではなく、「ジャーナリズムの世界」の構築・構成を考察する研究の「調査対象」としてとらえなおすことができる。研究対象にメディア言説を設定するのは、特に珍しいことではない。マス・コミュニケーション研究では、ニュース報道による現実の構築・構成過程を分析するために、その報道の中で用いられたテクスト、その過程における言説の編成を分析し、どのようなフレーミングが行われたのかを明らかにしてきた。(25)現実の構築・構成過程を分析する手段として、言説分析は重要な手法である。

「ジャーナリズムの世界」の構築・構成過程の分析においても同様である。その構築・構成の過程で編成されているさまざまな言説に着目していくことが求められる。例えば、ジャーナリストがジャーナリズムのあり方についての語る内容には、常に特定のパターンを見出すことができるとゼリザーは指摘している。特に、ジャーナリストが執筆したマニュアル本、もしくはジャーナリズムに関する「キャッチフレーズ」の中にそのようなパターンを見出すことができるという（Zelizer 2004, 30 参照）。(26)

日本社会でも同様である。例えば、「新聞週間」のような定期的な行事のときに、新聞各紙ではジャーナリズムのあり方が頻繁に語られる。さらに国家・政府、大企業、その他の機関・組織によって報道が制限・侵害・抑圧されそうになったとき、もしくはマス・メディアが社会問題の当事者（特に名誉毀損や風評の加害者）となった場合にも、ジャーナリズムのあり方が自己言及的に語られる。このようなときは、マス・メディア報道によって「ジャーナリズムの世界」が構築・構成されると考えることができる（第5章参照）。また、『新聞研究』（日本新聞協会発行）、『月刊民放』（日本民間放送連盟発行）、『放送研究と調査』（NHK放送文化研究所発行）などのように、マス・メディア関連団体が発行している各種媒体においても、定期的にジャーナリズムのあり方に関する記事が執筆されている。

「ジャーナリズムの世界」は、さまざまな場所、さまざまな主体によって構築・構成されている。その中でもジャーナリズム批判による「ジャーナリズムの世界」の構築・構成過程は、調査が容易な過程であるといえる。そしてこの構築・構成の過程を構築主義的アプローチに基づいて分析の対象にすることは十分可能であると考えられる。もちろん、「ジャーナリズムの世界」が構築・構成される過程をくまなく考察していくためには、マス・メディア報道に携わる現場の記者、マス・メディア報道を受容する者、報道された事件の当事者がどのような「ジャーナリズムの世界」を構築・構成しているのかも研究対象にしていく必要があることはいうまでもない。

5　社会問題の構築・構成過程における二つの現実

ゼリザーが論じているように、「ジャーナリズムとは何か」という共通認識は、報道の現場、教育の場、研究の場、そして社会一般においても完全には形成されていない。このような状況において、ジャーナリズム研究に求められる一つの方向性が、学術的な観点に基づいてジャーナリズムの定義をしていくことであることに異論はない。だがそれ以前に、ジャーナリスト、教育者、研究者、利害関係者、そして受け手といったさまざまな主体が、「ジャーナリズムとは何か／どうあるべきか」ということについて、各々意見を表明しながら「ジャーナリズムの世界」を構築・構成し、その中で「ジャーナリズム」が行われていることにも注目する必要があるだろう。この「ジャーナリズムの世界」の構築・構成過程を研究対象に据えること提示し、そのための道筋を提示するのが本章の目的であった。

本章において「ジャーナリズムの世界」の構築・構成の過程に注目してきたもう一つの理由は、ある特定の社会問題（例えば公害・環境問題）の報道に関しては、今までとは異なったジャーナリズムのあり方を期待し要求する見解が存在するからである。例えば、その危険性が不確実な（＝不確実性が高い）地球環境問題に関しては、マス・メディアは単に事実を報道するだけではなく警鐘的、提唱的な報道を行うことが期待されている。このような期待は、マス・メディアの報道の中でも主張され彼らの報道規範となっているだけでなく、一部の読者・受け手の間でも共有されていると思われる。

もちろん多くの場合、「ジャーナリズムの世界」は問い直されず自明視されている。だが国家や政府などのメディア外部からの圧力、報道規範の変容、メディア環境の変化によって、既存のジャーナリズムのあり方が法的、経済的、社会的に不安定になると、「ジャーナリズムとは何か／どうあるべきか」という問いが活性化する。(27)

ジャーナリズムに関する規範が揺らぎ、またジャーナリズムの担い手としてマス・メディアの地位（特に経済的基盤）も揺らぎつつある現在、「ジャーナリズムの世界」を構築・脱構築・再構築しようとする流れは、ますます活発になっていくだろう。受け手、国家・政府、大企業、あらゆる主体が「ジャーナリズムの世界」を構築・構成している中で、ジャーナリズムの担い手も同様にそれを構築・構成しつつ、事件・出来事の報道・論評・解説を行うことで現実を構築・構成している。しかし、現実の構築・構成の過程が二重に存在していることが十分に認識されないまま、一方の構築・構成の過程（事件報道を通じた現実の構築・構成）に注目が集まっていた。

本章は、このような問題意識のもと、構築主義的な視座の起源の一つであるとされたアルフレッド・シュッツの現象学的社会学の議論に依拠しながら、その知見をマス・コミュニケーション研究に再適用することを試みてきた。そして、ジャーナリズムに関する規範的議論とジャーナリズムの報道に関する研究を架橋するための道筋の一片を提示してきた。本章の議論の展開を踏まえると、以下のようにジャーナリズムを定義することができるはずである。

事件・出来事に関して報道・論評・解説するメディア・コミュニケーション[28]**とその行為主体のなかで、社会的に「ジャーナリズム」であると解釈されたもの。**

この定義はその中に「ジャーナリズム」を含んでおり、同義反復的ではある。しかしこの定義に基づいて考えることで、構築主義的な視座に立つジャーナリズム研究には、次の二つの領域があることがわかる。

①事件・出来事がメディア・コミュニケーションによってどのように報道・論評・解説されたか。その影響要因と帰結について考察する。

②各種メディア・コミュニケーションとそれを行う主体が、どのように「ジャーナリズム」であると解釈されたのか。その影響要因と帰結について考察する。

①と②は相互に関連している。まず、ある事件・出来事に関する報道が行われ、その報道が「ジャーナリズム」であるかどうか問われるという①から②への影響である。もう一つは、ある事件・出来事に関する報道が「(評価される)ジャーナリズム」と解釈されることで、同様の事件・出来事がさらに報道されるようになる、もしくはある報道

が「問題あるジャーナリズム」と評価されることで、報道自体が行われなくなるという②から①へという影響である。今まで「ジャーナリズム論・研究」と自称・他称されてきたものの中には、考察対象であるはずのマス・メディア（ジャーナリズム）と同様の問題関心に基づいて行われてきたものが多々存在する。例えば、①の領域に関していえば、ある事件・出来事に関するマス・メディア報道（や解説・論評）を批判し、その事件・出来事に関するオルタナティブな論評・解説を提供することが「ジャーナリズム論」であるとされてきた。また②に関しては、規範的な観点からさまざまなメディア・コミュニケーション行為やその主体に対して「それはジャーナリズムである（ジャーナリズムではない）」という解釈を提供することが「ジャーナリズム論」であるとされてきた。

しかし、今日では、社会の中のさまざまな主体が①と②に関する現実を構築・構成している。そのような状況で、ジャーナリズム研究者がすべきことは、①や②に関する現実の構築・構成に参加することなのか。この問題は、第1章・第2章で論じてきた問題、すなわち分析をする社会学者と分析対象者である社会の人々をどう区別するのかという問題とパラレルである。キツセは、研究戦略として社会問題の構築主義を提示し、人々が行っている社会問題の構築・構成（クレイム申し立て活動）に着目してきた。同様に、ジャーナリズム研究者も一つの研究戦略として、様々な主体によって「ジャーナリズム」が構築・構成されている過程に着目する必要があるはずである。

第Ⅱ部　社会問題とジャーナリズムの構築・構成

第4章　公害・環境問題の社会問題化とジャーナリズム
――水俣病事件報道

第Ⅱ部の前半部（4章〜6章）では、第Ⅰ部で提示したジャーナリズムの定義に依拠しながらマス・メディア報道、特に公害・環境問題報道の考察を行っていく。そして、第Ⅰ部で提示したジャーナリズムに関する以下の二つの研究課題について考察を進めていきたい。

①事件・出来事がメディア・コミュニケーションによってどのように報道・論評・解説されたか。その影響要因と帰結について考察する。

②各種メディア・コミュニケーションとそれを行う主体が、どのように「ジャーナリズム」であると解釈されたのか。その影響要因と帰結について考察する。

公害・環境問題報道の分析を行うにあたり、上記の課題①・②は、以下のように具体化することができるだろう。なお、第4章・第5章では、メディア・コミュニケーションの典型的な形態としてマス・コミュニケーションとし、そしてその主体であるマス・メディアの報道（特に新聞報道）を中心に考察する。

①公害・環境問題は、マス・メディア（特に新聞）によってどのように報道・論評・解説されたか（されなかったか）。すなわちマス・メディア報道（新聞報道）において、公害・環境問題は、どのように社会問題として構築・構成されてきたのか（どのように構築・構成されなかったのか＝構築・構成の可能性が排除されてきたのか）。

②公害・環境問題を報道するマス・メディアに関して、どのような現実が構築・構成されてきたのか。すなわち、マス・メディア報道について論評する媒体は、どのようにマス・メディア報道を評価してきたのか。

1　社会問題としての公害・環境問題

「公害・環境問題（地球環境問題）は、今世紀の人類が取り組まなければならない最大の課題である」、このような問題意識は今日、マス・メディア、政策形成の場、教育の場、その他さまざまな領域において、ごく当たり前のものとして受け入れられている。少なくとも、公害・環境問題を重要な社会問題の一つとして位置づけることに異論をさし挟む者はほとんどいない。

公害・環境問題は、社会問題の一種としてとらえられてはいるが、他の社会問題とされる現象とは若干異なる側面も持ち合わせている。なぜなら、公害・環境問題には人類の発展の歴史のあり方、すなわちさまざまな情報や知識を蓄積し、（科学）技術を発展させ、環境をコントロールすることで、大いなる繁栄を築いてきた人類の歴史に対する反省的・批判的な問いかけが含まれているからである。

近代以降、人間の科学の営みは専門的・個別領域に分かれ、それぞれの領域で目覚ましい発展を遂げてきた。そしてそれに伴う科学技術の進歩は、数多くの人命を救ってきた[1]。その結果、人類の総人口は2018年現在、70億を優に超えている。このような繁栄は、人類が多様で複雑な言葉を操って知能を発達させ、自らを自然の驚異から守り、そして自然に立ち向かっていくことで、勝ち取ってきたものである[2]。科学技術の発展が人類に幸福をもたらすことは、経済の発展と併せて自明なこととされてきた。しかし、人類が生き残るために必要不可欠だった知識や科学技術が、翻って人類の生存を脅かすものになっている（と考えられている）状況の顕在化してきた。それが公害・環境問題である。

本章では、公害・環境問題が近代発展の「負の側面」として位置づけられ、重要な社会問題として構築・構成されてきた過程においてマス・メディア報道が果たした役割について明らかにする。特に第3節では、戦後日本社会における公害問題の原点とも言われる水俣病事件に関する報道を事例に考察を行っていく。そして、公害・環境問題が社会問題として構築・構成されていく過程で、マス・メディア報道そのものに関する現実（「公害・環境問題をどのように報道すべきか」というマス・メディアに対する規範的な役割期待）も再構築・再構成されていったことを明らかにしていく。つまり公害・環境問題が社会問題化していくことで、人々が社会問題を捉える視角にも変化が生じてきたことを指摘する。そしてその結果、マス・メディア報道に関する規範も変容していったことを明らかにする。

2　公害・環境問題の社会問題化

「日本の公害の原点」：足尾銅山鉱毒事件と鉱毒事件報道

現在、「公害問題の原点」の一つとして位置づけられているのが、明治時代中期に起こった尾銅山鉱毒事件である。明治時代、日本政府は欧米列強と肩を並べるため、富国強兵政策を推進していた。欧米諸国に追いつくことは、当時の日本の国家目標であり、かつまた日本社会全体の目標でもあった。一方、日本の一部地域では、足尾銅山鉱毒事件のような公害問題がすでに発生していた。このように足尾銅山鉱毒事件は、明治時代という日本の近代化が進展した時期に起こっており、近代化の負の側面としての公害問題の象徴的な事件の一つである(3)。また明治時代は、マス・メディアの発達という点でも大きな変化があった時代である。すなわちこの時期、日本語の日刊紙の発刊、新聞の商業主義化、不偏不党・客観報道主義という報道スタイルが強まっていった。そして日本社会では急速にマス・コミュニケーションという社会過程が広まっていった。鉱毒事件に関する新聞報道も不十分ながら行われた。すなわち、足尾銅山鉱毒事件とは公害問題の原点であるだけでなく、公害問題報道の原点でもあるともいえる。

鉱毒の原因となった足尾銅山は、栃木県足尾町（現在の日光市）にある。足尾銅山は、江戸時代末期には産出量が減少し、閉山寸前にまで追い込まれていた。しかし明治時代になり、民間に払い下げられた後、銅の大鉱脈が発見された。さらに製錬技術の発達にも助けられ、アジアで最大の産出量を誇る銅山へと変貌していった。足尾銅山から産出された銅は、当時の日本の工業化・産業化にとって重要な資源であった（広瀬武 2001, 50-53 参照）。

しかし、足尾銅山の精銅量が急増した1880年代(4)、下流の渡良瀬川流域では深刻な鉱毒問題が発生していた。その発端は、1884-85年に起きた周辺山林の枯死や渡良瀬川の鮎の大量死事件である。さらに1890年、1896年には大洪水によって鉱毒が川を超えて流出し、沿岸・下流の土地や農作物も被害を受けるようになった。その結果、住民の一部は鉱毒反対の運動を起こすに至った。しかし足尾銅山の鉱業停止を求める被害民の請願は、明治政府には受け入れられなかった。そして1900年には、請願運動の指導者層が「兇徒聚衆罪（集団的暴動）」の名目で逮捕され、起訴されるという「川俣事件」が起きている。当時の被害民の運動は、抵抗運動としてではなく、集団暴動として処理された(5)。そして鉱毒に汚染された渡良瀬川下流の谷中村は、住民の反対運動にもかかわらず1906年には、強制的に廃村になった（現在では、谷中村の跡地は、渡良瀬遊水地となっている）。

このように日本の「公害の原点」の一つとして位置づけられている足尾銅山鉱毒事件を、マス・メディアはどのように報道してきたのだろうか。当時の新聞報道を分析したメディア史研究者の山本武利によれば、新聞の読者の中で「足尾」や「鉱毒」という問題が認識され始めたのは、第一回帝国議会の開催（１８９０年）前後である。ただ新聞への掲載回数は少なく、記者の実地見聞でもないため、鉱毒問題の存在を認識できた者は一部の読者に限られていたとされる（山本武利 1986, 4-6 参照）。

足尾銅山鉱毒事件の解決に向けて活動したことで知られる国会議員の田中正造は、もともとは谷中村出身の県会議員だった。田中が国会議員として活動を開始したのは、第一回帝国議会総選挙に当選した１８９０年である。渡良瀬川の大洪水によって鉱毒問題が深刻化したことについて、田中は１８９１年の第二回帝国議会で質問を行っている（広瀬武 2001, 59-61 参照）。田中は足尾銅山の操業許可の取り消しを求め、政府に問題解決を迫った。この国会質問は、新聞でも取り上げられ、一地域の問題だった足尾銅山鉱毒問題は、新聞読者の目にもとまるようになった（山本武利 1986, 6-8 参照）。

もっとも新聞報道の中で中心的に取り上げられたのは、田中正造の主張内容そのものではなく、むしろ彼の表層的な行動であった、田中は被害民と密接な関係を築き上げていったにもかかわらず、彼の鉱毒事件に関する訴えは政府に満足に受け入れられなかった。そのため、彼は議会活動の大部分を鉱毒問題に費やすようになり、議会演説における政府攻撃も一層過激なものになっていった。そして当時の新聞は、鉱毒問題を熱心に訴えるあまり常軌を逸していたように見える田中の奇言・奇行を重点的に報道していた。当時の新聞にとって、鉱毒事件報道とは国会議員田中正造の議会活動に等しかった（山本武利 1986, 8-9 参照）。

しかし、１９０１年に裁判官による鉱毒被害地域の現地検査が行われると、同行した記者によって現地の深刻な被害状況が報道されるようになった。そして同年12月、田中正造が明治天皇へ直訴する事件が起きる。この前代未聞の事件は号外で取り上げられ、鉱毒問題は全国的な関心事となり、さまざまな立場から議論も交わされた。天皇直訴という手法に対する批判もあったが、新聞読者の多くは鉱毒被害民に対して同情の念を持つようになった。田中も自身を顧みず鉱毒事件解決に邁進する「義人」としてのイメージが、徐々に定着していった（山本武利 1986, 133-148 参照）。

１９０４年に日露戦争が始まると、報道の状況は一変する。新聞紙面は戦況報道で占められるようになり、足尾銅山鉱毒問題はほとんど報道されなくなった。戦争のような国家的危機においては、被害民の運動は国家の統一を乱すものとみなされた。また銅の増産が国家的要請となるに従い、鉱山の操業停止の要求はタブー視されるようになっていった（山本武利 1986, 172-178 参照）。

もっとも鉱毒事件に関する新聞報道が減少しても、社会主義系の『平民』などの新聞は足尾銅山鉱毒問題を取り上げ続けた。社会主義系の新聞は、鉱毒問題を資本主義社会の矛盾として批判的に取り上げた。そして社会主義社会を実現することで、鉱毒問題の解決を志向した。しかし、社会主義系の新聞は政府の弾圧に弱く、１９０７年には『平民』は廃刊処分となっている（山本武利 1986, 179-191 参照）[6]。

以上のように、当時の新聞の読者は足尾銅山鉱毒事件を認識できる状況にあり、一時は彼らの間でもそれなりに鉱毒問題に関する世論（「鉱毒世論」）が形成されていた。しかしこの時期、鉱毒問題は都市部の新聞読者にとって「自分たちの問題」として意識されていたわけではなかった。都市部の住民にとっては、別の社会問題（例えば日露戦争、参政権問題・普通選挙権、婦人問題、労働問題、貧困問題）もまた重要な関心事であり、鉱毒問題は数多くある社会問題の一つにすぎなかったからである。都市部の住民にとって、地方の被害民はあくまで同情の対象だったと考えられる（山本武利 1986, 192-198 参照）。それでも鉱毒問題は重要な社会問題として一部の人々の間では認識されていた。したがって全国紙が報道をしなくなっても、また社会主義系の新聞が廃刊させられても、そして都市部の多くの新聞読者が自分たちの問題として認識していなかったとしても、「その鉱毒観は鉱毒世論を構成する核として潜在的に生き残る」（山本武利 1986, 198）ことになった。

ただ潜在化した「鉱毒世論を構成する核」が、再び顕在化するには第二次世界大戦後まで待たねばならなかった。20世紀前半は、第一次世界大戦、世界恐慌、日中戦争・太平洋戦争（第二次世界大戦）という大きな国家的危機が日本社会を襲った。工業化・産業化の「負の側面」としての公害・環境問題が改善されたわけではなかったが、他の社会問題へ関心が急激に高まっていく中で、公害・環境問題への関心が高まることはなかったと考えられる。

公害問題の深刻化と政府・自治体などの対応

日本は日中戦争・太平洋戦争へ突入し、次第にその国力を失っていき、1945年8月に敗戦を経験した。敗戦時の鉱工業の生産高は、戦前期（1935～37年）の10分の1にまで落ち込んだ。[7] 1956年の『経済白書』の中で「もはや戦後ではない」と宣言されるまで、日本の経済が戦前の水準に回復するには10年以上の年月を要した。[8] またこの間、主権回復や敗戦の経済復興という社会的関心のかげで、公害・環境問題への関心はほとんど顕在化していなかったと考えられる。[9]

しかし戦後すぐに日本各地、特に工場周辺では、公害が問題になり始めていた。[10] さらに産業の復興やモータリゼーションの進展に伴い、大気汚染も深刻化していった。東京では1950年代からスモッグが目立って観察されるようになり、1960年代半ばには飛行場が使用不能になる事態まで生じている。このような状況に対して、東京都では1957年、大阪でも1958年に「ばい煙防止月間」が設定されるなど、都市部では大気汚染が徐々に問題視されるようになっていった。さらに都市部を中心とする各地域で、大気汚染調査や監視班・測定器が設置されるようになった（神奈川1957年、東京1959年など）。1960年代に入ってからは、調査や監視に加え、各自治体で公害防止条例が制定され（新潟、川崎1960年、静岡1961年、埼玉1962年）、さらに「ばい煙の排出の規制等に関する法律（1962年）」、「公害防止事業団法公布（1965年）」、「新型車に対する排ガス規制（1966年）」、「公害基本法（1967年）」、「大気汚染防止法（1968年）」のような法整備まで行われるようになった。[11]
公害対策を担当する部署も、各自治体（静岡県・横浜市などで1964年から）や厚生省の中に設置され（1964年：公害課、1967年：公害部）、「全国大気汚染防止連絡協議会（1963年）」や「公害対策本部（1970年）」も設置されていった。そして1971年には、総理府、厚生省、通産省、経済企画庁などの各省庁に分散していた公害問題対策の部署を統合し、環境庁が発足した。こうして1960年代中盤から1970年代初頭にかけて公害対策が政府の主要課題となっていった。

マス・メディアの公害問題報道

公害問題に関するマス・メディアの報道は、1960年代から増加した。「公害」という言葉を含む新聞記事件数は、1962年までは年間10件以下だった。しかし、1960年代中盤から後半にかけ急増し、1970年には年間2000件を超えている（図4-1参照）。[12] もちろん『朝日新聞』の次の社説のように、1950年代から大気汚染を問題視する報道も存在していなかったわけではない。

〝死の灰〟（放射性物質）による大気汚染に対しては、日本国民は率先して、その重大な危険性を叫び続けているのであるが、バイ煙、バイジンなどの健康への日常的な脅威に対しては、あまりにも科学性を欠いていると言うほかかない。関係当局の真剣な考慮を要望したい。（「公害対策に真剣であれ」『朝日新聞』1959年5月21日、カッコ内引用者）

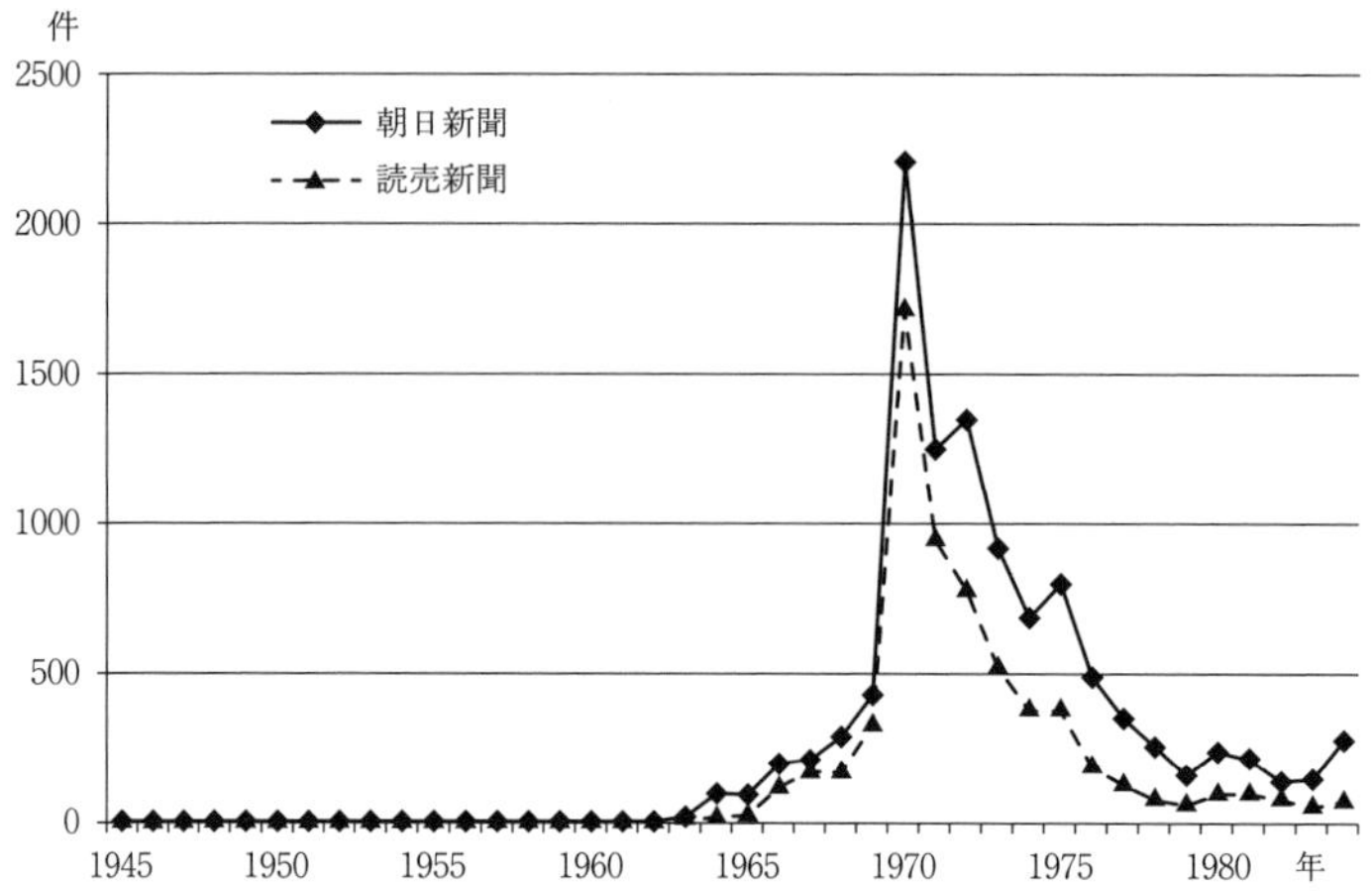

図 4-1　「公害」に関する記事件数の推移

※1964 年から目立った変化が表れ、1970 年にピークに達する。
出典：『朝日新聞』『読売新聞』各社データベースをもとに作成。

しかし『朝日新聞』が公害問題に関する社説を次に掲載するのは、５年後の１９６４年（１９６４年4月3日「公害対策を強化せよ」）である。前述したように、足尾銅山鉱毒事件のような公害問題を社会問題として構築・構成する「核」は、日本社会に存在していた。そのため公害問題は、散発的にとはいえ新聞でも報道されていた。また前掲の社説のように「公害対策に真剣であれ」という主張も行われていた。しかし、それが公害問題を大々的に伝える報道につながることはなかった。

新聞報道の中で公害問題が小さな扱いにとどまっていた理由の一つとして考えられるのは、当時の日本社会では、公害問題よりも他の社会問題の方が重要視されていたということである。ここで注意すべきことは、公害問題の扱いが、戦後の復興や経済発展を重視する立場と比べて小さかったことだけではない。政府の政策に対して一定の疑念を呈する立場からも重視されていなかった。

その傾向は、『厚生白書』の中の記述や、その白書に言及する新聞報道に見ることができる。厚生省（当時）は、１９５６年（昭和31年）から、担当分野に関する問題点や関連施策をまとめた『厚生白書』を発行している。『厚生白書』の中には、当時の日本政府の経済政策を厳しく批判する記述が散見される。前述のように『経済白書（昭和31年版）』は、「もはや戦後ではない」という表現を用いて、戦後の復興と今後の経済発展の可能性を高らかに謳っていた。これに対し『厚生白書』は、「果して『戦後』は終ったかどうかを、事実に即して、冷静に考えてみることにしよう」（『厚生白書（昭和31年版）』、1）と、白書の冒頭から『経済白書』の主張に対して挑発的な議論を展開している。そして戦後復興の最中でも貧困問題は依然として存在し、経済的格差が残っていることを厳しく指摘している。さらに同年の『厚生白書』の終章では、低所得者層対策を「社会保障的施策として推進すべき」（『厚生白書（昭和31年版）』、214）と主張していた[13]。

新聞の報道でも、『厚生白書』は毎年のように取り上げられていた。特に政府の経済政策を批判する際に、新聞はたびたび『厚生白書』に言及している。新聞は、貧困対策をはじめとする社会保障政策の必要性を強く訴えていた。その点では『厚生白書』と歩調を合わせていた。とはいえ、公害対策の重要性について言及する報道は、この時期、ほとんど行われなかった。新聞は、政府の政策への対抗的視点を一定程度、提示していた。しかし1960年代中頃まで、対抗的視点として提示されていたのは、貧困対策をはじめとする社会保障政策の充実であった。それは、戦後日本社会の最大の課題であった経済の復興・発展という枠内での対立だった。

このような論調の変化は、1966年の社説の中で確認することができる。「公害対策基本法」の国会提出を翌年に控え、社説では「これからの厚生行政でもっとも注目すべきもののひとつに、公害対策がある」（「四十年代の厚生行政」『朝日新聞』1966年7月30日）と、公害対策を厚生行政の重要テーマの一つとして位置づけて論じている。この頃から、新聞報道は、公害問題を重要な社会問題の一つとして位置づけ始めた。それは、「公害問題」に関する新聞記事件数が増加する時期とも一致している（図4-1参照[14]）。

表 4-1　産業発展と公害に関する市民の意識

	1966年	1972年	1976年
やむをえない	29	13	16
絶対に許せない	27	49	51
障害の程度による	38	28	26
不明	6	10	7

設問：「産業の発展のためには、公害の発生は、適当な保障さえあれば、ある程度やむを得ないことだと思いますか。それとも、どんなに産業の発展のためといっても、公害の発生は絶対に許せないことだと思いますか。」（単位は％）

出典：『世論調査』1972年6月号、1976年2月号をもとに作成。

公害問題の社会問題化と世論

公害問題が重要な問題として社会の中で認識されていくに従い、公害問題に関する世論調査も次第に実施されていった[15]。表4-1は、産業（経済）発展と公害問題に関する市民の意識調査である。1966年の時点では、公害を「絶対に許せない」とした回答は「やむをえないことだ」よりも若干少なかった。しかし1970年代になると、「絶対に許せない」という回答がほかの回答を大きく引き離すことになる。このことからも、公害問題を重要視する意見が社会の中で主流になっていったことがわかる。

なお公害問題に関する教育についても、1960年代後半から変化がみられる。例えば文部省（当時）は、1969年に実施した中学校学習指導要領の改訂において、保健体育科に「公害と健康」を取り上げるよう告示している。また1977年には中学校の社会科で「公害と健康」「公害の防止など環境の保全」、理科で「人間と自然」、保健体育科で「健康と環境」を扱うようにも告示している[16]。このように、政府自治体の取り組み、マス・メディア報道、教育、そして人々の間でも公害問題が重要な社会問題として意識されていくようになっていった。

3　水俣病事件に関するマス・メディア報道の展開

現代社会における「教訓」としての水俣病事件

新聞は、1960年代になってから、大々的に公害問題を報道するようになっていった。それは「四大公害」と呼ばれる公害問題に関しても同様である。特に、四大公害の中でも、戦後の「公害の原点」と位置づけられる水俣病事件に関する新聞報道は典型的である。水俣病事件は、まだ日本社会が公害問題を大きな社会問題として意識していなかった1950年代に発生し、公害問題に関する意識が高まっていった1960年代後半に訴訟が行われた社会問題である。すなわち水俣病事件に関する報道とは、日本社会の公害問題意識の転換が、報道に反映されていくという典型的事例である。そこで本節では、水俣病事件報道に関する詳細な分析を通じて、その過程を明らかにしていきたい。

現在では、水俣病事件は戦後日本の「公害問題の原点」としてだけではなく、その被害を防止できなかったことが「かつての教訓」として象徴的に語られている。たとえば以下のような識者のコメントが代表的なものであろう。

我が国では水俣病、カネミ油症事件などのように、政府の対応の立ち遅れが被害を大きくした苦い経験をもつ。今こそ、主権者としての国民が政治や行政に働きかけて危機回避策を実現させる必要がある[17]。私たちが注意深い生き方および他者と環境への危害「予防」を考え、「持続可能な社会」を追求したいと思うのも、二度と再び水俣病事件のような悲劇を繰り返したくないからである。（丸山徳次 2005, 89）

このような問題意識は、2011年1月に環境省が発行した冊子『水俣の教訓と日本の水銀対策』の中でも、以下のように提示されている。

水俣病のような問題を二度と起こさないためにも、水俣病の経験及び教訓を、引き続き国内外に発信し続けていきます。さらに、環境都市に生まれ変わった水俣市の現在の姿を、日本や世界の人々に知らせ、実際に見てい

ただくことも大切なことだと考えています。（環境省 2011, 19）[18]

現在では、水俣病事件はこのように理解されているが、1950年代から1960年代の日本社会ではどのように位置づけられていたのだろうか。本節では、新聞報道の分析を通じてそれを明らかにしていく。なお、水俣病事件に関する新聞報道の分析としては、水俣病事件が発生した熊本県を中心に発行されている『熊本日日新聞』や九州のブロック紙『西日本新聞』、もしくは全国紙の地方版を対象に行われたものもある[19]。しかし本節では、都市部（特に東京）における社会問題意識を反映していると考えられる全国紙、その中でも『朝日新聞』と『読売新聞』の全国版を中心に分析を行っていく[20]。

『朝日新聞』と『読売新聞』の全国版では、「水俣」関連の記事件数は、図4-2のように推移している。記事件数に応じて報道時期を区分してみると、以下の三つの時期に分けられる[21]。

初期報道期（1959～1963年）
報道停滞期（1964年前後）
報道転換期（1965年～1973年）

このうち初期報道期と報道転換期については、新聞の記事や社説の分析を通じて全国報道の特徴を明らかにする。報道停滞期については、後の報道転換期に影響を与えたと思われる公害問題に対する社会問題意識の変容に着目する。具体的には、『厚生白書』や『公害白書』における公害問題や水俣病事件に関する記述と、新聞の公害問題報道を中心に取り上げていく。

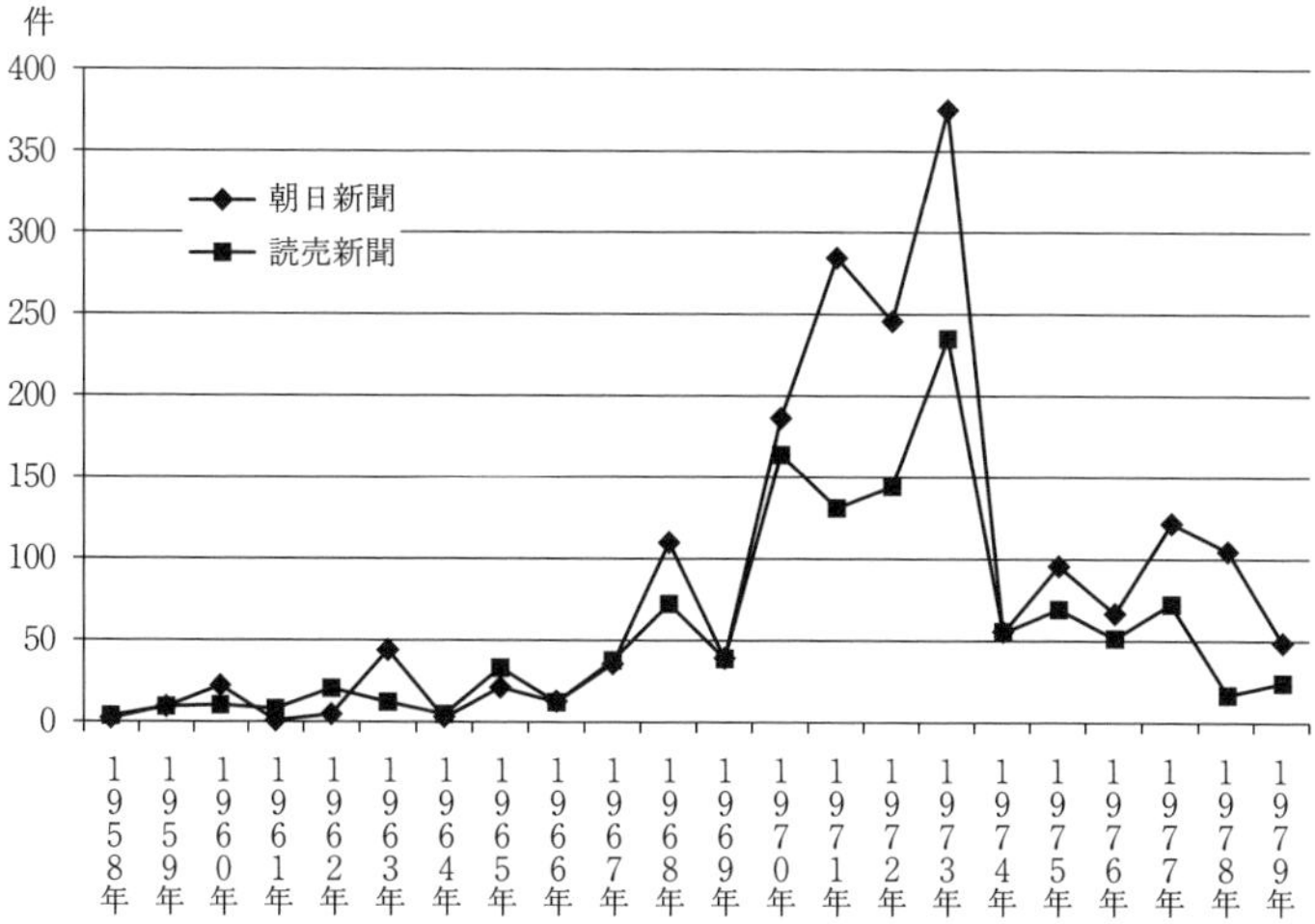

図4-2　『朝日』『読売』（全国版）における「水俣」関連記事件数

出典：『朝日新聞』『読売新聞』各社データベースを基に作成。

※1964年には、両紙とも報道件数は0件になっている。

3-1　初期報道期（1959〜1963年）

漁民騒動としての報道

水俣病事件に関して、事実上、初の全国紙報道が行われたのは1959年11月3日の『朝日新聞』朝刊の記事「水俣病（熊本県）で漁民騒ぐ　警官七二人が負傷　新日窒工場に押しかけ」である。[22] 初の全国報道ではあったが、記事の中で「水俣病」という言葉が使われているように、この当時、水俣病事件に対する認識が全く存在していなかったわけではないことがわかる。しかしこの報道に関して言えば、「水俣病」というよりも「漁民騒動」に関する報道としての性格が強かった。この事件では、漁民約1800人がチッソ水俣工場で警官隊300人と衝突し、警官、漁民、工場従業員に相当数の負傷者が出ている。報道では漁民の「逸脱行動」が以下のように克明に描写されている。

> 漁民たちは代表者と工場側との交渉が行われるのを待っていたが、午後一時半ごろ突然漁民のうち酒気を帯びた数百人が正門のサクを飛び越えて工場内広場になだれ込んだ。

漁民はこん棒や竹ぎれを振りまわして保安係詰所をはじめ厚生課事務室、配電室、研究室などに次々に投石、電話線をひきちぎるもの、こん棒で窓をたたき破るなど乱暴の限りを尽くした。（「水保病で漁民騒ぐ」『朝日新聞』1959年11月3日）

報道写真では、漁民が逸脱者として克明に描写されている。この記事には二つの写真が掲載されている。一つはハチマキをした漁民が石を投げる瞬間の写真（キャプションは「事務所の二階へ石を投げる漁民」）、もう一つは壊されひっくり返った机や散乱した書類の写真（「メチャクチャに荒らされた新日窒事務所」）である。記事本文には、水俣病について説明している箇所もある。だが、大きな文字の見出しや写真からは、漁民の「逸脱行動」によって工場が荒らされたという印象を受ける記事となっている。

このような記事の傾向は、同日の夕刊ではさらに強くなっている。記事の大半が「同工場になだれ込み」、「手当たり次第にガラス戸をたたき破り電話機をひきちぎり」、「書庫から書類を持ち出して放火」などと漁民の「逸脱行動」に関する記述で埋められているからである（「〝水俣の騒ぎ〟静まる　工場の被害は一千万円」『朝日新聞』1959年11月3日参照）。「〝水俣の騒ぎ〟静まる」という記事のタイトルや「工場の損害は一千万円」というサブタイトルからも、全国紙はこの出来事を「漁民騒動」として位置づけていたことがわかる。

ただ、そのような「逸脱行動」をとる漁民に対して、報道の中で強い関心が払われていたとは言い難い。確かに、記事本文には「〝水俣病〟で被害を受けている熊本八代、天草などの不知火海区の漁民」という記述もある。しかし水俣病とはいかなる病気なのか、水俣病の被害にあっている漁民の生活状況とはどのようなものなのか、ということに関する詳細な記述はほとんど存在しない(23)。

このように新聞報道では漁民騒動の表層に触れられるのみにとどまり、そのような騒動が発生した背景や要因についてまで、強い関心が払われていたとは言い難い。それを端的に表しているのが、騒動後に行われた「斡旋」や「調停」に関する報道である。騒動の後の11月13日、当時の熊本県知事は工場と漁民の対立を解決するため、チッソ側から斡旋の依頼を受けている。この出来事を伝える報道では、「（あっせん依頼が行われる見込みなので）二度の漁民騒動まで起こした漁業被害問題の解決への手掛かりがついたと見られる」（カッコ内引用者）と、騒動の解決を予測するような記述となっている（「知事があっせん　水俣病問題で依頼」『朝日新聞』1959年11月13日参照）。また12月17日には、工場から漁民へ漁業補償金が支払われているが、この出来事に関する記事では「（チッソ社長と漁連会長が）寺本熊本県知事ら調停委員立会いで調印、紛争は解決した」と報道されている（「補償金三千五百万円　水俣病紛争かたづく」『朝日新聞』1959年12月18日参照）。

しかし、実際には報道の予想通りにはならなかった。翌年1960年3月から4月にかけて、漁民が補償をめぐって工場に座り込む騒動が再び発生しているからである。この騒動に対する工場の対応や漁民の要求が正当なものかどうかはともかく、漁民と工場の間に紛争の原因となるような事象が存在していたことだけは確かである。もっとも、ここで問題にしているのは、新聞の報道の予測が外れたことそれ自体ではない。工場と漁民の間の対立を「解決した」と報道する記者の意識、そしてその報道を受容する社会の意識である。この年の漁民騒動に関する全国紙報道では、漁民を直接取材して書かれたと思われる記事はほとんど存在しない。後述するように、このような新聞報道の傾向は後の転換期以降とは大きく異なっている。報道転換期には、紛争解決のために提示された案に対して不満を持つ当事者（水俣病患者）の声を報道しているからである。しかし初期報道の段階では、全国紙は当事者を取材せずに「解決した」と簡潔に報道していた[24]。漁民騒動に関するこのような報道から見えてくるのは、漁民と工場との間にある紛争の火種を黙殺・隠蔽しようという態度ではない。県知事が工場から斡旋依頼を受けたから、工場から補償金が出たから、調停委員会が開かれたから、それらの出来事をそのまま報道していたといういわば消極的な姿勢である。

そこには水俣病事件を大々的に報道し、重要な社会問題として構築・構成しようという姿勢は存在しない。そしてこのような全国紙の報道姿勢に、水俣病事件に対する全国レベルでの関心の低さを見て取ることができる。

少ない患者の記事

このように水俣病事件全体への社会的関心が低い中、患者に対する関心は特に低かった。特に全国紙の初期報道において、彼らを取り上げた記事は極めて少なかった。とはいえ、患者の存在が隠蔽されていたとも考えにくい。なぜなら、以下のように病気に苦しむ患者数人の姿を詳細に報道する記事もあったからである。

　少女はもう四年間も意識を失ったままベッドに横たわっていた。病室の窓から流れ込む南国の日を受けて、少女のほおはふっくらと白かった。〝生ける人形〟と熊本大学の臨床教授たちが評した水俣病患者たちは、病原物質の論争、補償問題の難航をよそに、いまだ現地水俣市で廃人同様の生活を送っている。(中略)突然彼女(患者)は片手でベッドにつかまり立ったまま激しく体を上下に振り出した。のどの奥がクックックッと鳴る。目を白くむき出し、歯を食いしばっている。ひどい全身ケイレンだ。約一分ほど続きパタッととまると『フーフー』と生き返ったように息をついた。(中略)食事はオカユなどやわらかいものをサジで口に一杯入れてやると反射的にゆっくりゆっくりのみくだす。茶わん一杯を約一時間もかかる。牛乳はよく飲むが、目はまばたきもせずあいたまま。〝ミルク飲み人形〟そっくりである。(中略)「ワシらは世界のどこにもない〝天然記念物〟みたいな病気になりましたケン、排水を出した会社が悪いとか何とかいっても始まりまっせん。原爆患者みたいに、なんとか国で面倒みてくれないもんでしょうか」と、患者の一人はその嘆きを述べた。(「『水俣病』患者を訪ねて〝生ける人形〟少女　四年間かえらぬ意識」『朝日新聞』1960年4月22日)

このように、水俣病に苦しむ患者の様子を詳細に伝える報道は確かに存在していた。またこの記事では写真も使用されており、病院のベッドに横たわる少女の患者（キャプションは「生ける人形」）の姿が四段分のスペースを占めていた。この少女の姿は、被害者としての水俣病患者という解釈を十分可能にするものであった。しかし初期報道期において、水俣病患者の写真が『朝日新聞』全国版に載ったのは、この記事だけであった[25]。初期報道期において水俣病患者への関心の低かったことを、端的に示しているのが１９６０年10月の水俣病患者死亡に関する記事である。その内容は、以下のようなものである。

水俣病で昨年12月から水俣市立病院に入院していた鹿児島県出水市米の津、漁業釜鶴松さん（57）は、13日午後肺炎を併発して死んだ。34人目の死亡者で、遺体は熊本大で解剖した。（「34人目の水俣病死者」『朝日新聞』１９６０年10月15日）。

以上が記事の全文である。この出来事に関する関連記事はない。初期報道期においては、患者の死亡記事が短い記事一本で済む程度に、水俣病患者への関心が低かったと考えられる[26]。

医療報道・科学報道としての水俣病事件報道

水俣病患者に関する記事が少ない一方、水俣病の原因物質やその原因物質の由来に関する論争については、一定程度、報道が行われていた。ただし初期報道期の中でも、１９５９年から１９６０年前半までと１９６０年の後半以降では、報道内容に若干の違いがあった。

「水俣病の原因」をめぐる議論には、①水俣病を引き起こす「原因物質」とは何かという議論と、②その原因物質の発生源（排出源）は何か、すなわち水俣病の「原因」は何かという二つの議論がある。[27] 後者の議論を展開することは、水俣病事件の責任の所在を問うことにもつながる。全国紙報道では当初、①原因物質をめぐる議論と②原因をめぐる議論が混在していたが、1960年の後半以降は②の議論がなくなっていった。

まず、漁民騒動が起きてから一週間後の1959年11月12日、東京工業大学の清浦雷作教授が「（水俣病の）原因は工場廃水とは考えられない」という現地調査結果を通産省に報告したことについて短い記事が書かれている（「『工場廃水とは考えられない』水俣病で清浦教授報告」『朝日新聞』1959年11月12日参照）。そして翌日、厚生省の諮問を受けていた食品衛生調査会が「（水俣病の）おもな原因はある種の有機水銀化合物」であると判断したことが報道されている。もっとも「有機水銀化合物がなぜその地域にできるのか、それがどのように魚介に入りこむのかの問題が残る」や「この工場（チッソ水俣工場）から出た無機水銀化合物が原因だとすればなぜ無機が有機に変わるのか、問題が残されているという」のように、この記事の中では、チッソ水俣工場の排水が水俣病の原因であるとは断言しておらず、両論併記的な内容になっている（「原因は〝水銀の有機物〟『水俣病』食品衛生調査会答申」『朝日新聞』1959年11月13日参照）。

このように水俣病の原因と原因物質をめぐる論争が始まったが、以降、その議論は徐々に「原因物質」に関する論争へと移行していく。それを象徴的に示しているのが、以下の四つの記事である。

・「水俣病をめぐる論争（上）学説まちまち　工場排水との関係も不明」（『朝日新聞』1960年4月27日）
・「水俣病をめぐる論争（下）さらに総合的研究　水銀説とアミン説と並行」（『朝日新聞』1960年4月28日）
・「水俣病　国際学会も追及へ　白木教授が渡英報告」（『朝日新聞』1960年10月4日）」
・「世界的に注目の水俣病　来年九月ローマでの　国際神経病理学会の議題に　白木博次」（『朝日新聞』1960

年10月23日）

これらの記事はそれぞれ4月と10月に二本ずつ書かれていたのだが、4月のものは「水保病をめぐる論争」、10月のものは「国際学会での水俣病報告」と報道の力点が異なっていた。

4月の「水俣病をめぐる論争（上・下）」の特集では、水俣病の原因物質とは何か、そしてチッソ水俣工場の廃水は水俣病と関係しているのか、双方について言及している。この特集では水俣病の原因物質をめぐって、有機水銀説を主張する熊本大学、それを否定するチッソ、原因不明の有毒素だとする東工大の清浦教授の説がそれぞれ紹介されている。記事の結論部分では、「厚生大臣の諮問機関である食品衛生調査会では清浦説をしりぞけ熊大側の意見をとり」と熊本大学の有機水銀説が有力であると報道している。ただ依然として原因物質が何かということについては「キメテのない諸説」としており、「化学的（ママ）証明が必要」であると報道していた。確かにこの記事では、水俣病の「原因物質」をめぐる議論と「水俣病の原因」をめぐる議論を混同されており、チッソの責任を不明確にしているといえる。このような「混同」は、原因物質に関する議論に関心が集中し、水俣病を発生させた責任の所在に関する議論への関心をそらせることにもなった（小林直毅 2003 参照）。

もっともそのような「混同」があったとしても、この時期の報道には「原因がもし工場排水にあることが明らかになったとしたら、工場の閉鎖と言う事態も考えられ」と、水俣病発生の責任の所在を問うような視点が少なからず存在していたことも確かである。(28) また「熊大説」への反論としてチッソが登場してくるなど、水俣病事件に関してチッソの存在を意識できるような内容にはなっていた。つまり前述の区分で言えば、②水俣病の原因物質の発生源をめぐる論争についても不十分ながら言及されていたといえる。

しかし10月の特集記事二本は、4月の特集とは異なっていた。二本の特集記事のどちらにも「チッソ」を連想させる言葉（「新日本窒素」や「窒素水俣工場」など）が出てこない。これらの特集記事では、東京大学の白木博次教授が水俣病の原因物質が有機水銀であることを国際学会で報告すること、水俣病が世界的にも注目されていることなどが中心的な話題になっていた。記事内容も①水俣病の「原因物質」についての議論のみが行われ、②原因物質の発生源についての言及はなかった(29)。

このように初期の水俣病事件報道からは徐々に、加害者として容疑をかけられていたチッソの存在が消えていった。こうして水俣病事件報道は、「加害者」や「被害者」という要素を含んだ社会問題報道としてよりも、科学問題報道の側面の方が強くなっていった。

ところで、水俣病事件報道から社会問題報道の側面が失われていった理由として、次のようなものがあげられるかもしれない。すなわち、水俣病の原因物質である有機水銀をチッソ水俣工場が排出している証拠が見つからないから新聞は慎重に報道していた、という理由である。確かに特集「水俣病をめぐる論争」の中でも「無機水銀から有機水銀に変わる過程がわからない」と報道されているように、当時はチッソ水俣工場が有機水銀を排出しているという確かな証拠がなかったから慎重な報道をしていた、という見方もできるかもしれない。

しかし、チッソを追及するような報道が行われなかった理由がそのようなものではないことは、以下の記事とその後の新聞報道からうかがうことができる。それは１９６３年2月18日「水俣病の原因　工場の泥に水銀　熊大教授ら研究班が検出　『廃液説』証明される」という記事である。

（熊本大学の教授が）「新日窒の工場内にあるスラッジ（泥）からメチル水銀化合物を検出した。このことは、水俣病の原因が工場の廃液にあるということをほとんど最終的に証明するもの」と発表した。

これまで学界の定説となって明らかにされていたのは①水俣病の原因は有機水銀である②体内に有機水銀を含んでいる貝や魚が大量にいるのは水俣湾だけ③新日窒水俣工場の排水溝（こう）や水俣湾の泥の中には有機水銀

がある、などの点だった。この点から水俣病は新日窒に工場の廃液のために起ったと常識的には考えられていたが、論理的には、排水溝の有機水銀は、プランクトンや魚貝類が無機の水銀化合物を吸収しその後の動物反応で有機水銀になったのではない、ということが学問的に証明されていなかった。しかし入鹿山教授の発表によって学問的にも証明されたのである。（「水俣病の原因　工場の泥に水銀　熊大教授ら研究班が検出　『廃液説』証明される」『朝日新聞』1963年2月18日）

この記事では、水俣病の発生原因がチッソ水俣工場であると断言している。前述したように、水俣病の「原因物質」は有機水銀であることが確定し、この記事によってその物質の発生源がチッソ水俣工場であることも明白になった。すなわちこの記事は、それまでの水俣病をめぐる論争に決着をつけるスクープと呼べるものであった。しかも、現在の視点に立ってそういえるのではなく、当時そろっていた記事の情報だけからもそれは明らかである。それにもかかわらず、有機水銀発見関連の報道はこの記事のみにとどまっており、続報も行われなかった[30]。このことからも、当時の日本社会が水俣病事件を重要な社会問題であると認識できる状況にあったとは考えにくい。

チッソ労働争議と水俣病事件報道

以上のように初期報道では、水俣病事件、特に患者に関する言及は極めて少なかった。しかし「水俣」に関する報道が少なかったわけではない。というのも、1963年にはチッソ水俣工場で労働争議が発生し、この出来事に関する報道は一定程度行われていたからである。1963年の「水俣」関連記事の件数は、それまでで最も多い39件で、そのうち35件がチッソ労働争議に関するものであった（表4-2参照）[31]。地方都市である水俣市の事件・出来事でも、当時の社会的関心をひくようなものであれば、それなりの量の全国報道が行われた[32]。

表 4-2　『朝日新聞』（全国版）における「水俣」関連記事の内訳

	水俣病	労働争議	その他	計
1959 年	9	0	0	9
1960 年	19	1	0	20
1961 年	2	0	0	2
1962 年	1	2	1	4
1963 年	3	35	1	39
1964 年	0	0	0	0
1965 年	4	0	1	5
1966 年	1	0	1	2
1967 年	7	1	1	9
1968 年	69	0	0	69
1969 年	27	0	0	27
計				177

出典：新聞データベースをもとに作成。

この労働争議に関する報道は、前述の漁民騒動に関する報道よりも大きく行われている。「最終的あっせん案　熊本県地労委　水俣争議に提示（『朝日新聞』1963年1月6日）」の記事を皮切りに、「あっせん案受諾の空気　合化労連代表者会議」（『朝日新聞』1963年1月10日）、「あっせん案受諾を提案　合化労連大会」（『朝日新聞』1963年1月11日）、「合化労連、受諾きめる　新日窒水俣あっせん案」（『朝日新聞』1963年1月12日）、「闘争収拾で討議　水俣労組大会」（『朝日新聞』1963年1月13日）、「水俣労組大会あっせん受諾」（『朝日新聞』1963年1月14日）と立て続けに記事になっているからである。しかもこれらの記事は、一面や二面に掲載されていた。一面の記事が一本もなかった水俣病事件報道とは対照的である。さらに労働争議の報道は、水俣病事件報道と異なって連続して行われていた。記事の量、連続性、掲載紙面などすべての点において、労働争議の方が漁民騒動を含む水俣病事件よりも大きな扱いを受けていた。

この時期、水俣病事件報道は、チッソ労働争議に関する報道の陰に隠れるかのようにほとんど行われなくなっていた。水俣病事件の報道は、1963年末の以下の記事まで待たなければならなかった。

不知火海に面した熊本県南、水俣市の漁村地帯に発生した水俣（みなまた）病の悲劇は、いまも続いている。

大詰めに来た来年度の予算折衝で、水俣病患者の入院治療費国庫補助費百万円がやっと認められ、暗い見通しを立てていた厚生省当局をほっとさせた。しかし、その名目は「治療研究補助金」。性格があいまいなだけに、打ち切りに対する患者の不安は強い。厚生省としても、どうやって恒久的な対策に組み入れていくか、来年の新しい課題になりそうだ。水俣病のその後を現地に見た。（中略）（漁民の工場乱入、国会議員団の現地調査などから）わずか数年しかたっていないのに、水俣病は一般からだんだん忘れさられようとしているようだ。（中略）悲劇の後始末―それは親身な恒久対策を早く立てる以外にない。現地を見て無言の訴えを感じた。（「水俣病その後　現地にみる　七年、寝たっきり　ろくな国庫補助もなく」『朝日新聞』１９６３年12月31日）

この記事から見えてくるのは、水俣病事件を再び社会問題として取り上げていこうとする新聞記者の意識である。しかし「来年の課題となりそうだ」とまでいわれた１９６４年になっても、水俣病事件に関する全国報道は行われなかった[33]。前述した写真付きの患者の記事と同様、この記事も単発で終わった。

構築・構成されなかった「水俣病事件」

このように初期報道においては、水俣病事件に関する重要な出来事がいくつか報じられていたものの、大きな社会問題としては構築・構成されなかったと考えられる。もし水俣病事件が重要な社会問題として人々の間で意識されていたならば、チッソの工場排水の中から有機水銀が発見された１９６２年2月の出来事は、水俣病事件の原因企業を明らかにする決定的なスクープとなりえた。しかし、それが単発の記事で終わっていた。

小林直毅は、１９５９年12月30日に締結された見舞金契約とそれに関する報道を「このような物語は、『見舞金契約』の締結を、患者補償問題の『円満解決』と語り、『報われた患者の努力』と評価し、『水俣病、患者補償も解決』

（『朝日新聞』１９５９年12月31日、傍点は原著者）とまで語る言説によって完結したのだ」（小林直毅 2007, 61）と指摘している。『朝日新聞』の熊本版は、見舞金契約を報道していた。しかし全国報道ではこの見舞金契約に関する報道は行われていない。ここに熊本県における水俣病事件の構築・構成の状況と、全国（特に東京）におけるそれとの違いが明確に表れている。[34]全国的なレベルでは、水俣病事件はそもそも人々の関心を集めるような大きな社会問題にはなってはいなかったと考えるのが妥当であろう。全国紙の記者、もしくは都市部の人々が水俣病事件を重要な社会問題として意識していれば、漁民騒動、水俣病の患者、もしくは排水中に有機水銀が発見されたことが、センセーショナルに報道される可能性も十分に存在しただろう。しかしそのような報道は行われなかった。このような当時の全国紙報道の状況を考えれば、当時の日本社会においては、水俣病事件は重大な社会問題として構築・構成されていなかったと言わざるをえない。

3-2　報道停滞期（１９６４年前後）

『厚生白書』[35]における公害問題の位置づけ

このように初期報道においては、スクープとなりうる多くの記事が単発に終わっただけではなく、水俣病事件そのものが次第に報道されなくなっていった。特に１９６４年には『朝日新聞』『読売新聞』それぞれの全国版では、「水俣」に関連する記事は、一本も書かれていない（図4-2参照）[36]。しかしこの１９６４年前後は、後の報道転換期を考察する上で見過ごすことのできない変化が、政策や全国報道で生じた時期でもある。政府（特に厚生省）は、都市部で深刻化していた公害問題の対策に取り組み始め、また全国報道も都市部の公害問題を報道し、その対策を政府に要求していったからである。

厚生省が発行している『厚生白書』は、1950年代から公害問題に言及していた。とはいえ、白書の目次に「公害」という項目が記載されるのは1960年になってからである。この年の『厚生白書』は、公害問題に関して以下のような記述をしている。

人口が都市に集中し、産業が発達するにつれて、空気は汚染され、河川は濁り、騒音に悩まされるという快適な日常生活からはおよそかけはなれた煩わしい問題をおこし、健康にも大きな影響を与えている。(『厚生白書(昭和35年版)』、334)

このような記述から、政府の側にも公害問題を近代化・産業化の負の側面として位置づけようとする問題関心があったことがうかがえる。しかし、実際に行われていたことは、各省庁(厚生省、通産省、科学技術庁)の間における調査会の設置や関係予算の承認などであった。この時点では、汚染状況に関する詳細で具体的なデータが白書に記載されていたわけではなかった(37)。

翌1961年の『厚生白書』では、公害対策の必要性が指摘されるようになる。そして以下のように、具体的な研究会が設置されたことが報告され、国による対策の必要性が強調されている。

公害防止関係条例の実施状況をみると、各地方公共団体の適切な指導もあつてかなりの効果を上げてはいるが、これのみをもつてしては、解決の不可能な公害問題も少なくない。国が公害防止に関する法律をすみやかに制定し、統一的な規制を強力に推進していくことは、この意味においてきわめて重要であるということができよう。このため、厚生省では昨年10月以来関係各方面の専門家の参集を得て、公害問題の実情の分析、公害に関する科学的研究成果の分析、公害防止対策としてとり上げるべき公害の範囲の検討、公害防止対策のあり方およびその実施上の諸問題の検討などを行なつてきたが、現在の見通しでは本年度末までに従来学問的研究の比較的進んでいた大気汚染の問題については具体的結論が得られるものと考えられる。これらの結論に基づいて適切な公害防止対策が樹立されるよう望まれている。（『厚生白書（昭和36年版）』、416-417）

1961年の『厚生白書』から公害に関する具体的なデータが記載されるようになった。もっともその内容は、公害問題に関する「陳情」件数のデータであり、汚染状況やその被害についての記述ではない。そして1962年の『厚生白書』から「公害の現状」という項目が設定される。そこでは、日本各地（おもに都市部）における公害問題の状況について言及されるようになった。

近年における第二次産業特に重化学工業の発展は、交通の発達、人口の急激な都市集中などとともに、大気汚染その他の公害を激化せしめ、公害の問題を急速に社会問題化せしめるに至った。一般に都市公害といわれるもののなかには、騒音および振動、ばい煙、粉じん、排ガスなどによる大気汚染、廃液や汚液による水質汚濁などが、また最近においては地下水くみ上げによる地盤沈下あるいは高層建築による日光しゃへいの問題も新たに公害問題として考えられてきた。そして、これらの公害は都市生活を不快にするばかりでなく、時には人々の健康すらおびやかすような事態を招くに至っている。（『厚生白書（昭和37年版）』、92）

この年の白書には、当時、深刻化していたとされる大気汚染に関する調査データが掲載されている。一つは「主要都市の降下ばいじん量」で、もう一つは「東京都および大阪市におけるスモッグ発生状況」である。

翌1963年の『厚生白書』では、「公害対策」の項目が前半に掲載されるようになる。その項目では、東京や大阪などの都市部で生じた光化学スモッグについて言及されており、さまざまな対策が講じられていることが記載されている（『厚生白書（昭和38年）』、13-14参照）。また具体的な水質汚濁問題（多摩川流域のめっき工場から青酸化合物が放出された事件、1962年4月）についても言及されていた（同白書、14参照）。このように『厚生白書』では、都市部の大気汚染や水質汚濁等の問題が、徐々に国の政策課題として取り上げられるようになった。

「公害対策」の実施：水俣病事件への言及

1964年の『厚生白書』では、それまでの白書よりも「公害」の項目が前半部に掲載されるようになってきた(38)。そこでは、四日市（大気汚染）、沼津・三島地区（大気汚染）、隅田川（水質汚濁）、東京都内・大阪市内（大気汚染）など、日本各地における公害対策が紹介されている（『厚生白書（昭和39年版）』、117-120参照）。

政策面においても、閣議決定によって1964年3月27日に公害対策推進連絡会議が設置されている。この会議は、総理府総務長官を中心に関係省庁の事務次官によって構成されるものである。さらに、厚生省環境衛生局の中に新たに公害課が設置されるなど、この時期、政府・官庁レベルでの公害対策の体制が徐々に整っていった。

しかし依然として、熊本の水俣病が公害問題として言及されることはなかった。先に言及されるのは新潟水俣病事件の方であった。例えば1965年と1966年の『厚生白書』では、それぞれ以下のように言及されている。

> 特殊な問題として、39年（1964年(39)）8月ごろから新潟県阿賀野川流域において発生した水銀中毒のような問題がある。この事件は河水中に含まれていたアルキル水銀化合物が、魚を媒介として人体に摂取されたものと推定され、重篤な中毒症状を起こし、26人の患者中5人が死亡したもので、その発生源について目下究明が行な

われているが、水質汚濁上の問題に限らずこの種の重金属による慢性中毒問題はその性質が既存の法則によって防除しがたい面があり、今後その対策を十分検討する必要がある。（『厚生白書（昭和40年版）』、106–107）
特殊な問題としては、39年（１９６４年）8月ごろから新潟県阿賀野川流域において発生した有機水銀中毒事件があるが、その原因が工場廃水にあるという疑いがあつたので、水銀を使用してアセトアルデヒドを製造している工場につき工場廃水及びこれに原因する水系の環境汚染調査を41年6月から3回にわたり実施し、目下その検討究明が行なわれており、今後こうした特殊な水質汚濁の問題について必要な規制を行なう等の対策を急ぐ必要がある。（『厚生白書（昭和41年版）』、128）

ここでは、新潟水俣病は「特殊な問題」として言及されているにすぎない。この項目の中で重点が置かれていたのは、工場用水の増加による工場排水の増加・質の悪化、もしくは大都市を中心とした家庭下水による水質汚濁問題であった。

このような傾向に変化が見られるのは、１９６８年の『厚生白書』である。この年の白書は、公害対策基本法が成立した１９６７年を「昭和42年度（１９６７年）は、公害対策にとってまさにエポックメイキングな年であった」（『厚生白書（昭和43年版）』、98）と高く評価しており、公害対策の転換点だったことを認めている。そして、この年から熊本の水俣病も「水質汚濁」の項目で論じられるようになっていった。(40)

一般の河川の汚濁の問題のほかに、工場廃水の中に特殊な重金属等が含まれていたことによると思われる悲惨な事件について触れないわけにはいかない。
その第一は、昭和28年（１９５３年）に熊本県水俣湾沿岸に起こった水俣事件である。塩化メチル水銀汚染に

よる水俣病患者は、今もなお69人（入院13人、通院56人）にのぼっている。（『厚生白書（昭和43年版）』、105）

白書では、熊本の水俣病のほかに新潟水俣病、富山県神通川流域で発生したイタイイタイ病が取り上げられており、水俣病事件がいわゆる「四大公害」の枠組みでとらえるようになってきたことがわかる（四日市の大気汚染は以前から言及されている）。この傾向は翌年の『厚生白書』でも続いている。

熊本県水俣湾沿岸地域及び新潟県阿賀野川流域における水俣病（有機水銀中毒）、ならびに富山県婦負郡及びその周辺地区におけるいわゆるイタイイタイ病（カドミウム中毒に他の誘因が加わる）のように、メチル水銀あるいはカドミウム等の微量重金属またはその化合物による環境汚染が人間の生命と生活を直接脅かし、重大な社会問題となる事態も発生している。（『厚生白書（昭和44年版）』、148）

このように『厚生白書』の記述を振り返っていくと、時代を経るにつれて徐々に水俣病（特に熊本の水俣病）の重要度が上がっていったことがわかる。もっとも、それは大気汚染や騒音などのほかの公害問題への関心の高まりと連動したものであった。『厚生白書』における水俣病（「水質汚濁」の項目に記載されている）の位置づけは常に「大気汚染」の後であり、また「水質汚濁」の項目の中でも水俣病よりも都市の河川や水源の汚濁の方に記述の重点が置かれていた。

1966年からは『厚生白書』に加え、『公害白書』（のちに環境白書）が発行されるようになる。『公害白書』も『厚生白書』と同様に、大気汚染、河川の汚濁、交通騒音といった都市公害の方を重点的に取り上げており、水俣病、新潟水俣病、イタイイタイ病などは「その他の公害問題」として扱われていた（『公害白書（昭和44年版）』、2-6参照）。

とはいえ、水俣病の原因物質を有機水銀であるとし、その排出源について「新日本窒素水俣工場の工場排水に含まれたメチル水銀化合物によるものであることが明確にされ」たと記述しているように、この時期になると水俣病事件の原因は、明確に記述されるようになっていった（『公害白書（昭和44年版）』、76-78参照）。

その後の『公害白書』でも、水俣病問題は水質汚濁による健康被害の代表的な事例としてイタイイタイ病と並んで論じられるようになっていった。そして１９７１年の白書の総説では、水俣病事件はほかの「四大公害」と結び付けられて、以下のように言及されている。

> 排出物、廃棄物による局地的汚染の結果として、すでにわが国においては水俣病、イタイイタイ病、四日市ぜん息等その影響による悲惨な健康被害の発生をもみるに至っているが、さらに、地球的な規模における汚染の進行によりわれわれの生存の基盤そのものである人間環境の全面的な破綻の危険までも強く指摘されるに至っている。（『公害白書（昭和46年版）』、1-2）

このように水俣病事件は、「四大公害」の一つとしてのその位置づけが明確になってきただけではなく、地球規模の環境問題に対処するための教訓として論じられるようになっていった。

政府の公害対策に対する批判的報道

政策領域における公害問題への関心の高まりと連動する形で、全国紙もまた公害問題やその問題への対策を報道していくようになった。全国紙で、タイトルに「公害対策」という言葉がはじめて登場する記事を探していくと「スモッグ対策きめる　東京都市公害対策審で　東京のスモッグ禍」（『朝日新聞』１９６２年12月28日）という記事にさかのぼることができる。また「公害」や「公害対策」に関する記事が増加し始めるのは1964年頃からである（図4-1参照）。1962年までは、年間10件にも満たなかった「公害」記事が、1960年代後半にかけて急増し、同様に「公害対策」記事も1964年以降、増加していった。

そして報道量の増加に伴って、報道内容にも変化が生じる。公害対策を求めつつ、行政の対策の「遅れ」を批判する内容の記事や社説が書かれるようになっていった。

> 公害審議会でまとめた「公害に関する基本的施策について」の中間報告は、公害対策を練りなおし、本格的に推進するための原則的な考え方を示している。公害がますます深刻化しているとき、いまさら公害問題について作文の段階ではあるまいというのが大方の国民感情であろう。しかし、公害問題にたいする関心はマスコミで先行しているのにひきかえ、行政と政治の次元では、いまようやく基本的な対策に着手しようとする段階にきているにすぎない。（中略）
>
> 公害に取りくむ姿勢が中途半端に終っていた根本的な理由は、ひとつには企業の側に公害に対する認識が遅れていたこと、またこれをうけて政治と行政の側に公害に対する決断が欠けていたからにほかならない。（「公害対策の進め方」『朝日新聞』1966年8月8日）
>
> もともと、高度成長が始まってから、もう10年以上も、公害問題は産業優先主義のもとで、ただ議論を重ねるだけで、その対策は放置されてきた。いまや、地域によってはもう収拾不能の感さえある。これから、さらにテーブルでの論議で時間をかせがれたのでは、全国的に手のつけようがなくなるに違いない。一般に原案というものは、いくつかの関門を通るごとに後退に後退を重ね、時間的には延期に延期を重ねる。こういう引延しの繰り返しは、多くの場合「拒否」と同じ結果になる。いまや実行のときである。（「公害対策を引延ばすな」『朝日新聞』

（1968年7月18日）

政府や企業に対するこれらの批判的な報道を見るかぎり、1960年代後半には、公害問題は社会問題として認識できる状況が形成されていたと考えられる。[41] そしてこのような社会意識の変動期に、熊本の水俣病事件と同様の水銀中毒が新潟でも発生した（新潟水俣病事件）。そして次節で論じていくように、第二の水銀中毒事件の発生を境に、全国報道における水俣病事件報道は大きく転換していく。

3-3　報道転換期（1965年〜）

遡及的に構築される「水俣病事件」と「かつての教訓」

水俣病事件が再び報道されるようになっていったのは、1965年以降である。この時期区分は、熊本日日新聞社元記者の高峰武や『朝日新聞』による分類とは異なっている。[42] 高峰や『朝日新聞』は、報道停滞期は1968年8月まで続いていたという見解をとっている。確かに報道量の点からいえば、記事の件数が激変するのは1968年からである（図4-2参照）。しかし後述するように、1965年の新聞報道には、後の水俣病事件報道を考察する上で見過ごすことができない転換が生じている。したがって本節では1965年以降を「報道転換期」として考察する。

報道転換期の水俣病事件報道は、「新潟に『水俣病』？　類似症状で二人死ぬ　有機水銀中毒と断定」（『朝日新聞』1965年6月13日）という記事から始まる。この記事が初期報道期の記事と大きく異なっているのは、直後の6月22日には、早くも特集が組まれていることである。[43] この特集は「新潟の〝水俣病〟望まれる水銀中毒対策」とタイトルで、科学面の大半を使用するそれまでの報道の中では最も分量の多い記事であった。特集記事の冒頭に「いまや有機水銀中毒問題は、全国的な視野から検討されるべき時期にきたようだ」とあるように、水俣病事件を大きな社会問題として位置付けようという意識をこの特集からは見て取ることができる。特集の内容は、有機水銀の毒性、摂取経路、有機水銀と工場廃水との関係などが中心で、患者にはそれほど紙面が割かれていないものの、「いまこそ水銀中毒問題に本腰を入れないかぎり、日本の思わぬ地点に第三、第四の水俣病が相ついで発生しないとは保証できないのである」とあるように、水俣病問題が局地的な問題ではないことを指摘している。とくに新潟の水俣病事件を「第二」としていることから、熊本の水俣病事件が「第一」として意識されていたことは明らかである。このように報道転換期の報道は、初期報道期よりも水俣病事件を深刻に捉える内容であった（「新潟の〝水俣病〟望まれる水銀中毒対策」『朝日新聞』１９６５年６月22日参照）。

また初期報道では「水俣」に関する社説は一本も書かれなかったのに対して、報道転換期には定期的に書かれるようになっていったのも大きな違いである（表4-3参照）。以下の社説は新潟水俣病が公式発表されたあとに書かれたものである。ここに以降の水俣病事件報道を象徴するある言葉が登場する。

> 水俣病の原因となった有機水銀を含む廃水を出している工場が、わが国のどこにどれだけあるかは、監督官庁がその気にさえなればすぐに調査できるはずである。そして、その廃水中の有機水銀量を一定値以下に押える強制措置をとることも、決して困難なことではあるまい。発病者１０５人、うち37人が死に、残った68人もひどい後遺症に苦しんでいるというかつての水俣病の教訓は、どこに生かされたというのであろうか。（中略）百人を超える水俣病の犠牲者の死と苦しみをムダにしてはならないからである。（「水俣病の発生を未然に防げ」『朝日新聞』１９６５年７月１日）

表 4-3 「水俣」関連社説一覧（1970 年代まで）

朝日新聞		読売新聞	
1965 年 7 月 1 日	水俣病の発生を未然に防げ		
1968 年 4 月 19 日 9 月 8 日 9 月 28 日	水俣の過誤をくり返すな 水俣病と企業のモラル 水俣病と政府見解		
1969 年 5 月 2 日 5 月 31 日	水俣病補償問題に思う 水俣病「潜在患者」の対策を急げ		
1970 年 5 月 26 日 5 月 28 日 7 月 8 日	水俣補償に行政と企業は良心を示せ さらけ出された水俣補償の後遺症 細川証言の重さと水俣裁判	1970 年 5 月 26 日	期待はずれの水俣病補償案
1971 年 8 月 9 日	きびしすぎた水俣病患者の認定	1971 年 9 月 30 日	新潟・水俣病判決の意義
1972 年 1 月 12 日 4 月 3 日	チッソは水俣病患者と話合え 水俣病の実態解明と対策を急げ		
1973 年 3 月 21 日 3 月 21 日 5 月 24 日 7 月 11 日	企業を厳しく糾弾した水俣病判決 残された問題の解決を急げ 水銀汚染に対する行政措置を急げ 水俣補償協定に残された課題	1973 年 3 月 21 日 5 月 24 日	水俣病裁判の判決がもつ意味 第 3 水俣病の発生と行政の責任
		1974 年 6 月 9 日	「第 3 水俣病」の不安は消えない
1975 年 3 月 7 日	水俣病認定業務を促進せよ		
1976 年 5 月 7 日 12 月 17 日	刑事責任を問われる水俣病 水俣病認定をどう促進するか	1976 年 12 月 16 日	水俣病の認定と行政の責任
1977 年 7 月 3 日	水俣病の認定業務を急げ		
1978 年 6 月 7 日	チッソ救済と水俣病認定促進	1978 年 7 月 5 日	後退は許されない水俣病認定
1979 年 3 月 23 日 3 月 29 日	空疎感残る水俣病刑事判決 認定審査を問い直す水俣判決	1979 年 3 月 29 日	重大な岐路に立つ水俣病対策

出典：各社のデータベースをもとに作成。タイトルに「水俣」を含む社説に限定（本文中でのみ水俣に言及している社説は除外）。

この社説の中で使用されている「かつての水俣病の教訓」という言葉は、報道転換期における水俣病事件報道の特徴を典型的に表している。「かつて」という言葉が過去を示すものであり、そして「水俣病」が熊本の水俣病事件のことを示していることをあわせて考えると、この時点で熊本の水俣病事件はすでに過去の出来事として語られ始めている。しかも評価の分かれる過去の出来事としてではなく、評価が確定した出来事として語られている。そしてそのような確定した過去の出来事としての水俣病事件をもとに、未来に向けた教えとしての「教訓」が導き出される。そしてその「教訓」に基づいて、政府・官庁などの批判が行われるようになっていった[44]。

公害やその紛争処理に際して、政治、行政の果たすべき責務は小さくない。むしろ、その姿勢いかんで規制や解決は左右されうるといってもいい。水俣病補償問題の足どりをふり返ってみる時、政治、行政のリーダーシップは十分だったとはいいがたい。行政は現実の動きに対応できず、各界の協力体勢はバラバラだった。政府が原因をボカすための逃げ道を捜し回ったこともある。何より解決を遅らせたのは「過度の政治的配慮」だったともいえる。その教訓をいま思いおこし、今後に生かすことは早期解決のためぜひとも必要なことであろう。（「水俣病補償問題に思う」『朝日新聞』1969年5月2日）

このような「教訓」という言葉は、二つの意味で問題を含んでいる。一つはこの言葉を用いて行政や企業の批判をし、水俣病事件の責任をそれらに負わせることで、初期報道期に水俣病事件報道がどのように報道されていたかが不問にされ、曖昧なままになることである。前述したように全国紙報道は、1950年代末から60年代初頭にかけて、水俣病事件が社会問題として構築・構成されずに終わったことに、消極的にとはいえ加担していた。行政や企業の責任を追及していくことが、逆にかつて自らが行った報道に対する反省的・回顧的な視点が生じる可能性を部分的に奪っているのである。

そしてもう一つの問題点を挙げるとしたら、ここで主張されている「教訓」それ自体には正当性があることである。水俣病事件に対する企業の責任や行政の対応の不備は、批判されてしかるべきであろう。そしてそのような企業や行政を批判する報道を、正当な「ジャーナリズム」として評価できるかもしれない。だが、そのような「教訓」自体の「正しさ」は、逆に「教訓」という言葉が持つ作用を見えにくくしている。すなわち、水俣病事件の「教訓」を主張し企業や政府を批判する報道が「ジャーナリズム」として正当であればあるほど、前述したような自らの報道における過去の不作為に対する反省的・回顧的な視点が生じにくくなっているということである。

「終りなき水俣病」

初期報道期における「漁民騒動」報道の一つの特徴は、その騒動の和解や解決をめぐって安易な予測が行われたことであった。全国紙は、知事がチッソから斡旋依頼を受けたこと、漁業補償金が出たことをもって、そのまま「解決の手掛かりがついた」と報道していた。本節の前半部ではその理由を、当時の日本社会の水俣病事件に対する関心の低さに求めてきた。

一方、報道転換期の1968年9月には、水俣病に関する政府統一見解が発表され、さらに翌年6月には、水俣病患者とその家族がチッソを被告として損害賠償請求を提起した。こうして水俣病事件報道が裁判報道としての要素を強めていくと、初期報道期とは対照的な報道が行われていった。例えば1970年、患者に対して補償案が提示された直後の記事のタイトルは、「〝命の値段がこれか〟　水俣病補償案に怒る地元　〝まるでお恵み金じゃ　とても穴埋めにならぬ〟」（『朝日新聞』1970年5月25日）というものである。記事の小見出しも「わかりきった結果」、「抗議のすわり込み　『告発する会』宇井氏らつかまる」、「『ひどすぎる…』石牟礼道子さん」と補償案を批判したものになっている。報道転換期の新聞報道は、「解決策」として提示された補償案に対し不満を持つ人々の談話を積極的に掲載していた。前述したようにこのような報道は、初期報道期にはほとんど見られなかったものである。転換期の新聞報道は、提示された解決策を批判することで、水俣病事件を「終りなき」社会問題として構築・構成していった。その傾向が典型的に表れているのが、水俣病第一次訴訟の判決の後に書かれた以下の記事である[45]。

> 裁判は勝った。が、こんどの判決だけで、日本列島をおおう公害状況が霧消しないことだけは、これまで勝ちとられてきた新潟水俣病、イタイイタイ病、四日市の公害裁判と同じである。公害の「勝訴」を勝手に借りて、公害を終息できるかのような幻想をふりまく行政の姿勢こそ、判決という折返し点で検討する必要がある。（「水俣判決のあとに～上～」『朝日新聞』1973年3月21日）
>
> こんどの判決で、裁判所に提訴していた患者についての補償問題は一応、ケリがつくことになるかも知れない。しかし、それですべてが解決するわけではない。今後にまだ、多くの課題が残されている。チッソはもちろん、国、地方自治体もこれらの問題の処理を急ぐべきである。（「残された問題の解決を急げ」『朝日新聞』1973年3月21日）

このように水俣病事件が「終りなき水俣病」として構築・構成されていくにつれて、社会問題としての要素、例えば「被害者」、「加害者」、「行政の責任」といったものが固定化されて論じられるようになっていった。初期報道の中では曖昧だった加害者・原因企業としてのチッソの位置づけも明確化され、以下のように厳しい批判が展開されるようになっていった。

残酷ないい方だが、老人の患者には、死を待つ道もある。だが「若い患者の集り」には、それすらも許されてはいない。

不知火海に底はある。しかし、チッソが犯した人間的な罪の深さは、底知れぬものといわざるを得ない。（「終りなき水俣病」『朝日新聞』1973年3月19日）

患者の人間性とひき比べて、会社側幹部（チッソ）が、いかに「ちっぽけでつまらぬ人間」に見えることか。

「小さな人間が、大きな権力をにぎった時、人間による人間への冒とく、残虐行為は起きる」――戦場と日常生活を通ずる真理のようだ。チッソは、水俣という狭い地域社会で、絶対権力者の存在だったのだ。

いちばんいけないのは、この人たち（チッソ関係者）が水俣病の実態をほとんど知らないという事実だ。（中略）要するに、チッソ幹部たちは、患者生活の実態、水俣病の病気としての実態、すなわち、自分たちが犯した人間的な罪の事実そのものをよく認識していない。それが交渉の過程で暴露していった。

裁判長は判決前、一週間水俣に泊りこんで、患者生活の実態にふれた。チッソ幹部は患者宅に一週間分宿すべきだろう。そして患者たちが提起している「生命の問題としての水俣病」と、「人間のあり様としての水俣病」に身体で触れるべきであろう。（「水俣病を知らぬ人」『朝日新聞』1973年4月11日）

本章は、水俣病の原因企業としてのチッソを追及する報道を相対化することが目的ではない。ただ、初期報道期と報道転換期でチッソの描き方が大きく転換していること、そしてそのような転換を可能にするような社会的変化が短期間で生じていること、さらにそのような変化に対する認識が新聞報道の中にほとんど見られないことを問題にしているのである。

全国報道における「水俣病事件」の構築・構成の変遷

漁民騒動や原因物質をめぐる学術的論争に関しては、初期報道の中でも一定程度報道されていた。しかし、報道の中でそれぞれの事件や出来事が関連付けられていたとは言い難い。また患者に関する報道もほとんど行われていなかった。またスクープになりうる記事の続報がまったくと言っていいほど行われなかったことを考えれば、当時の日本社会には、水俣病事件を大きな社会問題としてとらえるような枠組みがあったとは言い難い。初期報道時においては、水俣病事件はそれぞれの出来事が散発的に報じられただけで、社会問題としては構築・構成されていなかった。

しかし１９６０年代中盤以降、『厚生白書』や『公害白書』に見られる政策動向、そして転換期の全国報道からも明らかなように、公害問題が日本社会の中で重要視されていった。大気汚染や水質汚濁といった主に都市部での環境悪化が、公害問題を深刻な社会問題としてとらえる契機になったと考えられる。社会問題としての公害問題の位置づけが確固たるものになるに従い、新聞の報道も政府・官庁に公害対策を要求し、しばしば対策の遅れを批判するようになっていった。

そのように公害問題への関心の高まりつつあった１９６０年代中盤、新潟で水俣病事件が発生した。この時期には水俣病事件を公害問題として理解できる状況にあったこと、そして水俣病事件が一地方の問題ではなくなったことなど、そして新潟県では早期の対応が行われたことにより、新潟水俣病事件に対しては大々的な報道が行われるようになる。

報道転換期において、全国紙は以前の自らの報道姿勢に言及しないまま「かつての教訓」、「水俣病の教訓」を主張して、政府・企業を批判する報道を展開していった。そこで行われていたのは、単なる水俣病事件の構築・構成ではない。水俣病事件を社会問題として構築・構成できなかった新聞報道自らの過去を不問にするという、時間を超えた「現実の構築・構成」が行われていた。それを行ったのは権力機関としての国家・政府ではなく、日々の現実を作り上げる報道機関だった。そしてそれは、社会問題を積極的に取り上げ、国家・政府の無策を批判するというジャーナリズムとしての「あるべき姿」をとりながら行われた。

4　公害・環境問題の社会問題化とマス・メディア報道規範の再構築

公害問題から地球環境問題へ

戦後、日本だけでなく世界各地で近代化の負の側面として公害・環境問題が発生した。さらにこの負の側面は局所的な問題ではなく、地球規模の問題であると位置づけるきっかけとなったのが、1972年に発表されたローマ・クラブの報告書『成長の限界』である。この報告書では、将来、人口増加に対して十分な食料を生産できなくなると予測されている。それは、人口の増加をもたらしてきた人類の技術発展の歴史が、いずれは限界に達するという未来の破綻を予測したものでもあった。

同じく1972年に行われたストックホルム人間環境会議でも「人間環境宣言」が採択され、環境が人間の福祉や基本的人権といった生存権にとって基本的に重要なものとして宣言された[46]。その中に以下のような指摘がある。

> 我々は歴史の転回点に到達した。いまや我々は世界中で、環境への影響に一層の思慮深い注意を払いながら、行動をしなければならない。無知、無関心であるならば、我々は、我々の生命と福祉が依存する地球上の環境に対し、重大かつ取り返しのつかない害を与えることになる。逆に十分な知識と賢明な行動をもってするならば、我々は、我々自身と子孫のため、人類の必要と希望にそった環境で、より良い生活を達成することができる。
>
> （「人間環境宣言　宣言（6）」）

この宣言から、人間と環境の関係が以前とは異なったものとして位置づけられていることがわかる。社会学者のアンソニー・ギデンズらは、環境問題が表面化してきた理由を以下のように論じている。

> 「環境」とは、人間の行為の外在的状況のように思われている。しかし、「環境」が、現実に人間の社会生活にもはや外在するものではなく、人間の社会生活によって徹底的に影響を受け、改めて秩序づけられていったからこそ、環境問題は表面化してきたのである。（ギデンズほか 1997, 4）

かつて、人間は環境に翻弄されながら生きてきた。しかし人間の技術は、人間自身が生きる環境そのものに影響を与えるまでに高度化してきた。その結果、環境は人間の外部に独立して存在するのではなく、人間の意思によって容易に変化させられる存在になった。つまり、人間は自らが存在する環境を悪化させ、その結果、自ら滅ぼすことできるまで技術を発達させた（させてしまった）という見解である。そしてこの見解は、社会問題としての公害・環境問題にどのように対処すべきなのかという、社会問題に対する人々の視角にも変化を迫ることになった。

不確実な未来へ視角

最も大きな変化は、社会問題を捉える視角が未来へ向けて拡大したことである。ローマ・クラブや人間環境会議が表明しているのは、今現在生じている公害・環境問題に対する懸念というよりも、現在の状況がこのまま続いた場合に生じうる（かもしれない）「未来の問題」に対する懸念である。

さらに地球環境問題のように広大かつ複合的な問題の「未来」に関しては、専門化・細分化した特定の科学的知識だけでは、正確なリスク診断を下すのは困難になるという以下のような指摘が行われるようになってきた。

頼るべき超越的専門家など誰ひとりいないため、リスク計算は、いずれの専門家の意見を求めるべきなのかを、つまり、その人の権威を拘束力あるものとみなすべきか否かというリスクを算入していかねばならないからである。（ギデンズ 1997, 165）

近代社会において「真理・真実」を発見する重要な基準となっていた科学合理性だけでは、今後の環境問題に対応するためには不十分であるとされる。なぜなら専門化・細分化した領域における合理性は、複合的な問題を理解する際には必ずしも合理的であるとは言えないからである。そしてこのことは次のように、重要な物事に関する判断や意思決定過程における科学者・専門家の役割にも変化を要求する。

科学技術の知識は、これまで長いこと、社会的判断の根拠として用いられてきた。科学技術は、「いつでも」「厳密な」答えを出してくれるので、その厳密な科学的知見を判断根拠とすればよかったのである。しかし、科学および技術研究はつねに未知の部分をはらみながら、その未知の解明を続けて行く過程である。その未知の部分、つまりまだ科学者にとっても解明途中であり、科学者にも長期影響が予測できないような状況で、何らかの公共的意思決定を行う必要がでてきている。（藤垣裕子編 2005, v–vi）

こうして「合理的認識を科学が独占する状況がくずれ」（松本三和夫 1998, 326）る事態が生まれる。科学的には明確な判断が下せない場合でも、集団として社会として決定を下す必要性に迫られる事態が、公害・環境問題への取り組みにおいては想定される。そしてこのような状況は、マス・メディア報道のあり方を規範的に論じる議論にも影響を与えることになった。

日本のマス・メディアは、報道の規範として「客観報道主義」を掲げてきた。日本新聞協会の『(旧) 新聞倫理綱領』(1946年制定) では、報道・評論の自由に関して「報道の原則は事件の真相を正確忠実に伝えることである」と自ら制限を設けている。また放送法においても番組編集に関して「一　公安及び善良な風俗を害しないこと、二　政治的に公平であること、三　報道は事実をまげないですること、四　意見が対立している問題については、できるだけ多くの角度から論点を明らかにすること」という条項が存在している (放送法「第四条　国内放送の放送番組の編集等」参照)。もちろん実際のマス・メディア報道が、常にこれらの規範を満たしているわけではない。しかし、事件・出来事を「客観的」に報道すべきであるという姿勢は、規範として常に存在してきた。

ところが公害・環境問題が社会問題化し、これらの問題に関する報道が盛り上がっていくにつれ、前述したようなマス・メディアの報道規範にも若干の変化が生じてきた。雑誌『新聞研究』は、社団法人日本新聞協会が発行する月刊誌で、そこでは現役の記者や編集者、研究者が新聞報道や新聞協会に関する論考を発表している。この雑誌では、1970年から公害問題報道に関して特集が組まれ、その後も定期的にこの問題が取り上げられている。前述したように、この時期は公害・環境問題に関して大きな変化があった時代である。

この特集の中で、朝日新聞社の科学部長は「日本国民の環境に対する考え方をここまで (環境問題を自分たちの問題であると意識すること) 高めることも、今後も新聞の使命ではなかろうか」(尾崎正直 1970, 17) と公害・環境問題報道を「新聞の使命」と位置づけている。このような議論は、水俣病事件をはじめとする公害問題に対して自分たちマス・メディアが十分な報道をしてこなかったことへの反省から導き出されたものと考えられる。水俣病事件報道の転換点である1965年から5年が経過し、新聞記者の間でも公害・環境問題報道に対する自己反省的な視点が生じてきたことがうかがえる。

過去に対する反省的視点は、マス・メディアの公害・環境問題報道のあり方に対する規範意識にも変化をもたらした。通常、裁判では「疑わしきは罰せず」として、たとえ疑わしくても事実が明確にならないかぎり罰を下せない立場をとっている。犯罪報道に関しても、実際の報道は別にしても規範的な議論では同様であった。しかし環境問題に関しては、公害問題を未然に防ぐことができなかったことへの反省もあり、「裁判では〝疑わしきは罰せず〟だが、人間の生命を脅す公害では〝疑わしきは罰す〟ことである」（青木彰 1970, 43）と、その規範に変化を見て取ることができる。このような傾向は、2年後の同誌の特集「環境破壊と報道の役割り」の中に、より鮮明に見て取ることができる。

> 科学的メカニズムが明らかになった段階では、もう手遅れだということが非常に多いわけです。だから、環境問題についての報道では疑わしきは罰する、というつもりでやっていったほうがいいのではないか。神経質な学者の中には、シュリンクされる方もいらっしゃるかもしれないが、しかし危いと思ったことについては、こちらは、科学的に立証されていないことであっても、記事にしていくべきだと、原則的には考えています。（半谷・木原・堤・新井 1972, 13）

このような発想は「予防原則」の一種として知られている（第2章参照）。予防原則とは、特定の物質や行為が環境に危害を加えているという疑う根拠がある場合には、たとえ万全な証拠がないとしても、即座に何らかの対処がとられるべきであるというものである。もしくは万全な証拠がないことを理由に、対策を講じないことは許されないというものである（ハニガン 1995, 108 参照）。公害・環境問題に関して予防原則が主張されるようになった理由としては、公害問題への取り組みの遅れたという反省的視点、そして地球規模で進行する環境破壊は人類全体への脅威になるだろうという認識によってもたらされたものと考えられる。こうして「反省すべき過去」が、「未来」の問題を考える際のあり方にも影響を与えることになった。

水俣病事件報道のその後：「第三水俣病事件」報道

公害・環境問題への認識が大きく変化する中、1973年3月20日、水俣病第一次訴訟に対して原告勝訴の判決が下された。判決は「安全性の確証される状況下でなければ汚悪水の放出が許されず、地域住民に対し人命等の安全を保障すべき地位にあり、危険防止のための高度の注意義務を負うべきものである」として、工場側に公害発生に関する予防的な責任を認めたものであった[47]。

公害・環境問題、特に水俣病事件の社会問題化に伴い、マス・メディアは熊本、新潟に続く「第三の水俣病」の発見・発掘に向けて報道するようになっていった。すでに1965年に新潟水俣病事件に関する報道を行ったときから「第三の水俣病」の可能性には言及されていたが、その後は以下の記事のように、タイトルにも「第三の水俣病」という表現が見られるようになっていった[48]。

> 産業排水で問題の多い大牟田川の水に、かなりの水銀が含まれていることが久留米大学医学部公衆衛生学教室の調査でわかり、事態を重視した大牟田市企画室は近く関係の六事業所に調査結果を配り、警告する。（中略）同教室の山口誠哉教授は「いますぐ人体に対する影響は心配ないが、無機水銀でも大量になれば危険だし、化学変化して有害なものにならないとはいえず、第三の水俣病の懸念もある」といっている。（「心配な第三の水俣病　大牟田川で水銀を検出」『朝日新聞』1967年3月26日）

そして1973年5月22日、有明海で「第三水俣病」が発生したというスクープ記事を『朝日新聞』が発表する。この記事は、以下のように全国的な水俣病の発生を予測する内容であった。

> 報告では名前をあげていないが、日本合成化学工業熊本工場が汚染源の一つとして浮かんでいる。新しい水俣病の発見は、水俣病がチッソ水俣工場、昭和電工鹿瀬工場にとどまらず、全国各地の水銀使用工場周辺でも発生している可能性を示唆しており、改めて政府の対策が問題になりそうである。（「有明海に『第三水俣病』　天草・有明町で8人の患者」『朝日新聞』1973年5月22日）

この『朝日新聞』のスクープ記事を受け、他の新聞もこの事件を取り上げ始める。例えば『読売新聞』は2日後、以下のように論じている。

> わが国は、過去十数年の間に、水俣、新潟と二度も悲惨な有機水銀中毒事件を経験している。にもかかわらず、第三の悲劇が起こったのである。まさに容易ならぬ事態というほかない。ではなぜ、こういう事件が何度も繰り返されるのだろうか。
>
> その最大の原因は、国と自治体の環境行政の怠慢と無責任さにある。もとより、水銀を半ば公然とたれ流してきた企業の側にも、重大な責任がある。
>
> （中略）住民福祉に第一義的責任をもつ自治体、環境行政に携わる諸官庁、さらに政治家たちは、第四の水俣病を防ぐため、真剣に立ち上がるべきである。（『読売新聞』「第三水俣病の発生と行政の責任」1973年5月24日）

『読売新聞』の社説の中では、「第四の水俣病」という表現まで使用されている。このことからも当時の新聞報道の中には、水銀中毒が局所的問題ではなく日本各地に起りうる問題であるという認識が存在していたと考えることができる。

なお、有明海の「第三水俣病事件」に関しては、その後の調査によって「シロ」判定が下される。しかしこの判定についても、全国紙は以下のように批判的な立場の意見を紹介しながら報道をしていた。

有明海の「第三水俣病」は一応否定されたことになる。しかし、熊本大第二次研究班の武内教授らは「現時点で臨床医学的に否定されただけで、第三水俣病の根拠が全くくつがえされたわけではない」としており、医学的に残されたいくつかの問題点の解明は今後の研究にゆだねられることになった。(「有明海の『第三水俣病』現時点では『シロ』　環境庁臨床面で結論」『朝日新聞』1974年6月8日)

第三の水俣病といわれた九州・有明海沿岸の患者たちは、専門家の検討の結果、水俣病ではなかったという結論に落ち着いた。昨年六月の水銀汚染ショックは、「第三水俣病」がきっかけとなったもので、患者、漁民が受けた傷跡は深い。一年たってようやく疑いがなくなったというが、それにしても受けた傷がいやされるわけではない。まして、生活の基盤である海が水銀で汚染された事実は消えず、事態は改善されていない。むしろ、今回の結論は今後の公害対策に問題を投げかけたといえるだろう

(中略) 石油危機の際、環境対策がまず最初にたな上げされたのも、環境対策がいかに根を下ろしていないか、を示した。第三、第四の水俣病の危険が消えていないことを、この際考える必要があろう。(「『第三水俣病』の不安は消えない」『読売新聞』1974年6月9日)

これらの社説から読み取れるのは、水俣病事件を「終りなき問題」としてとらえようとする視点である。すなわち、有明海の第三の水俣病は「存在しなかった」としても、また別の場所で水俣病事件が発生するかもしれないという視点である。このように、公害・環境問題を今後発生しかねない社会問題として論じようとする意識は継続していった。[49]

継続するマス・メディア報道

過去の公害・環境問題への反省的視点は、その後もマス・メディア報道の中で確認できる。例えば、数値的に大気汚染や水質汚濁の問題が収束しつつあった１９８０年代でも、新聞では以下のような主張が展開されている。

> 公害をはじめ環境問題についての社会の流れは変わってきたのであろうか。たしかに、ひところのような激しい公害の集中的な発生はみられなくなった。このため、とかく「もう公害問題はヤマを越した」といいたがる風潮が定着してきたのは否定できない。（中略）危機的状況が去ってしまったと考えるのは誤りで、かたちを変えて新しい危機が生まれる可能性がある。（「『環境』への新たな対応を」『朝日新聞』１９８５年５月１日）

この主張に見られるように、過去の公害問題に対する反省的視点は「新しい危機が生まれる可能性」の指摘とともに語られている。そして同様の主張は、以下のようにその後も継続していく。

> 過去と現在を見直す目は、率直である。事態が深刻であることを理解するほどに、「今後何ができるか」の思いも真剣にならざるを得ない。だがそこに至ると、持続可能な未来を実現していく具体的方策の記述は、残念ながら乏しい。持続可能性を犠牲にした苦い体験として、「水俣病」が例にあげられている。（「不鮮明な『地球益』」

への かけ橋」『朝日新聞』1991年5月27日）

ここで言及されている「持続可能性」とは、1987年に開催された「環境と開発に関する世界委員会」において提唱された理念である。すなわち現在の利害関心にのみ基づいて、環境と資源を使いつくすのではなく、将来を見据えてバランスのとれた開発を志向すべきであるという考え方である。ここでも近代化の負の側面に対する、反省的な視点を見て取ることができる。

市民の公害・環境問題意識の変化

未来の公害・環境問題を想定し、それに事前に対処すべきであるという人々の意識は、世論調査からも見て取ることができる。表4-4は、各時代において「今後の日本の公害問題」がどのように推移するのか、について質問したものである。「今後ますますひどくなる」と回答した者の割合は、石油ショック後の1975年に一度は下降するが、その後は再び上昇している。特に、公害が今後ひどくなる理由としてあげられていた回答の二番目に「有害物質などによる新しいタイプの公害が増大する（27・0％）」が挙げられている。かつての四大公害のような公害問題が数値上では鎮静化したあとでも、予期しない問題が発生するかもしれないという人々の意識は、継続していた。確かに、石油ショックが発生した1970年代中盤、公害裁判における原告側の敗訴や公害対策の見送り、水俣病患者の認定基準の厳格化など、公害対策の後退と呼べるような状況が目立った。しかし、日本社会において定着した公害・環境問題への関心がなくなることはなかった（大石裕 1998, 170-173 参照）。1970年代中盤、公害・環境問題に関し、具体的な政策の面では後退したが、人々の意識面ではあまり後退しなかったと考えられる。

また、将来生じかねない新たな公害問題への不安は、その対処法に関する人々の意識にも表れている。表4-5は、

表 4-4　公害の状況の今後の予測

	1973 年	1975 年	1979 年	1981 年	1984 年
ますますひどくなる	53.5	39.0	46.5	48.6	48.9
今の状態が続く	33.8	38.8	31.5	34.7	34.9
だんだん減っていく	8.0	12.2	11.6	8.9	8.2

設問：「これから先、我が国の公害はどうなっていくと思うか」（単位は％）
「ますますひどくなる」と答えた理由（1984 年調査）
・自動車、鉄道、航空機などの交通量が増大する：34.6％
・有害物質などによる新しいタイプの公害が増大する：27.0％
・生活排水、近隣騒音などの日常生活に密着した公害が増大する：23.8％
出典：『世論調査』1984 年 11 月号をもとに作成。

表 4-5　地球環境問題への対処の仕方

影響が出てからでは手遅れにとなるので、未解明な部分があっても対策に着手すべきである	57.9％
科学的に十分な知識が得られた段階で対策を講ずるべきである	29.0％
地球環境問題は深刻化していると考えづらく、特に対策を講ずる必要はない	2.0％

設問：「地球環境問題は、まだその原因や影響について正確に分からない部分がありますが、地球環境の保全のために現在とるべき行動としてあなたの考えに最も近いものがどれですか」
出典：『世論調査』1990 年 7 月号をもとに作成。

1990年に行われた調査で「地球環境問題への対処の仕方」を質問したものであるが、「影響が出てからでは手遅れにとなるので、未解明な部分があっても対策に着手すべきである」という予防原則に基づいた対策を求める回答が最も多くなっている。このように、人々の問題意識の視角は、今後生じかねない「未来の問題」へと拡大していった。

小田康憲は、公害・環境問題に関して1970年の前後数年の意識の変化が歴史的にも重要であるとしている（小田 2008, 87 参照）。確かに本章で概観してきたように、1970年代以降、公害・環境問題に関する意識は、学術レベルでも、マス・メディア報道でも、市民の間でも、そしてマス・メディア報道に関する規範的な議論の中でも変化していった。さらに、公害・環境問題は、社会問題の一つとして理解されただけではなかった。人類の発展の歴史そのものに対する自己反省的な視点を伴うことで、社会問題に対する対処の仕方

（視角の拡大）そのものも変化を迫られた。

5　社会問題をとらえる視角の拡大：「第三水俣病事件」をめぐる報道

「いま・ここ」で生じている問題から「いつか・どこかで」で生じうる問題へ

「公害問題の原点」といわれた足尾銅山鉱毒問題、そしてやはり同じ形容を戦後に付された水俣病事件は、当初、都市部の多くの人々にとっては深刻な社会問題として意識されていなかった。鉱毒事件の被害民への視点は、あくまで都市部の人から見た被害民への「同情」であった。同様に水俣病事件に関しても、地方紙で報道され、地域問題となっていたときでも、都市部の人々にとっては主要な問題とはなっていなかった。むしろその当時の主流の社会問題、例えば労働問題や貧困問題の陰に隠れていた。全国紙の報道が、公害問題を日本社会全体の問題としてとらえていくようになったのは、都市部で大気汚染が深刻化していった１９６０年代になってからである。そのとき、公害問題は都市部の人々にとってようやく「いま・ここ」の問題となったのである。

公害報道が激増する時期になって、全国紙は日本各地で生じていた公害問題を発掘するかのように報道していった。水俣病事件に関しても同様で、全国紙がこの事件を大々的に報道するようになったのは、１９６０年代の後半からである。しかしひとたび大きな社会問題となると、記者の間で水俣病の患者探しや被害者探しが行われるようになる。そして新たな被害発見の記事は大きなスクープ扱いになっていった（水俣病50年取材班 2006, 222–225 参照）。この時期になってくると、公害問題は「ここ」の問題としてよりも「（日本の）どこか」で必ず起きている問題としてとらえられ、「第三水俣病」事件報道へとつながっていった（図4-3）。

さらに公害問題が、地球環境問題として世界規模で取り組まれるべき課題になっていくに従い、公害・環境問題は、

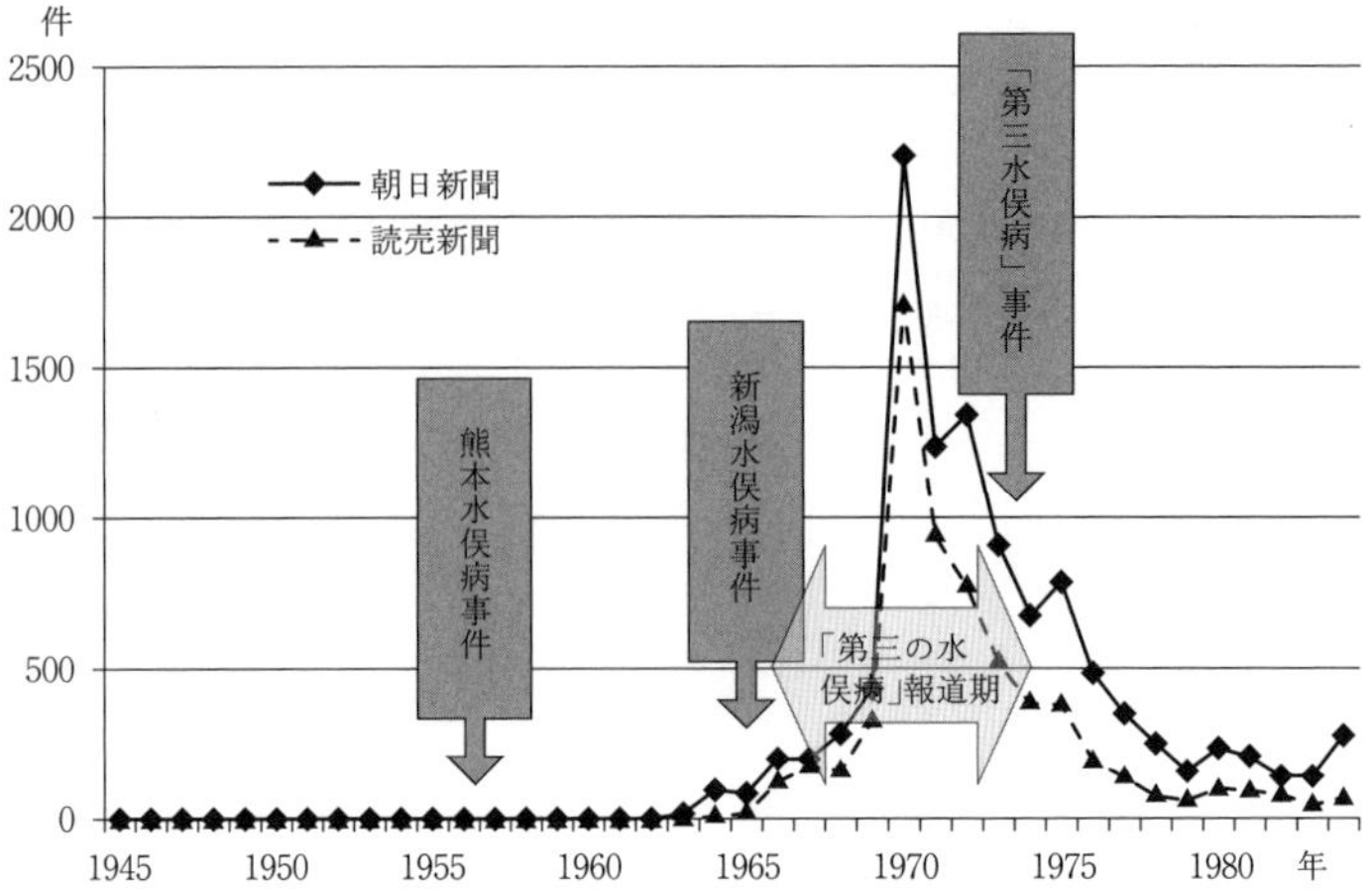

図 4-3 「公害」に関する記事件数の推移と水俣病事件

・公害問題報道：1964 年から目立った変化が表れ、1970 年にピークに達する。
・第一水俣病（熊本水俣病：公式確認は 1956 年、全国紙での報道は 1959 年）、第二水俣病（新潟水俣病：公式確認は 1965 年、全国紙での報道は 1965 年）、「第三水俣病（有明海）：公式には発生せず（1974 年に政府が発表）、全国紙での報道は 1973 年。
・「第三水俣病」事件は、『朝日新聞』1973 年 5 月 22 日朝刊一面の報道に端を発して生じた。このあと『読売新聞』『毎日新聞』などの新聞社もこの事件を取り上げている。

出典：『朝日新聞』『読売新聞』各社データベースをもとに作成

「（世界の）どこか」で必ず生じている問題として、その視角を拡大して語られるようになっていった。世界各地の酸性雨、森林伐採・砂漠化、オゾン層の破壊、二酸化炭素の排出による地球温暖化問題、海面上昇、凍土融解へと注目が集まっていった。このように公害・環境問題に対する人々の視角は、空間的・場所的に拡大していった。

この変化は「いま」という同時代的なものだけではなかった。前述した「予防原則」や「持続可能（性）」という概念に代表されるように、公害・環境問題は未来の問題として論じられるべきという考えが高まっていった。つまり「いつか」生じるかもしれない公害・環境問題を「いま」から事前に防止するという時間的な視角の拡大である。このように公害・環境問題を捉える視角は、同時代的かつ局所的な「いま・ここ」から、地球規模でかつ未来の問題を想定した「いつか・どこか」へと、場所的にも時間的にも拡大していった[50]。

一方、視角の拡大は、往々にして情報やデータの不確実性を高める。遠く離れた世界で起こっている環境破壊について得られる情報やデータは、情報化が進んだ現代であっても乏しく不十分なものである。さらに地球規模の環境汚染（気候変動やオゾン層破壊などの問題）に関しては、個別のデータの収集から、その総合的評価に至るまで高度な技術と知識が要求される。ときには情報が少ない状況で、特定の観点に基づいて少ない不確定なデータで問題が一般化され、それが社会に広まることで特定の公害・環境問題に関するイメージが形成される場合もある（小林茂2003, 92-94参照）。

同様に、未来の出来事に関するデータも不確実なものになる。未来に生じるうることを判断するためには、現時点のデータから予測をするしかない。そこに不確実な要素を完全になくすことはできない。特に世界規模の環境問題に関する予測には、大きな誤差が伴うことは否定できない。かつて行われた「未来予測」の中には、大きく外れたものも数多く存在しているからである[51]。

「いま・ここ」から「いつか・どこかで」へと社会問題を語る視角が拡大したことで、人間はさまざまな公害・環境問題を意識できるようになった。しかしその反面、不十分で不確実なデータとそれに基づく予測によって判断を迫られる場面に立ち会わざるを得なくなっている。それはマス・メディア報道に関する現実にも変化をもたらしてきた。すなわち、マス・メディア報道は、公害・環境問題に関して「科学的に立証されていないことであっても、記事にしていくべき」（平谷・木原・堤・新井、前掲論文）という考え方が社会の中で受容されていった。

次章では、公害・環境問題意識が一定程度の広まりを見せた1990年代に、大きな社会的関心を集めたダイオキシン問題報道に関する考察を通じて、新しい社会問題の構築・構成過程に関する議論していきたい。

第5章　不確実性下におけるジャーナリズム
――ダイオキシン問題報道

1　「不確実な環境汚染問題」としてのダイオキシン問題

１９６０年代から１９７０年代の日本社会において深刻化した公害・環境問題は、１９８０年代になると数値の上では沈静化した。しかし前章で考察してきたように、公害・環境問題が社会問題化していくことで、社会問題をとらえる視角にも変化が生じた。すなわち、未知の危険や将来起こりうる問題も考慮していくべきであるとの考え方が社会の中で共有され、マス・メディア報道に関する規範意識もまた変化してきたのである。

本章で扱うダイオキシン汚染問題は、そうした変化が生じた後に、社会的な関心が集まった公害・環境問題である。ダイオキシン(1)は「史上最大の毒物」と言われ、１９９０年代後半の日本社会において、ダイオキシンによる環境汚染が大きな社会問題となった。この時期、ダイオキシン汚染問題を伝えるマス・メディア報道も急増した。そして、この社会的な関心の高まりとそれを形成したとされるダイオキシン問題報道は、「ダイオキシン類対策特別措置法

（1999年7月成立、翌年1月施行）」成立の後押しになったとも言われており、『環境白書』の中でも以下のように言及されている。

政府は埼玉県所沢市の野菜等のダイオキシン類濃度に関するマスコミ報道に端を発したダイオキシン問題の広がりに対応するため、平成11年2月24日に、第1回のダイオキシン対策関係閣僚会議を開催した。（『環境白書（平成11年版）』、243）

本章では、ダイオキシン問題がどのように報道され、社会問題として構築・構成されてきたのか、1980年代に遡って考察していく。前述の『環境白書』でも言及されているように、ダイオキシン問題対策については、埼玉県所沢市のダイオキシン汚染を伝える報道（1999年2月1日のテレビ朝日系番組『ニュースステーション』）が大きな影響を持っていたとされることが多い。しかし、実際にはダイオキシン問題を伝える報道は、1999年2月以前の1997年から急増していたのである。したがって本章では、まずその点を意識しながらダイオキシン問題報道の変遷を追っていきたい。

一方、1999年2月のニュースステーションの報道以降、ダイオキシン問題報道が変質していったことも事実である。この日のニュースステーションの報道は、後に「誤報である」という指摘が行われた。そしてこの日を境に、ダイオキシン問題報道には、ダイオキシン汚染問題を伝える報道だけではなく、ニュースステーションの「誤報」問題に関する報道という要素も加わってきたからである。そこで本章後半部では、ニュースステーション問題を伝える報道が増加していくことが、ダイオキシン問題報道全体に与えた影響についても考察していきたい。ダイオキシン問題報道とは、本書第I部で議論してきた「ジャーナリズムをめぐる二つの現実の構築・構成」すなわち、マス・メディア報道によって現実が構築・構成される過程と、そのマス・メディア報道をめぐって現実が構築・構成される過程、という二つの現実の構築・構成過程が顕著に表出する事例なのである。

環境問題報道に対するモラル・パニック論的批判とその限界

ダイオキシン問題が社会問題として構築・構成されていく過程においてマス・メディア報道が果たした役割を、長期的な観点から考察する試みは、マス・メディア論やジャーナリズム論の研究者というよりは、むしろ一部の自然科学者によって行われてきた（林俊郎 1999，林俊郎・渡辺正 2003 参照）(2)。彼らは、マス・メディア報道の中で引用されたダイオキシン汚染に関するデータ、統計、グラフ等の虚構性や恣意性を指摘し、「つくられたダイオキシン禍」（林俊郎・渡辺正 2003，173）を批判した。すなわち、センセーショナルなダイオキシン問題報道によって、この問題の「客観的な脅威」に対して過剰・過大な社会的関心が形成され、その結果、社会的なパニックが発生したという批判である。つまり科学者らによる批判は、ダイオキシン汚染に関する「客観的な状況」とマス・メディア報道が作り出した「ダイオキシン汚染の現実」との間には大きな乖離があったと主張し、それを批判している。

このような批判は、社会問題とされる状況は客観的に把握できる、そしてマス・メディアはその状況を正確に把握して報道すべきである、という前提が存在しているから成立するものである。だが第4章で論じてきたように、公害・環境問題に関しては、特に1970年代以降、「いま・ここ」だけではなく「いつか・どこか」で生じうる問題を想定すべきであるという見解が提示されてきた。そしてこの見解は、マス・メディアの報道規範としても一定程度、社会の中で共有されてきた。このような規範的意識のもとでは、社会問題の脅威を過大・過剰に報道することは、必ずしも批判の対象にはならない。そうした場合、社会問題をどのように報道すべきであるかという規範的前提に関して、報道に携わるマス・メディア側と、その報道を批判する側との間で共有されていないこともありうる。つまり上記のような科学者によるダイオキシン問題報道批判は、たとえそれ自体は正当なものであったとしても、視角を拡大して「いつか・どこかで」生じる問題を報じているマス・メディア報道に対する批判としては、必ずしも有効なものにはならない。

本書では、社会問題をとらえる視角が拡大している状況では、社会問題に関する「客観的な状況」とマス・メディア報道によって構築・構成された現実との間の差異を指摘するモラル・パニック論の論理は、批判としての有効性を失っていると指摘してきた。しかしどのような状況であっても、現実の構築・構成に伴って「排除」は存在することを指摘し、その考察方法もまた提示してきた（第2章参照）。したがって、ダイオキシン問題報道に関しても、前述のような科学者らによる批判とは別個の観点から考察することは可能であると考えられる。つまり、ダイオキシン問題の客観的な脅威や危険性を画定することができなくても、この問題の構築・構成過程における排除の問題を考察できるということである。社会問題の構築・構成過程における排除の存在は、その社会問題の不確実性が高い場合と低い場合によって異なっている。

・不確実性が低い場合：求められている規範は「現実を客観的に構築・構成すること」。規範から逸脱した現実の構築・構成過程とは、客観的な脅威・現実から乖離した現実を構築・構成すること。マス・メディア報道が「客観的な脅威・現実」をとりあげないこと。

・不確実性が高い場合：求められている規範は「次善策の担保しながら懐疑し続けていくこと」。規範から逸脱した現実の構築・構成過程とは、マス・メディア報道が社会問題を単純化し、その単純化した視点を振り返るような報道を行わないこと。

ダイオキシン問題に関しては、後述するように「不確実性が高い場合」における規範意識に基づいてマス・メディア報道が行われていた。したがって、ダイオキシン問題報道における現実の構築・構成過程、またその過程において生じる排除を考察するためには、単にマス・メディアが「客観的な脅威・現実」から乖離した報道をしていることを指摘・批判するだけでは不十分である。マス・メディア報道によって構築・構成されていたダイオキシン問題の現実とは異なった代替的な現実が構築可能だったことを指摘する必要がある。そして、ある程度が経過した後でも、その代替的な現実の構築可能性に対して遡及的な言及が行われなかったことを併せて指摘することが求められる。そうすることで、ダイオキシン問題が構築・構成される過程で排除されていた別の現実の構築・構成の可能性について遡及的に明らかにすることができる。

「ダイオキシン問題の不確実性」に関する仮定的立場

以上の考察に基づき、本章ではダイオキシン問題報道を考察していく。そして分析を行うにあたり、ダイオキシン問題を「不確実性」の高い社会問題であると仮定する。(3) それは、前述のような一部の科学者とは異なる観点からダイオキシン問題報道を論評するためである。前述のように、一部の科学者はダイオキシン問題の「不確実性」を低く定義し、この問題の客観的脅威・現実の把握は可能であるとした。その上で、この問題の構築・構成過程の「不均衡性」を批判してきた。だがマス・メディア報道（および一部のマス・メディア論やジャーナリズム論）は逆に、ダイオキシン問題の「不確実性」を高く定義することで、その種の批判を回避してきた。

そこで次節では、まずマス・メディアがダイオキシン問題の「不確実性」を高いものと位置づけながら報道してきたことを明らかにした上で、それでもダイオキシン問題の構築・構成過程では、代替的な現実の構築・構成の可能性が排除されていたことを明らかにする。つまりダイオキシン問題報道は、ダイオキシン問題を「不確実性」が高く

「予防原則」に則った対策が必要な問題であると位置づけてきたにもかかわらず、ダイオキシン問題の多様な側面を単純化して報道し、その他の側面を排除していた。そしてその単純化と排除を長期間継続させ、一度構築・構成した問題の遡及的な再構築（再検討）を行わなかったということを明らかにし、その要因を考察していく。

２　ダイオキシン問題報道の展開

「21世紀」「未来」に向けた公害・環境問題としてのダイオキシン問題

ダイオキシン問題がマス・メディア報道の中で取り上げられるようになったのは１９８０年代中盤からであり、90年代になると社説でも言及されるようになる[4]。そして１９９７年頃から報道量が急増し、ダイオキシン問題への注目も急激に高まっていった（図5-1参照）[5]。

当時の日本社会では、公害・環境問題は「21世紀」や「未来」に向けて取り組むべき重要な社会問題として位置づけられていた。例えば、『朝日新聞』は１９９６年から「地球人の世紀」というシリーズ社説を開始し、地球温暖化やエネルギー問題などさまざまな問題を地球環境問題として報道していた[6]。また環境庁や厚生省（官庁名は当時のもの）などの行政機関も、それぞれ発行する白書の中で環境対策の重要性を主張していた[7]。

ダイオキシン問題はこのような公害・環境問題の一つとして位置づけられ、その「不確実性」の高さゆえに「予防原則」に基づく対策が必要であるという主張が、新聞を中心に１９９０年代初頭から展開されていた。

> （ダイオキシン等の）有害化学物質の汚染実態追跡調査を、さらに拡充強化すべきではないか。（中略）不安の芽は、小さなうちに摘んでおかなければならない。（「ダイオキシン対策は万全か」『朝日新聞』１９９０年10月25日

社説）

90年代後半になってもこのような主張は継続していた。むしろ以下のように、『朝日新聞』、『読売新聞』、『毎日新聞』などの主要全国紙の共通した主張となっていく。

　ことが健康にかかわる場合は、はっきり分からない点があっても、安全側に立った対策が必要だ。汚染の実態を示す測定結果が相次いで発表されているダイオキシンについて、行政の対応が鈍い。どうしたことか。牛乳や母乳に、かなりの汚染が検出されても、厚生省の反応は判で押したように、「問題ない」を繰り返すばかりだ。社会不安をあおるのを懸念するあまり、つきつけられたデータを過小評価して、対策がもたつき、禍根を残すようなことがあってはならない。（「禍根を残さぬ対策を　ダイオキシン」『朝日新聞』1998年4月3日）

　ダイオキシン類の発生メカニズムや人体への影響などで、十分にわかっていない面はある。だからこそ、健康不安の解消へ向けて総合的な対策を急ぐべきだ。（「『ダイオキシン』への対策急げ」『読売新聞』1998年4月20日）

　数値基準によりかかり、汚染レベルが基準以下にあるからと安易に現状を肯定すべきではない。ダイオキシンの人工汚染を限りなくゼロに近付けるように努めたい。（「ダイオキシン　『許容基準』にとどまるな」『毎日新聞』1998年4月19日）

また1999年2月以降、「ニュースステーション問題」によってダイオキシン問題報道に変化が生じた後でも、同様の主張は継続している。

（政府や各自治体が相次いでダイオキシン汚染は許容値以内であるというデータを発表したことに対し）こんな有様では、今回の決定が現状を是認するものと受け取られかねない。これを機に、政府のダイオキシン対策がゆるむようなことがあってはならない。（「先回りの対策が肝心だ　ダイオキシン」『朝日新聞』1999年6月23日）

このようにマス・メディア報道は、ダイオキシン問題の「不確実性」の高さを指摘し、「予防原則」に基づく対策の必要性を継続的に主張していた。当時の日本社会では、公害・環境問題は「未来の問題」として位置づけられていただけではなく、「無害な基準がはっきりと設定されないかぎり、汚染調査や防止対策の手をゆるめるべきではない。これが、過去の公害・環境行政の失態から学ぶべきことだろう」（『朝日新聞』1998年4月3日前掲）という主張にも代表されるように、過去の公害・環境問題、およびそれに対する不適切な政府の対応と結び付けられて論じられていた。当時、問題視されていたダイオキシン汚染は、かつてのような公害・環境問題の再来ではないかと危惧され、将来の被害が懸念されていた。すなわちダイオキシン問題は、公害・環境問題に関する過去・現在・未来という時間軸の中で語られた。だからその危険性に多少不確実な点があっても、予防的な措置が必要であるという考え方が、マス・メディア報道の中でも支配的な主張になりえたのである。

報道量の増加と焼却炉対策優先の論理の形成

マス・メディア報道においては、ダイオキシン問題の「不確実性」の高さと「予防原則」に基づく対策の必要性が継続的に主張されていた。一方、ダイオキシン問題報道そのものは1997年を境に報道量が激増していった（図5-1参照）。もっともその記事の増加分は、ごみ焼却炉からダイオキシンが検出されたことや、政府や自治体の焼却炉対策の動向など、ごみ焼却炉に関連する記事によって占められていた（図5-2参照）。

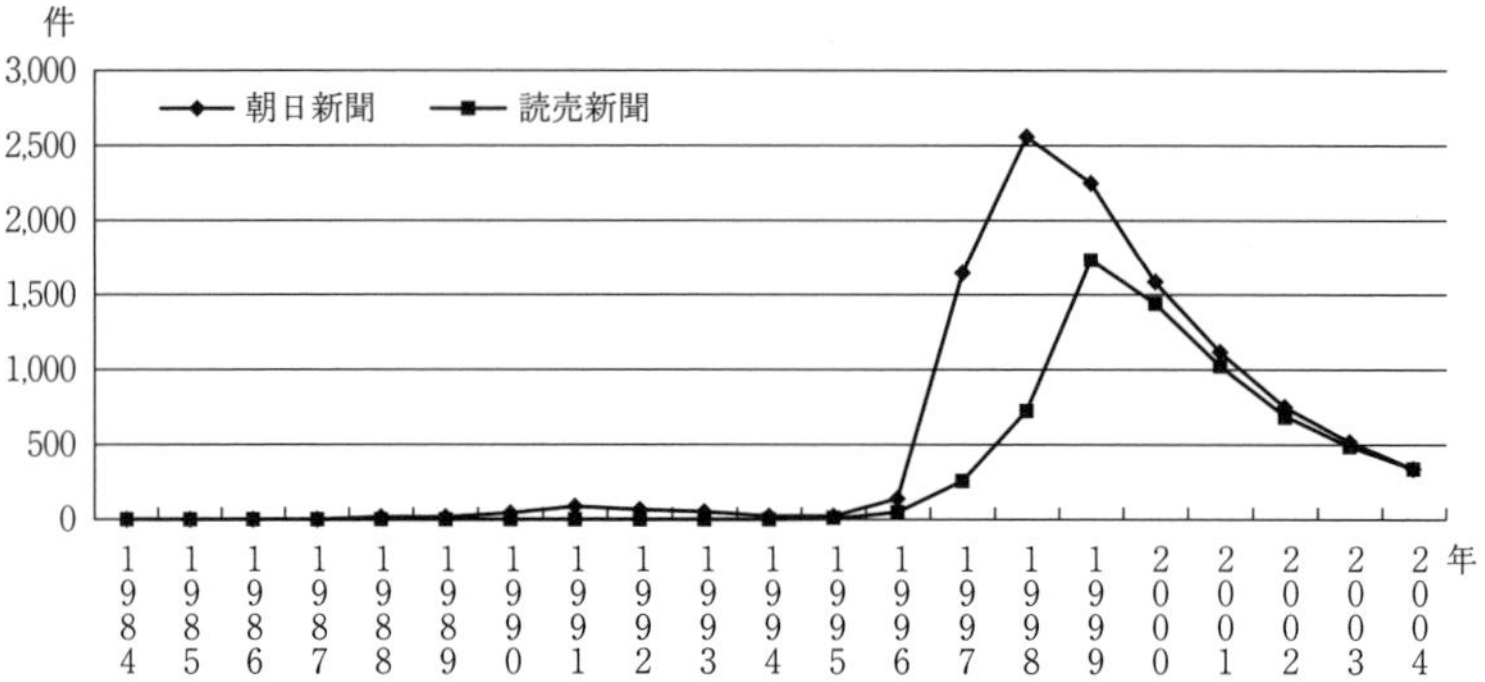

図 5-1　各新聞の「ダイオキシン」関連記事件数

1997 年から急増して 1999 年前後にピークを迎え、その後は緩やかな減少している

出典：各社データベースをもとに作成

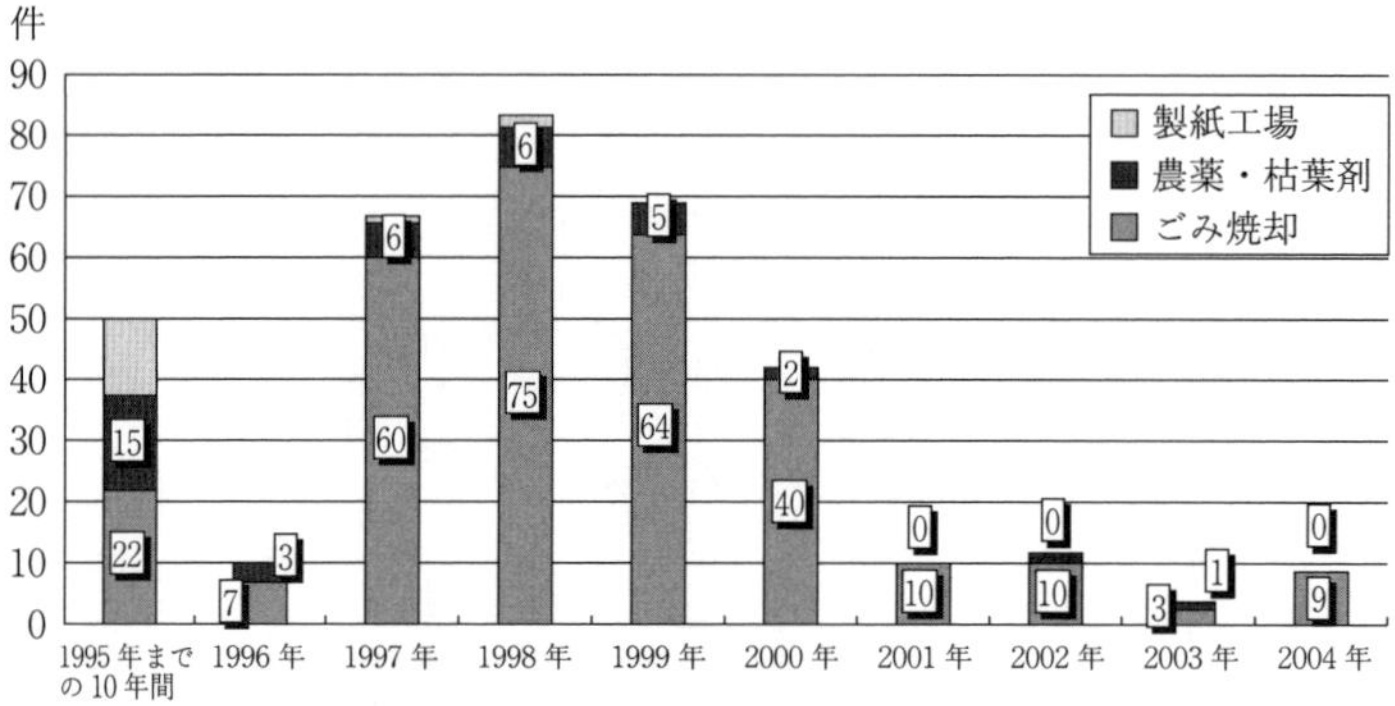

図 5-2　主要ダイオキシン関連記事の内訳（『朝日新聞』）

※急増した記事の大半は、ごみ焼却に関連する記事である。

※図 5-1 は『朝日新聞』と『読売新聞』を、それぞれ朝夕刊の区別なく、本文中に「ダイオキシン」を含む記事すべてを調査した。図 5-2 は『朝日』（東京版・朝刊）の中から、記事タイトルに「ダイオキシン」を含む記事を抽出し、その内容に応じて分類を行った。

出典：各社データベースをもとに作成

それ以前の報道では、報道量自体は少ないものの、ベトナム戦争の枯葉剤、製紙工場の排水溝からの検出、そしてごみ焼却炉からの検出など、ダイオキシン問題のさまざまな側面に関する報道が行われていた。(8) それがなぜ1997年以降、ごみ焼却炉問題に関する報道のみが急激に増加したのだろうか。後述するように、マス・メディア報道は、政府のダイオキシン対策の遅れを批判してきた。しかし、1980年前後にダイオキシンが初めて日本で検出されて以降、(9) 政府によるダイオキシン対策は継続して行われてきた。(10) ダイオキシン問題の報道量が増加する前年である1996年の7月12日、厚生省は「ごみ焼却施設からのダイオキシン排出実態等総点検調査」計画を発表している。この計画は、1996年12月までに、各市町村に設置されているごみ焼却施設（当時全国約1900箇所）の排ガス中のダイオキシン類濃度等を調査するものであった。そして厚生省は、都道府県を通じて市町村に焼却施設の調査を実施するよう要請した。(11)

また厚生省は長年にわたって、廃棄物処理施設整備計画として焼却炉等の整備事業を行っており、1990年代後半は第8次計画（1996〜2000年）を実施していた。この計画の予算は第7次計画（1991〜1995年）の約1・8倍の約5兆円で、ごみ処理施設関連の予算がその7割（3兆4222億円）を占めていた。1996年から1997年1月にかけ、厚生省はダイオキシン対策として緊急対策、そして恒久対策を掲げており、緊急対策として基準値を超えた施設の改造や休廃止、恒久対策として新設炉建設・既設炉改造（排ガス処理の高度化）を計画していた。(12) このように報道量が激増する以前に、厚生省によるダイオキシン政策の方向性は、概ね決定されていた。

1997年以降に急増したマス・メディア報道は、このような厚生省の政策と同様の問題関心を有していた。

政府のダイオキシン対策には、もどかしさ、はがゆさがつのる。（中略）緊急対策としては、まず燃やし方を改善し、それでもだめなら炉を改造するという。（中略）今回は対象にならなかった産業廃棄物の焼却施設につ

いても、急いで調査してもらいたい。（「ダイオキシンに法的規制を」『朝日新聞』1997年4月19日）[13]

この時期のダイオキシン問題報道は、上記のように政府や各自治体の政策に批判的な記事が多かった。ただし、それは焼却炉対策を中心とするダイオキシン対策が遅れているという内容の批判ではあったが、対策の方向性に対する批判ではなかった。そのため焼却炉対策がダイオキシン問題への最善策であるという厚生省の論理は、マス・メディア報道の中でも同様に共有されていた。そしてその論理に沿うように、1999年7月に「ダイオキシン類対策特別措置法」[14]が成立した。この法律は、主にごみ焼却炉からの排出物に含まれるダイオキシン量の削減を目的としたものであった。

マス・メディア報道が、厚生省の論理に沿った理由としては、以下のような要因が挙げられる。他の社会問題（特に社会科学の分野の問題）とは異なり、ダイオキシン汚染という現実は主に専門家の汚染調査を通じて構築・構成される。調査には専門的知識や、高額の調査費用が必要となる[15]。そのため、ダイオキシン汚染調査を行う主体は、厚生省や環境庁といった政府機関や大学の研究チームに限定されていた。マス・メディアはそれらの調査が行われたという出来事を報道し、それに論評を加えることで、ダイオキシン汚染に関する現実を構築・構成していた。したがってマス・メディア報道は、ダイオキシン汚染の深刻さを指摘したり、ダイオキシン対策の必要性を主張したりすることはできても、ダイオキシンがどこに検出されるのか、そしてどのような対策が効果的なのかということについて独自の見解を提示することは困難であり、専門家の調査にかなりの程度依存していた。

ダイオキシン問題の代替的構築・構成の可能性と排除

マス・メディア報道はダイオキシン問題をごみ焼却炉問題として構築・構成してきたことで、この問題を別の形で構築・構成する可能性を排除してきたのだろうか。この点を明らかにするためには、当時の日本社会において、ごみ焼却炉問題として以外にもダイオキシン問題を構築・構成できる可能性が存在していたことを指摘する必要がある。

その可能性を示すのが、１９９８年に横浜国立大学の益永茂樹教授によって発表されたダイオキシン調査である。この調査は、ごみ焼却炉によるダイオキシン汚染を主眼においてきた厚生省主体の調査とは異なっていた。この調査は、以下のように報道されている。

益永教授らは、２００種類以上あるダイオキシンについて、東京湾内7カ所で海底の泥を分析。その結果、ダイオキシンが主に排出された過去35年間で、湾全体には、最も毒性の強い種類に換算して約２２００グラムのダイオキシンが蓄積していることが判明。（中略）１９７０年代初めまで大量に使われていた農薬の一部には、不純物としてダイオキシンが含まれ、川を通じて湾に流入したらしい。（「ダイオキシン、東京湾に高レベルの堆積年排出量の半分　横国大調査」『朝日新聞』１９９８年2月3日）

ダイオキシン汚染の原因は大別して、①現在排出されているダイオキシン、②過去に排出され分解せずに残留しているダイオキシンの二つがある。益永教授らによるこの調査結果は、②の原因に言及したものである。[16] また以下の記事も、②の原因に言及している。

ダイオキシン類による河川や海の汚染の主な原因が、水田で過去に使われた除草剤であることを裏付ける研究結果が最近相次いで公表されている。河川や海の汚染は魚介類を汚染していると考えられ、日本人が食品から体内に取り込んでいるダイオキシン類の量の半分は魚介類からだ。これまで注目されてきた排出源のごみ焼却場と並んで、水田土壌対策は急務とみられる。（「流れ込む農薬に含有、水田土壌対策を急ぐ時　河川・海のダイオキシン」『朝日新聞』１９９８年11月11日）

記事のように、人間のダイオキシン摂取の大半が（焼却炉の排煙による大気経由ではなく）魚介類を中心とする食物経由とされていたことを考慮すれば、魚介類のダイオキシン汚染の要因にも関心が向けられる可能性は十分にあったと考えられる。そして益永教授らの調査は、魚介類が生息する海底のダイオキシン汚染の原因が、過去に使用されていた農薬である可能性を示唆していた。つまり１９９８年の時点で、ごみ焼却炉問題とは別個の観点からダイオキシン問題を構築・構成できる可能性は十分にあったといえる。

そしてさらにこの調査から1年半後の１９９９年7月、農林水産省は過去使用されていた農薬にダイオキシンが含まれていることを以下のように公式に認めた。

> 毒性ダイオキシンを含んでいると指摘されてきた除草剤クロルニトロフェン（ＣＮＰ）について、製造していた三井化学と農薬の登録を担当する農水省は8日、初めてその含有を認め、発表した。ＣＮＰは新潟県の一部で多発した胆のうがんの原因と疑われている。三井化学は１９９４年3月にＣＮＰの製造、販売を中止しているが、両者ともダイオキシンを含んでいることは認めていなかった。両者は今回、「分析技術が進んだため確認できた」と説明している。（「除草剤ＣＮＰにダイオキシン　三井化学・農水省認める」『朝日新聞』１９９９年7月9日）

農水省はこのとき「その時点での分析技術レベルにおいて毒性のあるダイオキシン類が含まれていないことを確認し、農薬の登録を行っている」とプレスリリースで述べている。[17] 逆に考えれば、分析技術の進歩によって新たなダイオキシンの汚染源が発見される可能性が生じたということでもある。なお、当時のマス・メディア報道は「研究が進むにつれ、新たな危険性が判明するのがダイオキシンである。先回りしすぎるぐらいの対策でなければ、未来に禍根を残す」（『朝日新聞』1999年6月23日社説、前掲）と、依然としてダイオキシン問題の「不確実性」の高さと「予防原則」に基づく対策の必要性を主張していた。このようなマス・メディア報道の論理に従えば、農水省の発表は「新たな危険性の判明」に該当するといえる。さらに同年7月に「ダイオキシン対策特別措置法」が成立し、ごみ焼却炉問題としてダイオキシン問題が一段落したことを考慮すれば、この問題に関して過去に構築・構成された現実を遡及的に見直し、新たな危険性にも注目し、別の現実を構築・構成する可能性と必要性が生じてきたと考えられる。

しかしこの「新たな危険性の判明」にもかかわらず、その後の農薬に関連した報道は極めて少なかった（図5-2参照）[18]。確かに年間数件の報道は行われているので、皆無であると言うことはできない。しかし、それらの報道は散発的であり、かつ情報源からの情報の伝達が中心となるいわゆる「発表もの」の記事で占められていた。少なくとも、ごみ焼却炉問題としてダイオキシン問題が構築・構成されていたときのように、「不確実性」の高さが強調されたり、「予防原則」に基づく対策の必要性が声高に主張されたりすることはなかったといえる。

以上のようにマス・メディア報道は、ダイオキシン問題を「不確実性」が高く「予防原則」に基づく対策が必要な社会問題として扱っていた。しかし、ダイオキシン問題の多様な側面を単純化しその他の側面を排除し、それを長期間継続させ、ダイオキシン問題をごみ焼却炉問題として構築・構成していた。そして一度構築・構成した問題の遡及的な再構築・再構成（再検討）をほとんど行わなかった。

小括：ダイオキシン問題報道の展開

本節の分析からも明らかなように、マス・メディア報道は、量的な面だけでなく、内容面でもダイオキシン問題をごみ焼却炉問題として構築・構成することに寄与してきた。それが厚生省の政策の延長線上の報道であったとしても、後のごみ焼却炉対策の大きな推進力となったことは間違いないだろう。

しかし、その報道の過程で主張されていたダイオキシン問題の「不確実性」の高さと「予防原則」に基づく対策の必要性は、後にダイオキシン問題の「未知の危険性」であるとされた農薬問題に関しては、ほとんど主張されることがなかった。さらに、農薬問題に関する報道の量もごみ焼却炉問題に比べ圧倒的に少なかった。そしてごみ焼却炉問題として構築・構成されたダイオキシン問題に関する事後的な再検討も、マス・メディア報道においては十分に行われたとは言い難い。この点を踏まえれば、ダイオキシン問題報道の注目すべき特徴とは、センセーショナルな報道がなされたことそれ自体ではなく、報道の過程でダイオキシン問題に対する別の視点が排除され、その排除が長期にわたって継続していた（している）ことにあるといえるだろう。すなわち、ダイオキシン問題に関しては、「ごみ焼却炉問題としてのダイオキシン汚染」という現実が構築・構成され、「農薬汚染問題としてのダイオキシン問題」という現実の構築・構成の可能性は排除されてきたということができる。

マス・メディアの社会問題報道がある時期急激に盛り上がった後、急速に少なくなるという現象は別段珍しいものではない[19]。ただ、ダイオキシン問題報道に関しては特有の要因があったとも考えられる。その要因としてあげられるのが、1999年2月以降、ダイオキシン問題報道が「ニュースステーション問題」に関する報道へと転換したことである。「ニュースステーション問題」は、「風評被害」、損害賠償請求訴訟、そして表現の自由の問題というマス・メディア報道をめぐる規範的議論として求心性の高い争点・論点を内包していた。そのため、1999年2月以降、「ニュースステーション問題」がダイオキシン問題報道における主要な論点になっていった[20]。

3　ダイオキシン問題報道の転換：ダイオキシン問題報道のもう一つの側面

ダイオキシン問題報道は、その報道量が頂点に達していた1999年に大きな転換点を迎えた。1999年2月1日、テレビ朝日系列の報道番組「ニュースステーション」は、埼玉県所沢市周辺のダイオキシン汚染の実態を独自のデータを交えて報道した（番組内容の詳細は章末の図5-3参照）。この放送は大きな反響を呼び、報道の中で「ダイオキシンに汚染された野菜」とされた所沢産のホウレンソウは、翌日以降、大きく値を下げた。

だが後に、ホンレンソウのものとされていたダイオキシン含有データは、煎茶のものだったことが判明する。このような「誤報」に対し、農家、他のマス・メディア、評論家・ジャーナリスト、そして国会議員や政府が、テレビ朝日や「ニュースステーション」を批判し始めた。さらに所沢市周辺の一部の農家は、「ニュースステーション」の報道が名誉毀損に当たるとして、テレビ朝日を提訴した。この訴訟は最高裁まで争われ、テレビ報道による名誉毀損の基準に関する新たな判例も出されている(21)。この一連の出来事について、たびたび報道が行われた。したがって一概に「ダイオキシン問題報道」といっても、そこには①ダイオキシン汚染問題に関する報道、②ニュースステーションのダイオキシン問題報道が引き起こした問題（いわゆる「ニュースステーション問題」）に関する報道、という二つの側面が存在する。1999年2月以降、後者の側面が強くなっていった（小室広佐子 2002 参照）。

本書では、マス・メディア報道によって事件・出来事に関する現実が構築・構成されていく過程という従来から言及されていた過程に加え、「マス・メディア報道に関する現実の構築・構成過程」という新しい研究対象を提示してきた（第2章、第3章参照）。そして、マス・メディア批判やジャーナリズム批判とは、マス・メディア報道に関する現実を構築・構成する行為であるとも位置づけてきた。「ニュースステーション問題」に関する報道とは、ニュースステーションというマス・メディア報道に関する報道である。すなわちニュースステーション問題報道によって、ニュースステーションというマス・メディア報道を取り巻く現実が構築・構成されていると考えることが出来る。したがって、ニュースステーション問題報道は、本書第2章、第3章で提示してきた視点（ジャーナリズムをめぐる二重の現実の構築・構成）を用いて分析すべき対象であると考えられる。

本章では、上記の考え方をもとにして、ニュースステーション問題報道へと転換したダイオキシン問題報道の分析を行い、ジャーナリズム批判もマス・メディア報道と同じく現実を社会的に構築・構成する行為の一種であることを明らかにする。そしてダイオキシン問題報道の転換がダイオキシン問題報道全般に与えた影響について考察していく。

ニュースステーションの報道と所沢ダイオキシン騒動

1999年2月1日のテレビ朝日系の報道番組「ニュースステーション」は、独自の調査データをもとに、埼玉県所沢市内の野菜1グラム当たりダイオキシンが0・64〜3・80ピコグラム検出されたと報じた。この値は、厚生省（当時）による全国調査のデータ（0〜0・43ピコグラム）を大きく上回るものであった。この日の放送は、所沢市のダイオキシン汚染を周辺の産廃の野焼き問題と関連付けて取り上げており、その内容は当時のダイオキシン問題報道において主流だった「ごみ問題としてのダイオキシン問題」という論理に沿ったものである（図5-3参照）。

番組放送後、ダイオキシン汚染を名指しで指摘された所沢産の野菜価格は大幅に下落した。この出来事は、後日「テレビ朝日系『ニュースステーション』が報道したのをきっかけに、埼玉産や所沢産の野菜の入荷を中止する動きが広がっている」（「野菜暴落　ダイオキシン報道響く　所沢産、入荷中止相次ぐ」『朝日新聞』1999年2月4日）と新聞でも報道されている。

しかしこの時点の報道は、ニュースステーションに対する批判というよりも、埼玉県や所沢市の動向を伝える内容であった。新聞報道は、調査実施やデータ公開に追われる関係機関（農協や市役所）の様子を伝え、「所沢市や埼玉県が早急に調査すべきだ。問題があれば出荷を停止させ、補償すべきだろう。ダイオキシンの発生源抑制対策の遅れは、地方行政の問題」（「野菜暴落　ダイオキシン報道響く　所沢産、入荷中止相次ぐ」『朝日新聞』1999年2月4日）と、対策が遅れる行政を批判する文脈でこの出来事を取り上げていたのである。(22)

このようにある地域のダイオキシン汚染問題、およびそれに対する住民の反応を伝えるような新聞の報道は以前にも存在していた。(23)埼玉県・所沢市の問題も、野菜の価格下落・入荷停止というパニックに発展したものの、依然として従来のダイオキシン汚染報道の延長線上にあったと考えられる。

ニュースステーションの報道への注目

大きな転換点は、ニュースステーションの報道の「誤報」によって生じた。同年2月9日、番組の中で言及された「野菜のダイオキシン濃度」の最大値が、実際には「煎茶」の値であり、報道で取り上げられていた「葉っぱもの」の野菜であるとは言い難いことが判明する。このことがわかると、ニュースステーションの報道姿勢を問題視する報道が行われるようになっていった。(24)そしてこれを機に一部のマス・メディアは、ニュースステーションに対する厳しい批判を展開し始める。

テレビの影響の大きさと怖さを、どこまで認識しているのだろうか。埼玉県所沢産野菜のダイオキシン汚染について、テレビ朝日の「ニュースステーション」が伝える一連の報道を見た率直な感想だ。（中略）まず目につくのは、データの取り扱い方が余りにもずさん過ぎることだ。サンプルの少なさはともかく、それをいつどこで、どんな条件の下で採取したかはまったく不明だ。限定のつかない数字の独り歩きが、埼玉の野菜は危ないとの誤った風評を拡大、再生産してしまった。（中略）騒ぎが起きた後のテレビ朝日の対応にも問題が多い。煎茶の高い数値をホウレンソウと思わせたのは、明らかな誤報だ。それを「農作物」などとあいまいな弁明を繰り返したため、かえって不安を拡大し長引かせた。自らの報道に起因するパニックを一刻も早く収束させる誠実な対応が欲しかった。それには何をおいても、明確な訂正と謝罪を急ぐべきだった。（「風評被害に配慮欠く汚染報道」『読売新聞』1999年2月20日）

この社説の中でも報道の意義について一定程度、言及しているが、テレビ朝日の報道に対して批判的な視点が強くなっている。[25]その一方で、「ニュースステーション問題」に関して「行政が産廃施設から出る害と農作物への影響を調査せず対策もとらなかったことや、命と土壌の大切さを問うた特集前半の問題提起までが帳消しにされるのは残念だ」（『朝日新聞』1999年2月13日）や「逆効果も確かにあったが、行政側の対応を促すという報道の目的は達している。環境行政に一石を投じた点は認めていい」（「［対立・討論］ダイオキシン騒動」『読売新聞』1999年2月20日）といった識者の発言を掲載することで、問題提起の意義を評価する報道も存在していた。[26]このようにマス・メディア報道は、ダイオキシン汚染をめぐる現実の構築・構成ではなく、ニュースステーションというダイオキシン問題報道をめぐる現実の構築・構成へと、徐々にその軸足を移していった。

政治的介入問題への転換

ニュースステーション問題は、政治的介入問題へと発展していった。郵政省（当時）は1999年2月16日、テレビ朝日に対して放送内容の説明するよう要求している。さらに衆議院の逓信委員会にテレビ朝日の社長が参考人として招致された。このように政府がテレビ朝日やニュースステーションへの批判を展開していくに伴い、ニュースステーション問題報道は、テレビ朝日批判、すなわちマス・メディア批判やジャーナリズム批判の色彩を強めていった。

　またマス・メディア報道は、政治的介入問題の色彩を帯び始めたニュースステーション問題を、ジャーナリズムに関する一般的問題と関連付けて論じるようにもなっていった。例えば、『朝日新聞』は「放送法の何を根拠に国会の場に招致するのか。法の趣旨に、立法府が自ら背く動きではないか。テレビ朝日の報道には確かに問題があったとはいえ、こうした集中的な批判によって、ジャーナリズムに最も期待される調査報道が、委縮してしまうのではないか」や「個別の報道について、立法府でいいとか悪いとか議論するのはいかがなものか。放送に携わる人々の自立を尊重すべきなのに、委縮的な影響を及ぼすことは避けられない」（「自民、ダイオキシン報道に強い批判　テレビ朝日社長ら参考人招致へ」『朝日新聞』１９９９年3月6日）という識者の主張をその紙面に掲載している[27]。これは、ニュースステーション問題に関する報道が、一種のジャーナリズム批判として展開していることを端的に示すものである。

　このように「ニュースステーション問題」が、ジャーナリズム批判の文脈で報道されていく過程では、テレビ朝日やニュースステーションが以前に起こした他の問題と関連付けて報道されるようになっていった。

> 同局は「ニュースステーション」の成功などで「報道・情報ステーション」を標ぼうしているが、報道・情報系番組での不祥事が目立つ。１９９３年には、総選挙報道を巡る報道局長の問題発言が政治的公平・公正性に疑いを抱かせ、放送界を揺るがした。94年にも、中国の臓器売買を取り上げた「ザ・スクープ」の過剰演出問題が表面化。97年はペルーの日本大使公邸人質事件で、系列局記者の〝突撃取材〟と無線機残置問題が論議を呼び、伊藤社長以下の役員らが減俸処分となった。
>
> 今度のダイオキシン報道にしても、「JA所沢市に情報開示を迫り、遅れている行政の対応を促す」という問題提起はいいが、データの品種も把握せずに報道する姿勢は、余りにも詰めが甘すぎる。これでは、過去の苦い

教訓が生かされているのかと思われても仕方がない。（「ダイオキシン問題　テレ朝『不適切な表現』と陳謝」『読売新聞』1999年2月26日）

こうしてニュースステーション問題報道は、ニュースステーションの「誤報」を過去の類似の事例と連関させることで、ジャーナリズム批判としての側面をより強めていくこととなった。上記の『読売新聞』の解説記事では、「椿発言」について言及している。また『毎日新聞』も、直接解説の中で椿発言と連関させていないものの、自民党総務会の中でニュースステーション問題と「椿発言」を結び付けて語る議員がいた事を報道している（「テレビ朝日報道批判　久米宏キャスター、「喚問」の意見も―自民党総務会」『毎日新聞』1999年3月3日参照）[28]。

所沢ダイオキシン訴訟

そして1999年6月、所沢の農家がテレビ朝日を提訴したことで、「ニュースステーション問題」はまた新たな展開を迎えることになる（表5-1参照）。第一審の弁論は1999年10月に行われ、2001年2月に結審、2001年5月16日に判決が下された。地裁の判決後には、まとまった報道が行われ、識者の解説も報道されている[29]。この裁判は一審で原告（農家側）敗訴、二審も原告敗訴となった。控訴審に関しては、報道はあまり行われていない。これは判決内容が一審と大差ないためと考えられる。

しかし最高裁において、一審・二審の判決の見直し、報道における名誉毀損の成否に関する最高裁基準が提示される見込みが高まると、再びニュースステーション問題へ関心が集まった。最高裁は、2003年10月16日、テレビ朝日側勝訴の二審判決を破棄し、高裁に差し戻した。この差し戻し判決は、「テレビ放送による〈社会的評価の低下〉の判断基準、及び〈摘示事実〉の判断基準を最高裁が初めて示した」（山口いつ子 2005, 190）ものであり、社説や解説

表5-1　ニュースステーション訴訟年表

年月	裁判に関する出来事
1999年	
2月　1日	テレビ朝日『ニュースステーション』放映
2月16日	郵政省（当時）、テレ朝に放送内容の説明を求める
3月11日	衆院逓信委員会に、テレビ朝日社長が参考人招致
7月	「ダイオキシン類対策特別措置法」成立
	農水省、過去に使用されていた農薬にダイオキシン含有を認める
9月	JA所沢の組合員376人、損害賠償と謝罪放送を求めてテレビ朝日を浦和地裁に提訴
2000年	
2001年	
2月14日	訴訟が浦和地裁で結審
5月15日	さいたま地裁（旧浦和地裁）が「公益を図る目的で、主要部分は真実」と請求を棄却。原告のうち41人が控訴。
2002年	
2月	東京高裁、控訴棄却。29人が上告
2003年	
6月	テレ朝と共に訴えられた環境総合研究所についての上告と上告受理申し立てを最高裁が棄却。同研究所の勝訴が確定
10月	最高裁、二審判決を破棄。東京高裁に差し戻し判決。
2004年	
6月	東京高裁で和解が成立

出典：各種新聞、資料等をもとに作成

記事でも大々的に取り上げられている。新聞報道は、この判決によってテレビ放送に対して過度の政治的・法的介入が行われることを懸念していた[30]。

> （ダイオキシン問題を取り上げた）報道の意義を評価する見方は、今回の最高裁判決では全般的に乏しいのではないか。最高裁の判断が一、二審と全く異なったのは、報道の社会的な役割をどこまで重視するかの違いもあっただろう。それが気がかりだ。（「苦い教訓と懸念と　テレ朝判決」『朝日新聞』2003年10月17日、カッコ内引用者）
>
> 映像と音声による生放送はテレビ報道の大きな武器だが、この判決から、一過性で衝撃的なイメージが強く印象づけられることの危うさを指摘したい。テレビ界は重い課題を背負った。（「T

Ｖ報道の問題点　テレ朝ダイオキシン訴訟で最高裁判決」『読売新聞』２００３年10月17日）

判決によってメディアが消極的になり、結果的に政治家や役人の不正、腐敗の隠ぺいにつながるような事態は断じて避けねばならない。（「テレ朝報道判決　他山の石と厳粛に受け止める」『毎日新聞』２００３年10月19日）

このようにニュースステーションの報道の「誤報」が指摘され、国会で取り上げられたことで政治的介入の問題となり、さらに訴訟へと発展し、法的な議論が展開されるようになった。そのたびにジャーナリズム批判に関する別の事例と連関して論じられ、ダイオキシン汚染問題とは別の論点を形成していった。

一方、ダイオキシン問題報道の全体量は、ダイオキシン対策特別措置法制定（１９９９年）以降、徐々に減少していた。またダイオキシン汚染問題に関する報道も、政府の汚染調査に関する「発表もの」の記事や焼却炉メーカーの技術紹介記事で占められるようになっていった。その中で、ニュースステーション問題報道は相対的な地位を高めていったのである。(31)

4　ダイオキシン問題報道に関する現実の構築・構成

「報道の目的・意義」の評価、「報道の手法」の批判

ニュースステーション問題に関して、マス・メディア報道は、テレビ朝日・ニュースステーションを批判する側と擁護する側に分かれた。しかし双方に共通している点もあった。それは、ニュースステーションの報道の「意義・目的」を評価していたことである。(32)

例えば、「ニュースステーション問題」が発生した直後の１９９９年２月13日の記事で、『朝日新聞』は「行政側の

対応を促すという報道の目的は達している」という識者の意見を掲載している。また『読売新聞』も「問題の背景には、わが国のダイオキシン対策の遅れやデータ不足がある。その意味で国の早急な対応と、調査データの集積・公表を促した報道目的は理解できる」（「風評被害に配慮欠く汚染報道」１９９９年２月20日）と、ニュースステーションの報道目的に一定の理解を示している。

その一方で、「数字が独り歩きし、『所沢の野菜、農作物は怖い』といった印象を広げてしまったのもうなずける。報道には、大きな欠陥があった」（「『所沢』が投げかけたもの　ダイオキシン」『朝日新聞』２月20日）や「データの取り扱い方が余りにもずさん過ぎる」（「風評被害に配慮欠く汚染報道」『読売新聞』２月20日）という報道に見られるように、ニュースステーションの報道手法は、批判の対象となっていた。[33] このような報道の傾向はダイオキシン訴訟が提起され、最高裁の判決が下されたときも変わらなかった。

> 汚染データの示し方には欠陥があったといわざるをえない。（中略）とはいえ、この点に目を奪われるあまり、ダイオキシン汚染に警鐘を鳴らした報道の意義を否定することはできまい。（中略）だが、そうした報道の意義を評価する見方は、今回の最高裁判決では全般的に乏しいのではないか。（「苦い教訓と懸念と　テレ朝判決」『朝日新聞』２００３年10月17日）
>
> ワイドショーなどの一部に、報道とも娯楽とも受け取れる番組が散見される実情に照らせば、司法から厳しい注文が出るのも当然だ。（中略）しかし、ミスを理由にテレ朝の報道の意義までを否定してはならない。（「テレ朝報道判決　他山の石と厳粛に受け止める」『毎日新聞』２００３年10月19日）

なお『読売新聞』は、報道の目的や意義には言及せず「問題の番組のセンセーショナルな、いたずらに視聴者の不安をあおる報道手法に、大きな問題があったことは否定できない」（「テレ朝敗訴　TV報道のあり方に厳しい警鐘」『読売新聞』2003年10月17日）と手法の問題を強調してニュースステーションの批判を展開していた。

このように、ニュースステーションの「報道の目的・意義」は高く評価し、「報道の手法」は批判するという見解は、各紙で一定程度共通していた。『朝日新聞』や『毎日新聞』のように前者を強調するか、『読売新聞』のように後者を強調するかの違いはあるものの、ダイオキシン汚染問題を報道することの「目的・意義」それ自体は双方の立場からも否定されることはなかったのである。

継続する「ごみ焼却問題としてのダイオキシン問題」

マス・メディア報道が、ニュースステーションの報道の「目的・意義」を評価していくことによって、ダイオキシン問題に関する現実はどのように変容したのだろうか。前述のように、ニュースステーション問題報道は「ダイオキシン汚染に警鐘を鳴らした」（『朝日新聞』2003年10月17日前掲社説）とニュースステーションの報道の目的意識を高く評価してきた。このような主張が可能なのは、その前提として「ダイオキシン汚染は重要な社会問題である」という現実が構築・構成されているからである。

では、このように言及される「ダイオキシン汚染」とは、具体的にはどのような問題のことを指しているのか。前述したように、1999年2月1日のニュースステーションは、埼玉県所沢市周辺の産廃焼却炉を取り上げ、その焼却灰によって野菜がダイオキシンに汚染されていると報道していた。つまり、この日のニュースステーションの報道は、当時の他の新聞報道と同じく「ダイオキシン問題とはごみ焼却（炉）問題である」という現実を再生産するものであった。当時、ダイオキシン問題はごみ焼却問題として構築・構成されていた時期であり、この日のニュースステーションもまた当時の他のダイオキシン問題報道と同じ論理で報道していた。

一方、前節で考察してきたように、1998年以降、農薬問題といったごみ焼却炉問題以外のダイオキシン問題の存在も指摘されるようになっていた。しかしこの日のニュースステーションの報道は、他の多くの新聞報道と同様に、そのようなダイオキシン汚染問題の最新動向には言及しなかった。それまでのダイオキシン問題報道において構築・構成された「ダイオキシン問題とはごみ焼却炉問題である」という現実は、ニュースステーションの報道でも再生産されていた。すなわち他の新聞報道と同様に、ニュースステーションも「ごみ焼却炉問題以外のダイオキシン問題（例：農薬汚染としてのダイオキシン問題）」という別の現実の構築可能性は排除していた。

そして、「ダイオキシン問題とはごみ焼却炉問題」であるという現実は、ニュースステーション問題報道においても再生産されていった。ニュースステーション問題報道は「ダイオキシン汚染に警鐘を鳴らした報道」として、ニュースステーションの「目的・意義」を評価した。しかしニュースステーション問題報道では、ダイオキシン汚染そのものに関してそれ以上言及していない。すなわち、ニュースステーション問題報道では「ダイオキシン問題とは農薬問題であるのか、ごみ焼却問題なのか、それとも他の問題であるのか」という問いは、「ニュースステーションの報道手法は適切なのか」や「報道に対する政治的・法的な介入は正しいのか」という問いの後景に退くことになった。そして、ダイオキシン問題報道全体に占めるニュースステーション問題報道の割合が増加していくことで、ダイオキシン汚染問題そのものの問い直しも行われなくなっていった。こうして、それまでのダイオキシン問題報道によって構築・構成されていた「ダイオキシン問題とはごみ焼却炉問題である」という現実は、ニュースステーション問題報道においては明確に肯定されることはなかったものの、逆に明確に否定されることもなかった。つまり「ダイオキシン問題とはごみ焼却炉問題である」という現実は、非意図的・消極的に再生産されていったのである。

5　ダイオキシン問題に関する二重の現実の構築・構成、および排除

本章は、マス・メディア報道によってダイオキシン問題がどのように構築・構成されたか、そしてその後、テレビ番組「ニュースステーション」というマス・メディア報道をめぐる論争によって構築・構成された現実が、翻ってダイオキシン問題に関する現実にどのような影響を与えたか併せて考察してきた。ニュースステーション問題は、表現の自由と名誉毀損の基準、また政府の介入の是非など、ジャーナリズム批判として求心的な論点を内包しており、新聞社間で見解も分かれ、大きな争点・論争にもなった。だがダイオキシン問題報道の主軸が、そのような求心性の高いジャーナリズム批判へと転換したことで、ダイオキシン汚染問題そのものへの関心は相対的には減少していった。とはいえ、ダイオキシン問題に関して構築・構成されてきた現実（「ごみ焼却炉問題」としてのダイオキシン問題）が消滅したわけでもない。むしろダイオキシン問題の最新動向への注目が行われなくなったことで、いったん構築・構成された「ダイオキシン問題とはごみ焼却炉問題である」という現実は再検証されることなく継続していった(34)。

現実が社会的に構築・構成されていく過程では、別の現実の構築・構成可能性が排除されている。その排除は「不可視」のうちに行われている。ニュースステーション問題に関して展開されたジャーナリズム批判は、相当程度「正当な」議論であるといえよう。しかしその「正当な」議論は、それまでのダイオキシン問題報道において構築・構成された現実を前提としていた。すなわち、マス・メディア報道を論じるジャーナリズム批判もまたマス・メディア報道とおなじく「ダイオキシン問題とはごみ焼却炉問題である」という現実の再生産に加担していた。そしてジャーナリズム批判としての「正当性」は、ジャーナリズム批判自体がそのような現実の構築・構成を行っていることもまた見えにくくしていたのである。

このようにジャーナリズムをめぐっては、二つの現実が構築・構成されている。一つはメディア・コミュニケーションによって、事件・出来事に関する報道・論評・解説が行われることで構築・構成される現実である。もう一つはそのようなメディア・コミュニケーションに対して規範的な観点から「正しい報道である」「不適切な報道である」という評価が行われることで構築・構成される現実である。この仮説は、第Ⅰ部（第2章・第3章）では、あくまで理念的に提示したものにすぎなかった。しかし水俣病事件報道、ならびにダイオキシン問題報道に関する分析を通じて、実際のメディア・コミュニケーション活動においても確認できることがわかった。

水俣病事件報道では、特に報道転換期で「かつての教訓」を主張する報道が繰り返された。それは水俣病事件を社会問題として構築・構成することには十分寄与したといえるが、一方でかつての全国紙報道が水俣病事件を取り上げなかったことを不可視にした。

その後、公害・環境問題の社会問題化に伴って、マス・メディア報道規範も再構築されていった。1970年代以降は、少なくとも公害・環境問題も関するマス・メディア報道に関しては、その視角を拡大して「いつか・どこか」で生じる問題を考慮して報道することが「正しい報道である」とされ「あるべきジャーナリズムの姿」として意味付けされていった。

そして1990年代のダイオキシン問題報道に関しては、マス・メディア自ら「不確実性」と「予防原則」に基づく報道規範を適用しながら報道していた。そして、ダイオキシン問題を集中的に報道することで、厚生省の後追いとはいえ、ごみ焼却炉問題としてのダイオキシン問題の構築・構成に寄与した。しかし、ダイオキシン問題報道は途中から「ニュースステーション問題」として論じられることになった。これは事件・出来事に関する現実の構築・構成から、メディア・コミュニケーションに関する現実の構築・構成へと、その次元が移行したものと考えられる。そのような移行が生じたことで、ダイオキシン問題とはごみ焼却炉問題であるということは所与のこととされ、問い直さ

表5-2　1999年2月1日の「ニュースステーション」の報道内容（一部引用）

映像・画面・効果音	音声 （会話、インタビュー、N／ナレーション）	テロップ・フリップ （スーパー・パターン）
（焼却炉と畑）	（農政課長）JAには機会があるごとに要請しているんですが回答がないんです。 （記者）JAからはまだ数値は知らされていないんですか。（課長）はい。	（下線部分テロップ）
（JA所沢市外環）［効果音］	（N）JAが野菜の濃度を公表しないことが市民を不安にしている。	
（街頭インタビュー）/6分40秒	（市民）発表できないものは恐ろしい数字化と思っている。所沢の野菜は食べにくい。 （市民）地元のものをはなるべく買わないとか、埼玉県とかは避けてます。	市民は―恐ろしい数値かもしれない所沢産の野菜は食べにくい。
（JA所沢市に出向く農家の男性ら）	（N）なぜ、JAは農作物のダイオキシン濃度を公表しないのか。 農家の男性らは、直接JAにデータの公表を求めた。	1998年11月　JA所沢市
（JA外観） （JAから出てくる男性）	（市民）どうしてデータを教えてくれないんですか。 （職員）私がお答えする立場にはありませんので。 （農家）開示しないと不安を強める一方ですよ。不買行動も起きているんですよ。 （市民）JAは農家を、消費者を守ってくださいよ。 （N）交渉は1時間にも及んだが。 （農家）発表しないで風化させようという戦略になっているんじゃないですか。	（下線部分テロップ） 成果はまったくなしダイオキシン測定の事実を風化させようとしている。
〈所沢ニュース社〉［効果音］「JA所沢が野菜のデータをひた隠し」記事接写	（N）地元の新聞社もJAの対応に不審をあらわにしている。 （代表）もし、高濃度だったら、消費者にデータを隠したまま売るのは犯罪行為。 データを隠すのは長い眼で見たら農家を助けることにはならないと思う。	所沢ニュース代表
（JA外観）	（N）番組でも繰り返しJAに取材を申し込んだが何ら回答がない。	
〈NO! ダイオキシン埼玉行動〉 農民の演説/8分40秒	（N）去年開かれた市民集会である農家からショッキングな報告がされた。 （農家）誇りを持って売りたいと思っているのにこんなに汚れた空気を吸って生きていたら、私たちも野菜も長生きできません。 家族で話し合いの結果、2人の息子たちどちらにも農業を継がせないことになりました。	1998年5月 NO! ダイオキシン埼玉行動 息子には農業を継がせない。
〈松崎さんの意見書〉［効	（N）去年10月、化学物質研究の第一人者松崎早苗さんから衝撃的な意見書が発表された。	化学物質研究者　松崎早苗さん

（表 5-2 つづき）

果音］ （講演する松崎さん）	いわく「所沢市の汚染レベルは農業をしてはいけない値です」 松崎さんは繰り返し、所沢の農業の禁止を訴えた。 （松崎）　セベソの安心して農業ができる値というわけにはいかないわけです。	セベソの「農業ができる値」ではない。
〈セベソの自己〉［効果音］	（N）　1976 年にイタリアのセベソで農薬工場の爆発事故があり、周辺がダイオキシンで汚染された。汚染の激しい地域では数年間農業が禁止された。松崎さんの調査では農業が禁止された地域の土壌中の濃度は 12 ピコグラム。	1976 年イタリア・セベソ（地図） 〈ダイオキシン濃度〉 ピコ＝1/1 兆 農業が禁止された地域　12 ピコ g/g
	（N）　所沢市は、摂南大学の調査で 100～400 ピコグラム。市の調査でも 14～48 ピコグラムといずれにしてもセベソの汚染を上回るという。	摂南大学調査 100～400 ピコ g/g 市役所調査 14～48 ピコ g/g
（松崎さんインタビュー）	（松崎）　高濃度のところで農業生産やっている場合はですね。まず止めてからやれる状況なのかどうかを調べるのが科学的方法ではないと思うんですね。	とりあえず農業をやめるべき 農業ができるかどうかを調べるのが科学的
〈リール市の焼却炉閉鎖〉［効果音］/10 分 55 秒	（N）　汚染で乳製品が出荷停止になる事件が去年フランスのリール市で起きた。 （農家）（仏語）　<u>農家は皆怒ってます。ダイオキシンをまいたのは焼却炉なのです。</u> （N）　市は農家を守るために思い切った政策を取った。 （市長）（仏語）　<u>焼却炉の閉鎖を決めました。</u> （N）　市は農家 16 件に総額 460 万フランの補償を支払った。	1981 年 1 月フランス・リール市（地図） （下線部分テロップ） 総額 460 万フラン（約 1 億円）の補償
（電話インタビュー）	（N）　所沢市では野菜の調査をするだろうか。 （農政課長）　<u>農水省が 3 年間で実施予定の全国調査結果の動向を見極めていきたい。</u> （記者）　じゃ、3 年後 4 年後ということですか、この野菜の調査の検討をするのは。 （課長）　現時点では以上のお答えなんですけど。	（下線部分テロップ）
（茶畑にて） （農家インタビュー）/11 分 45 秒	（農家）　<u>今年のお茶の時期に 4 件程、ダイオキシンが入っているのじゃないかと問い合わせがあった。本当の意味で生産者を救済するならしっかり調査して、対策を講じるのが当然の行為だと思うんです。</u>	（下線部分テロップ）

引用：若林・漆間（2004, 55）。原論文では、表は 3 頁（54-56）にわたる。

れることもなくそのまま継続していった。

ジャーナリズムをめぐる現実が二重に構築・構成されているということは、すなわちその構築・構成の背後で生じる排除も二重に生じているということでもある。ジャーナリズムとして認定されたより「正当な」メディア・コミュニケーション行為だからこそ、またその行為の陰で生じる排除もまた、より巧妙で不可視なものとなっていく。ジャーナリズムの「正当性」を追い求めることが、コミュニケーションの一種としてのジャーナリズムが排除の機能を有していることから目を背けさせてきた。そのようなジャーナリズムをめぐる現実が二重に構築・構成された典型的事例が、本章で取り上げてきたダイオキシン問題報道だった。

こうした問題は20世紀という過去にとどまるものではない。それどころかインターネットを通じてマス・メディア批判やジャーナリズム批判が「気軽」にできる時代だからこそ、目を向けられるべき研究対象なのである。

第6章 論評主体から論評対象になるジャーナリズム
——マス・メディアの社会問題化

1 クレイム申し立ての「対象」としてのマス・メディア

マス・メディアは、事件・出来事を報道することで社会問題に関する現実を構築・構成していく。しかし、ときにはマス・メディアの報道のあり方が社会問題として構築・構成される場合もある。第5章で論じてきたように、マス・メディア報道はダイオキシン問題の社会問題化において重要な役割を果たしてきたが、一方で「ニュースステーション」のような「風評被害」をもたらすマス・メディア報道は、一種の社会問題であるとして批判の対象となった。

このようなマス・メディア報道に関する現実の構築・構成過程は、インターネットの登場・普及をはじめとするメディア環境の変化によって、今後、より顕在化していくと考えられる（終章参照）。インターネットという情報発信手段が普及したことで、あるマス・メディア報道を「ジャーナリズムのあるべき姿から逸脱している」と社会問題化していくことは、一般市民でも容易に行うことができるようになった。この考え方を再度、社会問題の構築主義に引き寄せてとらえなおせば、マス・メディアは報道を通じてクレイム申し立て活動を行う「主体」である一方、そのマス・メディアに対して批判的な視点が向けられることもあるという点ではクレイム申し立ての「対象」にもなる、ということができるだろう。マス・メディアに対するクレイム申し立て活動は、インターネットの普及によってより容易になった。そして、マス・メディア報道に関する現実が構築・構成されていく過程はより顕著になってきたと考えられる。したがって現代社会においては、社会問題とマス・メディア報道に関して議論する際には、メディア環境の変化も鑑みつつ、マス・メディア報道が社会問題化されていく過程にも関心を払っていく必要がある。

もっとも、マス・メディアに対するクレイム申し立て活動は、インターネットが普及する以前から存在していた。第5章で考察したような新聞紙間、新聞・テレビ間の相互批判もその一つであるが、雑誌メディア（特に月刊総合誌）において展開していたマス・メディア報道批判も見逃すことはできない。雑誌メディアは、新聞・テレビなどのマス・メディアの報道に対して対抗的な言論を形成し、ときにはマス・メディアそのものを批判の対象としてきたからである。したがって、マス・メディアに対するクレイム申し立て活動の特徴・特性を考察する際には、雑誌メディアは有力な分析対象の一つになる。(1)本章はこのような問題意識に基づき、通常はクレイム申し立て活動の「主体」としてとらえられるマス・メディアが、翻ってクレイム申し立て活動の「対象」となっていく過程を、雑誌メディアの中でも特に月刊総合誌の分析を通じて明らかにしていきたい。

2　カウンター・クレイム（対抗クレイム）と対抗レトリック

社会問題の構築主義は、社会問題とは人々のクレイム申し立て活動によって構築・構成されるものとみなしてきた。ただし、クレイム申し立て活動が行われたとしても、必ずしも社会問題が構築・構成されるとは限らない。社会問題は、申し立てられたクレイムが、他者に受容され、社会の中で共有されていくことで、構築・構成されるからである。さらに一度構築・構成された社会問題に関しても、それを相対化したり批判したりすることでそうした社会問題を脱構築しようとする試みは常に存在している。時間軸を拡大して考えれば、社会的に構築・構成された現実や社会問題は、常に、脱構築・再構築され続けている。(2)

社会問題が構築・構成されていく過程において、社会の一定の範囲で認知され受容されたクレイムは、その社会の中で共有されている価値観やイデオロギーをある程度反映している。逆に考えれば、社会で認知・受容されているクレイムを相対化したり批判したりすること、すなわち対抗的なクレイム（「対抗クレイム(3)」）を申し立てるということは、社会の支配的な価値観やイデオロギーに対抗するということでもある。これに関して、イバラとキツセは以下のように述べている。

クレイムが象徴的なまとまりを持ち、道徳的に有効なものになったとする。そのとき、そのクレイムを受容した者は、クレイムを申し立てた主体と同じ文化的コミュニティの一員として、そのクレイムに同意するか、同意しないのならば「それ相当の理由」を持っていなければならない。（中略）価値のヒエラルキー（たとえば「自由」を「抑圧」よりも上位に置くといった）に、自分の信頼性を損なわずに反対するのは普通難しい。このヒエラルキーをひっくりかえそうとすれば、その人は、社会問題の構築・構成に関与する者としては周縁的な存在となってしまう。対抗クレイムを申し立てれば、「解決の側に立たないものは、問題の側に立っているのだ」といわれかねないから、クレイムへの反論には必然的に技巧がつきものであり、そこでは日常言語資源を使った一定のいいまわしが用いられる。（イバラ＝キツセ 1993=2000，原文 42，翻訳は 76-77，原文をもとに一部修正）

このように、対抗クレイムを申し立てるときには、クレイムを申し立てるときと同じか、それ以上に自分の主張に説得力を持たせるために「技巧（レトリック）」が必要となる。対抗クレイムを申し立てる者は、自らの正当性を獲得するために、またクレイムを申し立てた者の正当性を相対化したり否定したりするために、そのような技巧を戦略的に駆使することが求められる。対抗クレイムを申し立てる際に用いられる技巧の中でも、とりわけ言語的な領域に関するものを、キツセとイバラは「対抗レトリック」と呼んでいる。キツセらは、対抗レトリックのパターンは社会の中で一定程度共有されており、その特徴に応じていくつかに分類できるとしている（イバラ＝キツセ 1993=2000 参照）。

キツセらは対抗レトリックを「共感的な対抗レトリック」と「非共感的な対抗レトリック」に大別する（表6-1参照）。前者は社会の中で共有されたクレイムに対して一定の理解を示すもの、後者はそのようなクレイムそのものを否定するものである。本章では後者の「非共感的な対抗レトリック」に分類されるものの中でも、特に「不誠実性の指摘」と呼ばれる対抗レトリックに注目したい(4)。この対抗クレイムを申し立てる者は、クレイムを申し立てた者に対して「不誠実性の指摘」を行い、彼らは不純な動機や目的意識に基づいてクレイムを申し立てたのだと批判する。こうして対抗クレイムを申し立てる者は、クレイムを申し立てた者を批判・否定し、彼らの正当性を解体しようと試みる（イバラ＝キツセ 1993=2000 参照）。

ある現象に対して「社会問題である」とクレイム申し立てが行われる過程と、クレイムを申し立てた者に対して対抗クレイムを申し立てる際に「不誠実性の指摘」が行われていく過程とでは、構築・構成される現実の次元に違いが生じている。もともと申し立てられたクレイムでは、ある社会状況が社会問題であるか否かということに関心が置かれているのに対して、「不誠実性の指摘」を伴う対抗クレイムでは、その社会状況が社会問題であるか否かではなく、クレイムを申し立てた者の動機や目的意識が誠実なものであるか否かという関心の方が優先されている。すなわち、この対抗クレイムによって構築・構成されているのは、社会問題に関する現実というよりは、クレイムを申し立てる

表6-1　対抗レトリックの分類

大分類	小種類	内　　容
共感的	自然現象化	指摘された社会問題は不可避の現象であり、解決しようがないと反論する。
	解決にかかるコスト指摘	その社会問題の解決にかかるコストが多大であり、別の手法で解決されるべきか、我慢すべきであると反論する。
	無能力の表明	その社会問題を解決するための資源が存在しないと反論する。
	パースペクティブ化	その社会問題はクレイムを申し立てる者にとっては確かに深刻であるが、一つの「パースペクティブ」にすぎないと指摘する。
	戦術についての批判	社会問題の存在は認めるが、その解決のための戦略には賛同しない。
非共感的	パターンの解体	申し立てられたクレイムは、社会問題を適切に記述しているわけではなく、互いに関連のない個別的な事例を恣意的に関連付けているだけに過ぎないと反論する。
	逸話語り	申し立てられたクレイムは、一般化できない特殊な事例に過ぎないと指摘する。
	不誠実性の指摘	クレイム申し立てをする者には「隠されている動機」があり、その活動は彼らの利害のために行われているに過ぎないと指摘する。しばしばクレイム申し立てをする者への人身攻撃を伴う。
	ヒステリアの指摘	クレイム申し立てをした者は、非合理的で感情的な状況下にあり、健全な状態の評価が出来ていないと指摘する。

出典：イバラ＝キツセ（1993=2000）をもとに作成。

主体（人物・組織）に関する現実なのである。したがって「不誠実性の指摘」は、ときには人格攻撃・人格批判の様相を帯びることになる（イバラ＝キツセ 2000, 84 参照）。

以上の議論を踏まえれば、ある社会問題の構築・構成過程において、マス・メディアが対抗クレイムの「対象」となる場合もありうることが了解できるだろう。なぜなら、マス・メディアはさまざまなクレイム申し立て活動をする者を報道で取り上げ、ときには解説や論評をすることで自らクレイム申し立て活動の「主体」となっているからである。対抗クレイムは、そうしたクレイム申し立て活動の主体であるマス・メディアを「対象」に申し立てられ、その過程では「不誠実性の指摘」をはじめとする対抗レトリックがマス・メディア批判の文脈で使用されていく[(5)]。

そして本章の問題関心に引き寄せて考えれば、上記のような対抗クレイムが展開するメディアとして、週刊誌や月刊総合誌といった非主流メディアを想定することができる。そして、マス・メディアによって社会的に認知・受容されるに至ったクレイムに対して、非主流派メディア上で対抗クレイムが申し立てられるとき、そこでは前述したような、問題とされた社会状況に関する議論ではなく、問題の存在を主張する主体に関する議論へと論争の重心が移行していく、という現象を確認できるのではないだろうか。そこに、クレイム申し立て主体の社会問題化、つまり「マス・メディア報道の社会問題化」という現象を確認することができると考えられる。

3　事例分析：小泉元首相の靖国神社参拝問題におけるクレイムと対抗クレイム

前節で論じてきたような現象はさまざまな事例で確認できる。マス・メディアの中でも、その報道のあり方をめぐって批判の対象となり問題化されてきた主体として新聞メディア、特に『朝日新聞』を挙げることができるだろう[(6)]。現在でも『朝日新聞』を主たる批判の対象とした著書が数多く出版され、一つのジャンルを形成しているからである。

その『朝日新聞』の報道の中でも、特に反論の対象となっているのが、戦後補償問題を含む戦争問題に関する報道である。『朝日新聞』の報道姿勢への反論は、『読売新聞』や『産経新聞』などの他の新聞メディアによって行われることもある。ただ、本章で取り上げる「靖国神社参拝問題」に関しては、後述するように『読売新聞』は参拝反対姿勢を明確化し、ある程度は『朝日新聞』と歩調を合わせる形で報道を行っていた。

『朝日新聞』への反論は、むしろ雑誌メディアのような非主流メディアによって展開されてきた。その際、中心的な言論を展開していたのが、雑誌メディアの中でも特に「保守系オピニオン誌」と評される月刊総合誌の『諸君！』と『正論』である。これらの雑誌は、１９７０年代の初めから新聞批判を特集で取り上げ始め、１９８０年代になってからは特に『朝日新聞』を批判の対象としてきた（上丸洋一 2011, 326-330 参照）。言い換えれば、これらの雑誌上では、マス・メディア（特に『朝日新聞』）の報道のあり方が社会問題として構築・構成されていた。したがって、これらの雑誌の分析を行うことで、非主流メディアにおけるマス・メディア報道批判の論理の特徴の一端を明らかにすることができる。

本節では第2節までの議論をもとに、小泉純一郎元首相の「靖国神社参拝問題」に関して、月刊総合誌上で展開していった対抗クレイムについて考察を行う。そして対抗クレイムが展開される過程で、マス・メディアとその報道がクレイム申し立ての対象となっていく現象、すなわち「マス・メディア報道が社会問題化される現象」を確認していきたい。

戦後日本社会において「靖国神社参拝問題」は、当初は政教分離の問題として、そして１９７８年にＡ級戦犯が合祀されるようになってからは、対外的問題・戦争責任問題の一種として構築・構成されてきた。21世紀になり、戦後有数の長期政権（２００１～２００６年）となった小泉元首相は、終戦記念日（8月15日）の靖国神社への参拝を「公約」として掲げた。しかしそうした首相の靖国神社参拝は、中国や韓国などの一部のアジア諸国との「外交摩擦」の要因として、すなわち一種の社会問題として報道されるようになっていった。内外から首相の靖国神社参拝に対して批判が巻き起こる中、在任中の小泉元首相は、靖国神社を毎年参拝し続けた(7)。そして2006年、首相としては21年ぶりに終戦記念日に参拝を行った。

靖国神社参拝問題に関しては、首相在任中の2001年から2006年にかけて『朝日新聞』・『読売新聞』の主要二紙が社説で取り上げているように、大きな社会的争点となっている（表6-2参照）。靖国神社参拝問題に関して、『朝日新聞』は小泉首相就任時から反対の立場を明確に示していた。一方、当初は参拝に強い反対を表明していなかった『読売新聞』も、2005年以降は「A級戦犯が合祀されている靖国神社に参拝するのは、どう見てもおかしい」（2005年10月29日「靖国参拝問題　国立追悼施設の建立へ踏み出せ」）と主張を変化させていった。そして靖国神社参拝に関する昭和天皇の発言が記録されたといわれる「富田メモ」の存在が明らかになってからは、「国立追悼施設の建立、あるいは千鳥ヶ淵戦没者墓苑の拡充など、国としての新たな戦没者追悼の方法について検討していくべきではないか」（「首相靖国参拝　『心の問題』だけではすまない」2006年8月16日）と戦没者追悼施設の必要性をより強調していった(8)。このように、靖国神社参拝に関しては、日本の主要二紙（『朝日新聞』と『読売新聞』）が歩調を合わせて、首相の靖国神社参拝を問題化していった。

一方、前述の『正論』、『諸君!』の二誌は、「靖国神社参拝問題」を主要二紙とは異なった立場から論じていた。「靖国神社参拝問題」に関して、主要二紙が「靖国神社参拝反対」との見解を共有していった2005年から2006年にかけ、『正論』と『諸君!』は逆に首相の靖国神社参拝を支持する記事を数多く掲載していた。特に『諸君!』では、ほぼ毎号のように関連記事が掲載されていた。これらの雑誌に掲載された記事は、①靖国神社参拝を支持する立場からのもの、②靖国神社参拝を問題化する主体に対する批判を展開するもの、の二つに分けることができる。

表6-2　主要二紙（『朝日新聞』と『読売新聞』）の靖国参拝問題関連社説

	朝日新聞		読売新聞	
年	月日	タイトル	月日	タイトル
2001年	5月12日	首相は熟慮して再考を　靖国参拝	7月27日	靖国参拝　「公人」「私人」で騒ぎたてるな
	7月　5日	総理、憲法を読んで下さい　靖国参拝	8月　9日	靖国問題　首相はもう参拝を中止できない
	7月28日	やはり、やめるべきだ　靖国参拝	8月14日	靖国問題　前倒し参拝は適切な政治判断だ
	8月14日	これが熟慮の結果か　首相靖国参拝		
2002年	4月22日	なぜ首相はこだわるのか　靖国参拝	4月22日	小泉首相靖国参拝　“中曽根以前”に戻っただけだ
			12月25日	靖国代替施設　なお検討課題が多い「祈念懇」報告
2003年	1月15日	小泉首相の外交感覚を疑う　靖国参拝	1月15日	靖国参拝　小泉首相の考えが分かりにくい
2004年	1月　4日	独りよがりに国益なし　靖国参拝	1月　6日	靖国・伊勢参拝　戦没者追悼は日本の国内問題だ
	4月　8日	小泉首相への重い判決　靖国参拝	4月　8日	靖国参拝判決　伊勢神宮参拝も意見になるのか
2005年	5月18日	靖国参拝　孔子が嘆いていないか	6月　4日	靖国参拝問題　国立追悼施設の建立を急げ
	6月　3日	靖国参拝　重鎮たちからの忠告	10月　1日	靖国参拝判決　きわめて疑問の多い「違憲」判断
	6月　5日	靖国参拝　遺族におこたえしたい	10月18日	首相参拝問題　もっと丁寧に内外に説明を
	6月14日	靖国参拝　遺族からの重い問いかけ	10月29日	靖国参拝問題　国立追悼施設の建立へ踏み出せ
	10月　1日	靖国違憲判決　参拝をやめる潮時だ		
	10月18日	靖国参拝　負の遺産が残った		
2006年	5月11日	同友会提言　財界も憂える靖国参拝	7月21日	A級戦犯合祀　靖国参拝をやめた昭和天皇の「心」
	6月25日	靖国参拝　肩すかしの最高裁判決	7月23日	福田氏不出馬　「靖国」争点化避けた重い決断
	7月25日	靖国参拝　総裁候補は考えを語れ	8月16日	首相靖国参拝　「心の問題」だけではすまない
	8月　6日	靖国参拝　嘆かわしい首相の論法		
	8月16日	靖国参拝　耳をふさぎ、目を閉ざし		

出典：各新聞社のデータベースをもとに作成。期間は小泉元首相の在任時（2001年4月26日から2006年9月26日）に限定してある。

※首相の靖国神社参拝に関し、『朝日新聞』は一貫して反対の立場、『読売新聞』は2005年の途中から反対の意見を強めている。

3-1　靖国神社参拝に対する支持

首相の靖国神社参拝自体を支持する立場は、靖国神社参拝は日本独自の死者の慰霊の文化であるとみなし、参拝問題は日本国内の問題であると位置づける。そのため靖国神社参拝問題に関しては、中国や韓国などの外国政府から批判されたり問題視されたりする理由はないという主張を展開する。したがってこの立場は、外国政府の行為は「内政干渉」や「文化干渉」として批判される程度であり、靖国神社参拝を批判する外国政府の行為そのものを問題視するような論理にはなっていない。

> お互いの文化を尊重し合うということが大事だと思いますよ。日本では昔から死をもって罪を償うということが行われてきた、武士は切腹によって恥を雪ぐ。亡くなられた方については、もう罪を問わない、責めないというのが日本人の美徳でしょう。それが理解されなかったら、話はずっと平行線のままです。我々も中国の文化を理解するよう努めるべきだが、日本文化の根底は、相手に納得してもらわなければなりません。（「靖國神社は「中国」をハネ返す（特集　中国と靖國と「歴史カード」）」『諸君！』２００５年２月、41）

このように首相の靖国神社参拝それ自体を支持する立場の記事は、参拝反対に転じる前の『読売新聞』の社説で展開されていた内容とも類似している。

> 一国の首相が、戦没者を追悼するためにいつ、どんな形で参拝するかといった問題は、本来、その国の伝統や慣習に基づく国内問題だ。他国からとやかく言われる筋合いはない。野党とはいえ、日本の内政問題に干渉する

口実を外国に与えるようなことがあれば、それこそ国益に反する。靖国参拝が外交問題に発展すること自体が、異常である。（「靖国・伊勢参拝　戦没者追悼は日本の国内問題だ」『読売新聞』2004年1月6日）

このような主張は、靖国神社参拝問題を「国内問題」として構築・構成している。これは『読売新聞』が2005年以降、首相の参拝に疑問を呈するようになったあとにも継続して見られる論理である。むしろ日本と中国の間で、靖国問題を大きな問題として構築・構成することへ一定の疑念を呈している(9)。靖国神社参拝を支持する立場は、この問題を日本の固有文化の問題と位置づけ、そして文化を尊重することの重要性を主張することで、靖国神社参拝への批判に反論しようとする点に特徴がある。

3-2　「靖国神社参拝の社会問題化」の問題化

首相の靖国神社参拝を支持する記事の中には、小泉首相や靖国神社参拝そのものを支持するというよりも、靖国神社参拝を問題化しようとする者（特に中国や韓国などの外国政府）への批判を主目的とするものがあった。むしろ『諸君！』『正論』誌上では、この種の記事の方が目立っていた。このような記事には、次のような特徴がみられる。

「靖国神社参拝問題」の否定

一つ目の特徴は、首相の靖国神社参拝を問題視している中国や韓国も、日本と同様の戦没者追悼施設を持っており、その施設をナショナリズムのために利用していると指摘している点である。すなわち、中国や韓国も日本と同じく戦没者の追悼活動をしており、首相の靖国神社参拝だけが特別、問題視される必要はないという反論である。

> 死者儀礼に他国は口を出せない。それが国際的な常識であろう。たとえば韓国では朝鮮戦争の侵略者とされている金日成さえ北朝鮮では民族統一のための戦争の英雄であり、彼に愛する死者儀礼にクレームをつけない。（中略）ベトナムからいえば、当時の米軍や韓国軍の将兵たちは敵であった。これらの人々を韓国で祀ることにベトナムは一切文句がない。戦死者を祀ることは、多くの国が近代国家の形成と成立のために、また国内の国民統合のために行ってきたものである。（中略）
>
> それぞれの国において死者を愛国的に利用（?）して国民統合と中央集権化を図ってきており、それを引き続き維持している。国家のナショナル・アイデンティティを表すために記念館や記念碑、英雄的側面を強調している。日本も戦死者を弔う特別の空間として靖国神社を設けた。（「国家の死者儀礼に他国は口を出せない（特集　小泉首相靖国参拝問題）」『正論』２００５年８月、80, 86, カッコ内原著者）

これらの記事では、靖国神社参拝を他国も行っている戦没者追悼と同種の活動のものと位置づけ、靖国神社参拝問題を相対化しようとしている。さらに靖国神社参拝を問題視している国（引用文中では韓国）もまた、他国（文中ではベトナム）から見れば「敵（国）」であり「侵略者（国）」であることを指摘している。すなわち、ある国の戦没者慰霊活動に対して他国が不快感を持つことは世界的には一般的であること、そして「侵略国」であっても自国の戦没者を慰霊することは「国際的な常識」であり、靖国神社参拝もその常識の範疇にある行為であり、問題視する必要はないと反論している。こうして靖国神社参拝は、世界のいたるところに存在する「戦没者追悼活動」として一般化され、その問題性は否定されていった。

クレイム申し立ての主体に対する批判

このように『諸君！』『正論』上の記事は、靖国神社参拝の問題性を否定する一方、そのような「問題ではない状況」を社会問題化しようとする主体を批判していく。つまり靖国神社参拝を批判し、問題化しようとする中国・韓国は日本以上に「問題ある国」として位置づけられていった。

> 中国は近隣の大国であり、中国との関係を重視するのは「国益」を考えれば当然だという反論が聞こえてきそうだが、我々が重視しなければならないのは、中国の国民との関係なのか、中国共産指導部との関係なのか、冷静に議論すべきだ。いまも言論の自由が認められていない中国において、一党独裁を続けている中国共産党指導部の意見が中国の民意を代弁しているとは限らないからだ。（「中韓のごたくに誤魔化されるな！　世界は靖国をこうみている（特集　小泉首相靖国参拝問題）」『正論』２００５年８月、90）

> 世界中に謀略をしかけ、一方、国内では反政府、自由民主活動家、法輪功、独立運動を厳重に取りしまる。共産主義への信仰を失った大衆を束ねるために自らの圧政、悪政は「反日」ですり替える。（中略）天安門事件は一行も報道されず、教科書では「共産党の輝かしい指導で抗日戦争に勝利し、朝鮮戦争は米国が仕掛けた」などと書かれている。（「中国の工作外交に陥落寸前の日本（特集　小泉首相靖国参拝問題）」『正論』２００５年８月、100）

> 中国共産党はチベット、ウイグルに住む人々に対してどんな仕打ちを現在までやり続けているのか、少しは自省してみるべきでしょう。自国民に対しても「大躍進」や文革で多くの苦しみを与え何千万もの死者・餓死者が出ているというではありませんか。小泉首相もそういった「歴史」的事実を胡錦濤氏にぶつけて反問すればいいのです。（「『政冷経熱』で問題なし　財界人よ、靖國に行って頭を冷やせ（特集　中国と靖國と「歴史カード」）」『諸君！』２００５年２月、49）

このような記事は、中国を「言論の自由が認められていない」、「独立運動を厳重に取りしまる」、「何千万もの死者・餓死者が出ている」国であると評価している。すなわち、これら記事は、靖国神社参拝に対してクレイムを申し立てている主体である中国の正当性の解体しようとしていると考えられる。

さらに『諸君！』『正論』の記事は、靖国神社参拝を問題視しているのは、アジア（世界）の中でも一部の国にすぎず、中国や韓国だけが声高に批判しているだけである、という主張を展開していく。

> 首相の靖国参拝を正面から批判している国は、世界百九十数カ国のうち僅か二カ国、つまり中国と韓国だけである（中略）他の国々は、靖国神社こそわが国の戦没者追悼の中心的施設とみなして参拝している。（「中韓のごたくに誤魔化されるな！　世界は靖国をこうみている。（特集　小泉首相靖国参拝問題）」『正論』２００５年８月、89）
>
> 「近隣諸国は怒っている」とコメントしていたテレビ局もあるが、こぶしをあげたのは中韓の二カ国だけ。（「中国がしみじみと味わう靖国外交失敗の悲哀」『正論』２００５年12月、297）

これらの記事では、「インドネシアのユドノョ大統領は（中略）『国のために戦った兵士のお参りをするのは当然のこと』といわれ（「小泉首相は今年（平成17年）こそ8月15日に参拝を――私たちの靖国と歴史への想い」（特集　小泉首相靖国参拝問題）」『正論』２００５年８月、65）と、中国・韓国以外のアジア諸国が靖国神社参拝を問題視していないことを強調している。この傾向は、２００６年になっても続いている。例えば『諸君！』２００６年８月号の記事では、米国人研究者の以下のような発言を掲載している。

多くの台湾人にとって信仰の自由は大事なのです。そもそも、日本統治下の台湾には、毛沢東や中共支配下の中国より、キリスト教信仰の自由がありましたからね。そういう伝統のある国では馬鹿げた靖国参拝反対論は起こらない。それは中国、韓国を除くアジア諸国全般にもいえることです。（中略）（首相の8月15日の靖国参拝を批判した米国下院の）ハイド議員の懸念は第二次世界大戦参戦者からの発言ですし、議会内の一部の声でしかありません。彼は今期で引退します。（「8・15靖國問題　新世代の知日派からの直言」『諸君！』２００６年8月、31）

このように『諸君！』『正論』誌上では、靖国神社参拝を問題視している国々は世界の中では例外的存在として位置づけられていった。これらの記事では、靖国神社参拝の是非は主要な論点となっておらず、むしろ靖国神社参拝を問題視する中国や韓国が批判の対象となっていた。すなわち社会問題に関する議論から、社会問題の存在を訴える者に関する議論へと、議論の重点が移行している。

クレイム申し立て主体の「別の思惑」の指摘

靖国神社参拝問題に関する議論の重点が、靖国神社参拝の是非に関する問題から靖国神社参拝を問題視する主体に関する問題へ移行していくことで、その主体の内面にも関心が集まっていく。すなわち、靖国神社参拝を問題視している主体はいかなる思惑や動機でそのようなクレイム申し立てをしているのか、そのような主体の内面が推測されていくようになる。その際に注目されたのが、かつての中国政府が靖国神社参拝に対してとっていた態度である。

中華人民共和国「建国の母」と称される周恩来が、日清、日露戦争の戦死者を祀っている靖国神社の「大祭」を拝観していた事実は注目してよかろう。（「あの周恩来が靖国を拝観していた頃の神田と中国共産党の関係」『正論』

２００５年9月、89）

このように、中国政府が靖国神社参拝を問題視するようになったのは、最近であるとの指摘が行われる。またこれ関連して、過去に行われた中国要人の対談が引用されている（１９８０年5月の中国人民外交学会における会談）。

華国鋒：すべての問題が完全に一致するのは大変難しいことです。それぞれの国が置かれている環境・条件が異なる。（中略）問題を認識する場合、それを見る角度によって認識も異なってくるわけです。（中略）私たちが自分の意見と異なる意見を耳にした場合、それはむしろよいことで、悪いことではないと思います。（中略）相当な相違点をもっているというのはごく正常なことだと思います。

鄧小平：私たち（日本と中国）の間には、多くの問題について、見方や見解の相違のあることを、私は承知しております。しかし、それは構わないことで、重要なことは、私たちの間の理解を促進していくことです。（前掲記事『正論』２００５年9月、92）

こうして、靖国神社参拝に対して寛容だったかつての中国政府と、参拝を問題視している現在の中国政府とが比較されている。また中国政府が、靖国神社参拝を問題視したその理由について、以下のような推測が行われる。

中国の高圧的な日本たたきも、靖国参拝停止の要求も、中国共産党の政策としての部分がもっとも大きいのである。日本に対してそうしたカードを使うことが日中関係において中国を利し、さらに中国の国内へのジェスチュアとしても独裁統治への支えとなるという外交・政治の計算ありき、なのだといえる。（「中国に『歴史』を突

きつけよ（特集 中国と靖國と「歴史カード」）」『諸君！』2005年2月、32）

このように『諸君！』『正論』誌上では、現在の中国政府が靖国神社参拝を問題視するようになった理由を憶測していく。例えば、以下のような憶測が行われる。

社会の混乱がこわいから民主化に踏み込めない。民主化できない以上、国民の不満をどこかにそらすしかない。しかしそのために反日感情をあおると、制御不能のデモが起きてしまう。だから罪をすべて小泉首相におっかぶせ、譲歩してもらおう。（「靖国カードで「小泉孤立化」に失敗した中国（渾身の総力特集 中国の靖国攻撃 北のミサイル〝双子の危機〟に備える）」『諸君！』2006年9月、49）

こうして中国政府の思惑が推測される。そして靖国神社参拝に対する中国政府のクレイム申し立て活動は、「外交・政治の計算ありき」の不誠実な動機に基づいて行われたものとみなされていった。

日本国内における「代弁者」に対する批判

こうして靖国神社参拝に関する議論は、参拝の是非そのものから参拝を問題視する中国政府（や韓国政府）へと移行していった。さらにこれらの国々と強い関係を持っているとみなされた主体も、批判の対象となっていった。例えば、中国や韓国との国際関係を重視しようとしたり、靖国神社参拝を問題視したりする議員や企業は「媚中派」とよばれ、彼らは外国政府との「利権」に基づいて行動している、という憶測がなされていく。

中国こそアジアに於ける最大の「戦争勢力」であり、こういう国と密接不可分な関係を持つことには十分注意する必要がある。にもかかわらず、今は「東アジア共同体」にうつつを抜かす経済人が跋扈しています。（「『政冷経熱』で問題なし 財界人よ、靖國に行って頭を冷やせ（特集 中国と靖國と「歴史カード」）」『諸君！』２００５年２月、44）

日本外交が中国に対抗できない理由、それは日中国交正常化行以後ほぼ三十年にわたって「友好」という美名のもとで構築されてきた政財官の既得権益、つまり「利権」ネットワークにあるのである。（「あの田中均と中国はソノ気だが……『東アジア共同体構想』という悪夢（特集 中国と靖國と「歴史カード」）」『諸君！』２００５年２月、74）

そして、このような「利権」を批判できずに黙認しているとみなされた日本の政治家、官僚、マス・メディアも対抗クレイムの対象となっていく。

中国のクレームに対して腰が引けているのでしょうか。政治家も財界も官僚もマスコミも、中国や韓国の言い分の代弁者と化している人たちが多く、国民感情を引き裂いているようにすら感じます。（「緊急インタビュー 靖国の言い分、英霊たちの声（特集 小泉首相靖国参拝問題）」『正論』２００５年８月、57）

これらの記事では、中国（や韓国）は支配的・特権的な存在として描写されている。そして日本の政治家、財界や官僚、そしてマス・メディアが中国や韓国の「代弁者」となって、「靖国神社参拝」に対してそれらの国々と共同でクレイムを申し立てているとみなされていった。

表6-3　『正論』『諸君！』における『朝日新聞』関連特集

『正論』	
2005年　4月号	朝日・NHK問題追及特集
2005年　5月号	朝日OBの直言特集
『諸君！』	
2005年　3月	特集◆お騒がせな朝日新聞
2005年　4月	特集・朝日新聞に愛の鞭を！
2005年12月	総力特集、傲慢なり朝日・中国
2006年　7月	総力特集「歴史の嘘」を見破る！（PART3）――永久保存版〈歴史講座〉26講座　小泉首相以下全国民必読！　もし朝日新聞にああ言われたら―こう言い返せ

※特集として『朝日新聞』をとりあげている号のみを記載。

マス・メディア批判への転換

『諸君！』『正論』誌上の靖国神社参拝問題関連記事においては、上記のように靖国神社参拝に対してクレイムを申し立てる主体（中国、韓国政府）が問題化されていく過程を確認することができる。それと同様に、それらの国々の「代弁者」の一つとしてみなされたマス・メディア報道も問題視されていた。特に、当初から小泉元首相の靖国神社参拝に対して反対の論陣を張っていた『朝日新聞』に対して厳しい批判が行われていった（表6-3参照）[10]。また『諸君！』では、２００５年から２００６年にかけて『朝日新聞』が関係した「ＮＨＫ番組改変問題」[11]の特集記事も複数回掲載されている。その中で靖国神社参拝問題も、この「ＮＨＫ番組改編問題」と関連付けられて論じられた。

そもそも靖国問題も、慰安婦問題も、教科書問題も、すべて「朝日問題」であるといってよい。（中略）外国政府による「政治圧力」、つまり工作や働きかけと連動して報道姿勢を決めるのは、朝日新聞の骨がらみの体質といっていいでしょう。日本では、アメリカの悪口はいくら言っても安全ですが、中国の悪口をいうと必ずトラブルに巻き込まれ、とくに朝日新聞の攻撃を浴びる。（「慰安婦も靖國も

『朝日問題』だ（特集 お騒がせな朝日新聞）」『諸君！』２００５年３月、30）

この記事の中では、外国政府はさまざまな社会問題に対して「政治圧力」を行使できる強大な存在として描かれている。そして『朝日新聞』はその外国政府に従属し、それらに働きかけるマス・メディアの代表的存在として批判され、問題化されている。例えば「朝日の『自虐』が反日運動を招き寄せた」（『諸君！』２００５年６月）や「中国に尻尾をふる朝日とポチ政治家の大罪」（『諸君！』２００５年８月）といった記事は、タイトルから見てもわかるように『朝日新聞』と中国を結び付けて論じている。そこでは、『朝日新聞』は強大な存在に「すりよった」存在として描かされる。

日中両政府の言い分が真っ向から対立するのはやむをえないとして、日本側の論評の中に、例のごとくとは言え中国政府の言い分にすりよったものが多いのには当惑する。なかでも朝日は（中略）小泉首相の責任を中国以上に激しいトーンで非難している。こうした「自虐」姿勢はかえって中国の軽侮を招き、反日運動を加速させるだけではあるまいか。（「朝日の『自虐』が反日運動を招き寄せた」『諸君！』２００５年６月、55）

『朝日新聞』に対する批判的な特集として代表的なものは、『諸君！』２００５年12月号の特集「傲慢なり、朝日・中国」である。この特集では「朝日新聞の捏造報道と戦う」ことが主題に掲げられている。表題の「朝日・中国」と表現からもわかるように、この特集でも『朝日新聞』と中国とが結びつけられている。なお、同号の編集後記は、以下のように述べている。

> 小泉首相の靖国参拝を巡って、いつものように居丈高な中国の態度、そしてそれに迎合する朝日をはじめとする一部の報道機関。自らは「百％の正義」気取りで、日本の軍国主義や主将を批判するものの、己の欠点や失敗に関して、真摯な反省をしているのでしょうか。（中略）口先だけのきれいごとをいう人々の矛盾した振る舞いには唖然とするしかありません。（『諸君！』２００５年12月、278）

ここに、靖国神社参拝問題に関する『諸君！』『正論』の記事の特徴が端的に表れているといえる。すなわち、これらの記事の関心は、靖国神社や戦没者追悼のあり方ではなく、靖国神社参拝を問題視する主体、そしてそれに「迎合」しているとみなされるマス・メディアに向けられているのである。

4　社会問題化されるマス・メディア報道

靖国神社参拝問題に関する対抗クレイムが月刊総合誌の中で展開されていく過程では、中国・韓国政府だけでなく、マス・メディア報道も批判の対象となっていった。そのような対抗クレイムが申し立てられていくことで、マス・メディア報道（特に『朝日新聞』の報道）に関する現実、すなわち「朝日新聞の報道は（社会）問題だ」という現実が構築・構成されていった。この『朝日新聞』に対する対抗クレイムは、靖国神社参拝問題においてのみ展開されていたわけではない。『朝日新聞』の報道への対抗クレイムは、靖国神社参拝問題以外にも、従軍慰安婦問題、ＮＨＫ番組改編問題、教科書書き換え問題といった他の社会問題に関しても、展開されていた。

問題は、『朝日新聞』をはじめとするマス・メディア批判を伴う対抗クレイムが社会の中で認知され受容される要因はどこにあるのかということである。換言すれば、マス・メディアに対して申し立てられた対抗クレイムは、なぜ一定範囲の人々の間で共有されるのか、という問題である。『朝日新聞』への対抗クレイムを展開する者は、『朝日新聞』に対し「不誠実性の指摘」を行ってきた。そして、「報道は誠実に行われるべきなのに、『朝日新聞』の報道はそこから逸脱している」という評価を『朝日新聞』に対して下してきた。そしてそのような対抗クレイムは一定程度、社会で受容されていると思われる。

なお、このような『諸君！』や『正論』の記事に対して、『朝日新聞』前論説主幹の若宮啓文は、『朝日新聞』の具体的な社説・記事をとりあげて反論している（若宮 2008, 153 参照）。また、同じく『朝日新聞』編集委員の上丸洋一も、『諸君！』『正論』誌上の『朝日新聞』批判の多くが不正確な認識に基づいて行われたものと反論している（上丸 2011, 325–366 参照）(12)。

本章の問題関心は、『朝日新聞』の報道に関する『諸君！』『正論』の批判、『朝日新聞』関係者からの反論のどちらが正しいかを判断することではない。対抗レトリックである「不誠実性の指摘」によって、首相の靖国神社参拝が問題か否かという次元の議論から、靖国神社参拝を社会問題化しようとする主体（外国政府や『朝日新聞』）は問題か否かという次元の議論へ、論点が移行していること、そしてこのような移行が社会の中で一定程度受け入れられていることを確認するのが本章の問題関心である。

もっとも本章で示したような「マス・メディア報道の社会問題化」という現象は、必ずしも『諸君！』『正論』などの保守系オピニオン誌の記事においてのみ見られるものではないだろう。靖国神社参拝問題に関して『諸君！』『正論』が展開していた論理とは、一般化すれば「強大な権力者によって、マス・メディアがコントロールされ、事件や出来事が歪んで伝えられ、社会問題に関する間違ったイメージが形成されている（そして自分たちはその間違いを正すために反論している）」というものであろう(13)。この論理自体は、マス・メディア批判やジャーナリズム批判に関する書籍の中では、よく見られる論理でもある。ただ、この論理に基づいて議論を展開していた者の想定を超えて、この論理は社会に広く普及している。その結果、あらゆる立場の人々が、マス・メディア報道へ対抗クレイムを申し立てるときにこの論理を利用・援用するようになったと考えられる。

本章で考察してきたように、マス・メディア批判を伴う対抗クレイムが展開される過程では、二重の現実が構築・構成されている。一つは、靖国神社参拝問題をめぐる現実である。対抗クレイムは、すでに靖国神社参拝問題に関して構築・構成されていた現実に反論を加えながら、この問題に関する別の現実の構築・構成を試みていた。すなわち、「靖国神社を参拝することは特に問題ではない」という現実である。そして対抗クレイムは、同時にもう一つの現実も構築・構成していた。それが靖国神社参拝を問題化しようとする主体に関する現実である。中国・韓国政府は「問題のある国」として構築・構成され、そして『朝日新聞』をはじめとするマス・メディア報道のあり方も一種の社会問題として扱われていった。

特に、雑誌メディアのような非主流メディアは、主流メディアである新聞やテレビに対して対抗的な言論を展開することで、自らの存在価値を見出してきた側面もある。したがって、非主流メディアがある社会問題に対し対抗的な言論を展開していく際には、社会問題に関する現実を対抗的に構築・構成するだけではなく、その社会問題を構築・構成しているとみなされるマス・メディア報道に関する現実もまた構築・構成していく。本書で議論してきた「現実の構築・構成の二重性」という現象は、マス・メディア報道への対抗的言論が形成される場においても確認できる。

現在、月刊総合誌は斜陽化傾向にある。『諸君!』は2009年に休刊になり、その他の月刊総合誌も発行部数は数万単位にとどまっている。社会におけるコミュニケーション全体に占める雑誌、特に月刊総合誌の影響力は、今後小さくなることがあっても大きくなるとは考えにくい。

しかし、本章で考察したようなマス・メディア報道批判を伴う対抗クレイムがなくなるわけではないだろう。その種の対抗クレイムが展開する場は、現在、インターネットが主流となりつつある。マス・メディア報道に対する批判をまとめたサイトも多数作られるようになってきた。(14) かつて月刊総合誌において展開されていたようなマス・メディア報道批判が、今後はインターネット上で、より盛んに、より顕著になっていくだろう。それはすなわち、インターネット上において、本章で論じたような二重の現実が構築・構成されていくことにほかならない。

こうした観点からインターネットが本格的に普及した時代（2010年以降）におけるマス・メディア報道批判として、以下で二つの事例を補足として取り上げたい。

5　補足事例①：インターネット上で展開する『朝日新聞』批判（世論調査報道を例に）

5-1　メディアに関する現実構築（メディア言及）

メディア環境の変化（・多様化）は、メディアそのものに対する言及のあり方も変化させる。今日、ネット上で盛んに行われているマス・メディア批判はその一例である。本節では、このようにあるメディアについて言及し、意味を付与し、メディアに関する現実を構築・構成していくことを、便宜的に「メディア言及」と呼ぶことにしたい。(15)「メディア言及」もあるメディアに関する意味を伝達し、受容、共有していく点では、コミュニケーション過程の一種である。以下、メディアを「マス・メディア」と「ネットワーク・メディア（新しく登場したメディア、例えばインターネット）」とに分けることでメディア言及の類型を以下のように分類して説明する（表6-4も参照）。

①マス・メディアがマス・メディアについて言及する

ある特定のマス・メディア（組織）が自己言及的に自らを語ることで、自己を単数形（一人称単数：我・I）に近い形で語る場合と、複数形（一人称複数形：我々・ｗｅ）に近い形で語る場合とに分けることができる。例えば、朝日新聞社が『朝日新聞』のことについて語る場合は前者、朝日新聞社が『朝日新聞』を新聞業界、もしくはマス・メディア業界として語る場合には後者が該当する。どちらの場合でも、必ずしも受け手がその語りを受け入れるとは限らない。例えば、朝日新聞社が自らに降りかかった問題を新聞全体の問題として語ろうとしても、必ずしも聞き手がそれを受け入れるとは限らないといった場合がそれにあたる。もう一つはある特定のマス・メディア組織が別のマス・メディア組織に言及する場合で、例えば読売新聞社が朝日新聞社について言及する場合がそれにあたる。

表６-４　メディア間におけるメディア言及の分類

言及する主体＼言及される対象	マス・メディア	ネットワーク・メディア
マス・メディア	①	②
ネットワーク・メディア	③	④

②マス・メディアがインターネット（ネットワーク・メディア）について言及する

マス・メディア組織がネットワーク・メディアを「他者」として語る場合で、①と同様に、他者を単数形（三人称単数：それ・ｉｔ）に近い形で語る場合、複数形（三人称複数：それら・ｔｈｅｙ）に近い形で語る場合とに分けることができる。例えばあるニュース・メディアが事件を報道する際に、特定のネットワーク・メディア（ＴｗｉｔｔｅｒやＬＩＮＥなど）に言及する場合が前者、より広い形でネット社会の問題点として語る場合には後者が該当する（最近ではフェイク・ニュース批判などが該当するだろう）。これも①と同様、必ずしも受け手がマス・メディア組織によるその語りを受け入れるとは限らない。ネットワーク・メディアが新興サービスの場合には、その「逸脱的」な状況が半ばモラル・パニック的に報道されることもあるが、そのような場合、そのネットワーク・メディアの利用者がマス・メディアの報道内容に対して反発することもあるだろう。

③インターネットがマス・メディアについて言及する

これは、ネットワーク・メディアの利用者がマス・メディアについて語る場合である。ネットワーク・メディアの利用者には、一般の人々以外にも、何らかの組織や集団である場合もある。①や②と同様かそれ以上に、その語りが受け入れるとは限らない。情報が発信されるまでに編集（情報の取捨・選択・加工・統合）が行われるマス・メディアとは異なり、ネットワーク・メディアでは個人がそのまま情報発信できる。そのため反論を表明するハードルは低くなる。一方、インターネット利用者の間でも同調圧力が働くことで、特定のコミュニティ内で統一した意見が形成される場合もある。

④インターネットがインターネットについて言及する

ネットワーク・メディアの利用者がネットワーク・メディアについて言及する場合、メディアそのものに言及する場合と、メディアの利用者について言及する場合に分けられる、さらに、特定のネットワーク・メディアについて言及する場合と、ネットワーク・メディア全体に言及する場合とに分けることができる。例えば、前者は電子掲示板「5ちゃんねる」の利用者がSNSのTwitterやその利用者について言及する場合がそれにあたる。後者は、マス・メディアとネットワーク・メディアを対比して語る場合がその一例である。

インターネットの普及によって顕在化したのは、②の領域だけではない。マス・メディアが言及の「対象」になる③の領域も登場してきた。前述したようにマス・メディアは言及の「主体」としてだけでなく、言及の「対象」としての側面が顕在化してきたのである。以前ならば、それほど問題視されなかったようなマス・メディアの不祥事（誤報や虚報）が、今ではマス・メディア組織に大きな影響を与える社会問題になったのも、③の領域が顕在化してきたからだといえよう。メディアの多様化によって、メディアによるメディア言及の問題を考慮する必要性が生まれてきた。この分類をもとに、世論調査報道の過程におけるメディア言及を事例に考えてみたい。

5-2　2014年衆院選世論調査報道

メディア報道とネット掲示板への転載

世論調査報道における「メディア言及」について、第47回衆議院総選挙（2014年12月14日）に関する世論調査、世論調査報道を事例として簡潔に論じてみたい。本節では、その中でも2014年12月11日の朝日新聞社報道とそれに対するネットの反応を考察対象とする。『朝日新聞』は12月6日から9日にかけて、衆院選に関する世論調査結果を実施し、以下の12月11日の記事で取り上げた（ほかに全国11ブロックの「衆院選・中盤の情勢」も伝えている）。

1面：「自公3分の2超す勢い　民主70台、共産倍増も」
2面：「半数超が消極的選択『自民、他よりよさそう』」
37面：「経済・消費増税、つぶやき3割超　ツイッター350万件を分析」

それぞれの記事のリード文は以下のとおりである。

1面記事：衆院選中盤の情勢について、朝日新聞社は6～9日に全295小選挙区の有権者約13万人を対象に電話調査を実施し、全国の取材網の情報も加え、情勢を探った。現時点では(1)自民は単独で300議席を上回る勢いで、公明とあわせて定数の3分の2（317）を確保しそう(2)民主は100議席には届かないものの、70議席台に増やす公算が大きい(3)維新は30議席を割り込む可能性が高く、共産は倍増する勢い——となっている。

2面記事：選挙への関心が高まらないまま、自民が300議席を超す勢いの衆院選中盤の情勢。朝日新聞社が情勢調査と同時に実施した世論調査からは、「他よりはよさそうだから」と自民を選び、「しばらくの間は」と安倍晋三首相の続投を望む有権者の心理が浮かび上がる。野党の候補者「すみ分け」戦略もかすみがちだ。

このうち2面の記事「半数超が消極的選択『自民、他よりよさそう』」は、朝日新聞社のホームページにも掲載されている。[16] そしてこのサイトを情報源として、同日、電子掲示板「2ちゃんねる（当時）」の「ニュース速報＋板」に「【朝日新聞・衆院選世論調査】『他よりはよさそうだから』半数超が消極的選択　関心のなさ突出 ©2ch.net」というタイトルでスレッドが立てられた。[17] このスレッドを立てたハンドルネーム「影のたけし軍団ρ★@転載は禁止©2ch.net」は、朝日新聞のサイトの小見出しを除いて記事冒頭から4分の3を転載し、スレッドの最初の書き込みを行った。

このスレッドは上限の1000レスまで到達した。スレッドの全般的な論調は、『朝日新聞』の世論調査解説に対して批判的なものであった。それらのレスを、何を言及の対象にしているかによって、以下のように分類した（表6-5参照）。

a　選挙や政党支持率に言及しているもの

解説記事の内容に、「素直」に言及しているレスがこれに該当する。例えば「こんなもんだろな。そりゃいくら安

表6-5　レスの分類

<table>
<tr><td>メディア言及なし</td><td colspan="3">a 選挙や政党支持率に言及しているもの</td></tr>
<tr><td rowspan="4">メディア言及あり</td><td rowspan="3">b 調査主体（朝日新聞、新聞業界、マス・メディア業界）に言及しているもの</td><td colspan="2">b-1 世論調査解説報道の内容に言及しているもの</td></tr>
<tr><td rowspan="2">b-2 世論調査解説報道の内容には言及せず、調査主体に言及</td><td>b-2-1 調査主体だけに言及</td></tr>
<tr><td>b-2-2 調査主体の別の問題に言及</td></tr>
<tr><td colspan="3">c ネットワーク・メディア（やその利用者）に言及しているもの</td></tr>
<tr><td>メディア言及なし</td><td colspan="3">d 判別不能なもの（関係のないコピペ、宣伝など）</td></tr>
</table>

倍がダメでもミンスよりゃマシだよ。（レス番号：7）[18]」、「実感できないアベノミックス恩恵で、政治に何も期待していないのだ。だから無難な投票先として自民党が選ばれる。他がひどすぎるからだ。（レス番号：8）」のように、『朝日新聞』の報道内容の枠内でコメントをつけているものである。ここに分類されるレスには、「メディア言及」の要素は見られない。

b　調査主体（朝日新聞、マス・メディアに言及しているもの）

報道された内容ではなく、報道主体である『朝日新聞』（やマス・メディア）について言及しているレスのことで、スレッドの1000レスのうち約170レスがこのカテゴリーに含まれる。レスの内容に応じて「世論調査解説報道の内容にも言及しているもの」と「世論調査報道の内容に言及せず、調査主体に言及しているもの」に分けることができる。

b1　世論調査解説報道の内容にも言及するもの

報道内容と報道主体の両方に言及するものである。例えば、「マスコミも、自民圧勝を受け入れるしかないだろう？　投票率の低さとか嘆くなよ。自民しか選択肢が無い有権者の気持ちを理解しろ。それくらい終わっている日本政治。（レス番号：50）」、「比較していくらかでもよいほうを選ぶのが民主主義。結果を全て最善と呼ぶ義務があるのが帝国主義や共産主義。『他より良さそう』を否定するのは民主主義全面否定。実に朝日新聞らしいけどさ。（レス番号：133）」などのレスは、自民党が優勢であることやその理由については、新聞の報道の内容に沿いつつ、「マスコミも」や「朝日新聞らしい」のように調査・報道主体の朝日新聞（やマス・メディア）にも言及している。言及の仕方は、『朝日新聞』やマス・メディアに対して批判的なものが多い。

b2　世論調査報道の内容に言及せず、調査主体に言及するもの

逆に、報道内容については言及せずに、調査主体である『朝日新聞』（やマス・メディア）についてのみ話題にするものである。さらに、『朝日新聞』にだけ簡単に言及するものと『朝日新聞』に関するほかの話題に関連させて言及するものとに分けることができる。

b2-1　調査主体にだけ言及するもの

この分類の特徴としては、「朝日必死ｗｗｗ（レス番号：18）」や「朝日笑える（レス番号：99）」のように、レスが短い。内容は『朝日新聞』（それに類するとされるマス・メディア）に対して批判的（冷笑的）なものである。

b2-2　調査主体の別の問題に言及するもの

ｂ群に該当するレスの中でも目立つのがこの内容である。『朝日新聞』やマス・メディアの一般的な問題や関連する問題に言及する。例えば、「もうＫＹ朝日は黙ってろよ。てか、早く潰れろ。（レス番号：314）」、「今週の報ステ攻めすぎｗ　完全に椿事件　もう打ち切りっぽいからやけっぱちなの？（レス番号：450）」、「朝日新聞の『いわゆる従軍慰安婦』は誤報でない。捏造報道だ。卑劣な犯罪です。吉田調書偽造、手抜き除染を自作自演、国民を反原発

に洗脳する朝日新聞です。日の丸が嫌い、国歌も嫌い。『日本国民』の単語を忌み嫌う朝日反日新聞です。『傷つけ恥じない、精神の貧しさの、すさんだ心の…日本人』朝日新聞KY記事から 大嫌いな日本をおとしめるための捏造報道が朝日新聞社の社是です。（レス番号：477）」などである。それぞれ、「珊瑚記事ねつ造事件（1989年）」、「椿発言問題（1993年・テレビ朝日）」、「従軍慰安婦報道問題・吉田証言問題（1990年代から2014年）」、「吉田調書問題（2014年）」など、朝日新聞や系列テレビ局の問題に関連させている。これらのレスは世論調査・報道それ自体について言及していない。

さらに、『朝日新聞』についてだけではなくマス・メディアに関する一般論へと争点を拡大させて語るレスもある。たとえば「木、金、土……あと三日。印象操作が間に合うといいですね、マスコミさん。w（レス番号：156）」、「マスゴミが反日左翼ゲスト呼んで24時間安倍自民叩きやってんだから 自民圧勝はないし民主共産は伸びると思うよ（レス番号：397）」などである。「印象操作」という用語を用いてマス・メディアを批判するのは、ネットに限らずよく行われることであるし、「マスゴミ」という用語もネット上では頻繁に用いられる。

こうして世論調査報道に関するネット掲示板のコメントは、報道内容にとどまらず、報道主体、その報道主体の別の問題、報道主体を含むマス・メディア全般の問題として語られる傾向がある。このような傾向について、ネット上におけるマス・メディア批判は一種の楽しみとして行われているという指摘がある（平井 2012, 102 参照）。確かに、このスレッドに見られる朝日新聞批判のレスの一部は、本気でマス・メディア批判をするというよりは「ネタにして楽しむ」という要素が散見された。例えば、「消極的に朝日新聞を解約しましょう（レス番号：358）」、「『朝日よりはよさそうだから』と他紙を選び――（レス番号：360）」のように、報道で用いられた言葉や論理を逆手にとっているレスなどである。

これらのレスもまた一種のコミュニケーションであるので、「2ちゃんねる」というコミュニティ、さらに彼らが属する社会で共有された文化の影響も受けながら行われているといえるだろう。前述したように「マスゴミ」や「アカヒ」といった言葉は、マス・メディア批判の際に多用されるネット・スラングである。マス・メディア批判が一種の娯楽として日常化しているネット環境では、世論調査報道に対する反応もまた、容易にマス・メディア批判へと回収される（ただしそれがジャーナリズム批判として優れているかどうかは別であるが）。

c　ネットワーク・メディア（やその利用者に言及しているもの）

前章で分類したように、掲示板のレスの中にも、ネットユーザーに言及するものがいくつか見られた。例えば「>>93 なるほど。やはり自民党に票を入れる人間はネトウヨジャップってことですね。（レス番号：142）」、「ここのネトサポは『民主よりマシ』が合言葉らしいが 自民党支持者より無党派層が一番多いことを忘れるなよ。どこもマシじゃねーんだよ 一つの党に大勝ちさせてたまるか（レス番号：152）」、「ここにいる自民党支持者連中なら、消費税30%でもOKそうだな。（レス番号：321）」などである。これらのレスは、このスレッドが朝日新聞に対して批判的であるとみなし、それに反論するため、書き込みをしている者を批判する言葉（「ネトウヨ」、「ネトサポ」、「自民党支持連中」）を用いている。ただし、これらのレスの割合はそれほど多くない。

d　判別不能なもの

書き込みミスと思われるもの、コピペ、他のスレッドの宣伝、などが該当する。コピペに関しては、スレッドの内容（選挙、世論調査、それを報道する朝日新聞）に関係していると思われるものもあれば、全く関係していないものもある。

表6-6　転載されていたまとめブログ

サイト名	コメント数	URL
政経ch政経ちゃんねる	64	http://fxya.blog129.fc2.com/blog-entry-17814.html
ねっとのNEWS	0	http://netnonews.net/2014/12/11/13077
ドクダミ速報	1	http://doku.publog.jp/archives/18480862.html
黒マッチョニュース	28	http://kuromacyo.livedoor.biz/archives/1793344.html
超速☆ニュース	0	http://tyousokunews.blog.fc2.com/blog-entry-5319.html
ブルボッコチャンネル	1	http://fullbokko.2chblog.jp/archives/41750220.html

まとめサイトへの転載

2ちゃんねるの書き込みは、他のサイト（例えばまとめブログ）に転載されるものもある。ネットには無数のまとめブログが存在しているが、前節のスレッドは少なくとも5以上のまとめブログに転載されている（表6-6参照）。まとめブログは、スレッドをそのまま転載するのではなく一部のレスを抽出して掲載している。またコメント機能が装備されており、閲覧者は自由にコメントをすることができる。

このうち「政経ch 政経ちゃんねる」と「黒マッチョニュース」には、閲覧者から複数のコメントが寄せられていた。その内容はおおよそ「2ちゃんねる」と類似しており、朝日新聞の報道内容に懐疑的で、また朝日新聞そのものに対しても批判的である。

SNSにおける言及

ニュースサイトやブログにはSNSと連携できるボタンが設置されており、SNS利用者は容易に自分のアカウントで引用することができる。朝日新聞の記事には、「Facebook」、「Twitter」、そして「はてなブックマーク」へのリンクボタンが設置されており、引用件数は、「Facebook」が217件、「Twitter」が290件、「はてなブックマーク」が13件だった。このうちTwitterに関してはその書き込みをたどることができる。

Ｔｗｉｔｔｅｒにおける引用ツイートも、いくつかにタイプに分類することができる。単に朝日新聞の記事を紹介しているだけのツイートと、記事を引用しながら自分の見解を付加しているツイートである。後者に関しては、２ちゃんねるやまとめサイトと違って、『朝日新聞』の論調に沿ったかたちで、政権批判を行うツイートも一定数見られた。ただ、『朝日新聞』の解説に懐疑的なものや『朝日新聞』そのものを批判するようなツイートも多く見られた。

5-3　小活

以上まとめると、『朝日新聞』の解説に沿った形でインターネットで言及するものばかりではなく、主張に懐疑的であったり、さらには朝日新聞そのものを批判的に語ったりするものが多かった。また、他の朝日新聞問題と連関させて語る書き込みも一定数存在した。論評の対象になることによって、ジャーナリズムの主体としてのマス・メディアは顕在化される。そしてマス・メディア一般、もしくはそのマス・メディア組織の他の問題と「連関」させられて問題化される。本章前半部で論じた総合誌におけるマス・メディア批判の特徴は、インターネットではより「特化」「激化」した形で展開していると思われる。

6　補足事例②：「分断」するジャーナリズム批判　朝日新聞「吉田調書問題」

近年、マス・コミュニケーション過程にジャーナリズム論が展開した事例として、『朝日新聞』の「吉田調書問題」を挙げることができるだろう（詳細はさまざまな報告書が公刊されているのでそれらに譲る）。

この問題は、２０１１年３月に事故を起こした福島第一原子力発電所の所長だった吉田昌郎が政府の事故調査検証委員会の聴取に答えた「聴取結果書（いわゆる「吉田調書」）」に関する『朝日新聞』の「スクープ」に始まる。2014年5月20日、『朝日新聞』は「福島第一の原発所員、命令違反し撤退　吉田調書で判明」という記事で、「吉田調書」によって事故当時の現場の様子を以下のように伝えた。

東京電力福島第一原発所長で事故対応の責任者だった吉田昌郎（まさお）氏（2013年死去）が、政府事故調査・検証委員会の調べに答えた「聴取結果書」（吉田調書）を朝日新聞は入手した。それによると、東日本大震災4日後の11年3月15日朝、第一原発にいた所員の9割にあたる約650人が吉田氏の待機命令に違反し、10キロ南の福島第二原発へ撤退していた。その後、放射線量は急上昇しており、事故対応が不十分になった可能性がある。東電はこの命令違反による現場離脱を3年以上伏せてきた。

この記事は、事故当時の現場が混乱していたことを伝え、政府・東電を批判する内容となっている。しかしこの記事に対して、吉田所長を取材していたジャーナリストの門田隆将が疑問をさしはさむ。

つまり、職員の9割は吉田所長の命令に〝従って〟2Fに退避しており、朝日の言う〝命令に違反〟した部分など、まったく出てこない。（中略）なぜ朝日新聞は事実を曲げてまで、日本人をおとしめたいのか、私には理解できない。（産経新聞「「朝日新聞は事実を曲げてまで日本人をおとしめたいのか」　ジャーナリスト、門田隆将氏」2014年8月18日）

周知のように、最終的にはこの吉田調書問題に関して『朝日新聞』は社長が謝罪の後に辞任し、記事も取り消しされた。この問題に関しては、表現に関して最高裁まで争うような事態にはならなかったものの、ダイオキシン問題のときよりもジャーナリズム論としては「活性化」したといえる。

一つは同時期の『朝日新聞』の他のジャーナリズム論的な問題との連関性である。朝日新聞は2014年8月5日、「慰安婦問題を考える」「読者の疑問に答えます」という検証記事を掲載した。さらに、この記事の中で従軍慰安婦を強制連行したとする吉田清治の証言（いわゆる「吉田証言」）を虚偽と認めて、関連記事を撤回している。周知のとおり、従軍慰安婦問題は戦後日本の戦争責任問題に関して、『朝日新聞』の主張を支える重要な問題として位置づけられており、その問題に関して記事を撤回するということは、培われてきた『朝日新聞』の信頼性も損なわせるものであった。さらに、従軍慰安婦問題に関する吉田証言に関しては以前からその信憑性に疑問が投げかけられており、特に保守系論壇では朝日新聞批判の特集を行う際にたびたび取り上げられていた。つまり、長年にわたって一部の立場の者たちから疑われてきた「吉田証言」とちょうど同時期にその信憑性が疑われた「吉田調書」の問題が合わせて問題されたのが、2014年8月から9月にかけての出来事なのである。

もう一つはメディア環境の違いである。2014年はインターネットの普及は当然として、各種評論ブログが数多く存在し、さらに個人がSNSで自分のアカウントを持っている状況である。さらに、それぞれのサイトは密接に連関しており、あるサイトで話題になったことがすぐに他のサイトにURL付きで紹介され、さらにネット上で起こった出来事をまとめるサイト（各種まとめブログや「Naverまとめ」や「Togetter」のような個人の書き込みをまとめるサイト）も存在している。

『朝日新聞』の「吉田調書」報道も、すぐにインターネット上で疑問が投げかけられた。特に前述の門田は『朝日新聞』の記事から10日後の5月31日にブログ「お粗末な朝日新聞「吉田調書」のキャンペーン記事」（内容はhttp://blogos.com/article/87529/で確認できる）を書いて、朝日新聞の報道内容を全面的に批判した。このブログは、さまざまなブログをまとめて掲載しているＢＬＯＧＯＳに転載され、さらにそれを読んだ週刊ポスト編集部をはじめ、いくつかの雑誌から記事執筆を依頼されたという（門田 2014, 44〜54 参照）。さらに『産経新聞』や『読売新聞』をはじめとする他の全国紙も『朝日新聞』を批判する記事や論説を繰り返し掲載することで、『朝日新聞』を包囲するジャーナリズム論が展開していった。そしてこれらもまたインターネットに転載され、それを紹介するブログやＳＮＳを通じ拡散されていった。メディア環境の違いが、ジャーナリズム論を活性化させたといえる。

こうした状況に対して、それを「朝日新聞包囲網」として批判するジャーナリズム論も存在する。例えば、『原発「吉田調書」記事取り消し事件と朝日新聞の迷走』編集委員会（鎌田慧、花田達朗、森まゆみ代表）は、朝日新聞の記事取り消しに至る一連の流れを「言論弾圧」と批判し、『朝日新聞』の報道を批判する勢力のことを「いいがかり」と表し、そのような「いいがかり」に屈して記事を取り消す朝日新聞社の経営陣の姿勢を問題にしている。さらに日本を代表とする新聞社がそういう姿勢であることが「取材現場での記者たちの萎縮が始まり、権力批判報道に向かい記者たちの意欲が弱まることを危惧している。それが民主主義を不自由にする」（同委員会編 2015, 327）とこの問題をジャーナリズム論一般へと拡大して論じている。こうした流れもう一つのメディアへの言及であるといえる。ただしそれは朝日新聞批判としてではなく、むしろ朝日新聞の擁護者としてのジャーナリズム論である。

こうしてみると、社会問題の構築・構成過程では、クレイム申し立て活動とカウンター・クレイムの応酬が何重にもわたって行われていることがわかる。吉田調書を報じることで原発政策にクレイムを申し立てた朝日新聞、そうした朝日新聞の報道に対して他紙やインターネットでカウンター・クレイムが申し立てられる。さらにそうした状況に対してまた別の立場が、「朝日新聞包囲網が形成されている」とクレイム申し立てする。こうした現象は前章のダイオキシン問題でも散見されたが、それがより尖鋭化しているのが現代社会の特徴なのかもしれない。しかし「終わりなきクレイム申し立ての応酬」の中で排除されるのは「社会問題（そのものとされる現象）」に関する現実の構築・構成の可能性なのである。

第7章　何が「ジャーナリズム」とみなされるのか？
――「信頼されるメディア」という現実の構築・構成

1　はじめに：「ジャーナリズム」の多様な境界線

本書はこれまで「構築・構成される現実としてのジャーナリズム」という側面に注目してきた。「ジャーナリズム」はメディア・コミュニケーションという広い領域の中で構築・構成され、結果として「ジャーナリズムではないメディア・コミュニケーション」と区別される。ではその境界線はどのように引かれるものなのだろうか。

メディア・コミュニケーションについては、その役割・機能に応じて一応は教科書的な分類がなされてきた。例えば日本新聞協会は新聞のメディア機能を、報道機能、評論機能、教育機能、娯楽機能、広告機能の五つに分類しているという（大石裕 2016, 90 参照）(1)。この分類にしたがえば「ジャーナリズム」とは報道機能と解説機能のことであると考えられる。もっともこうした分類は概念整理としての意味はあるものの、ジャーナリズムと社会問題に関する具体的な「現実」とその構築・構成過程を把握しようとする際にはあまり有益なものにはならない。「社会問題である／

ない」の境界線がしばしば曖昧なものにならざるをえないように、「ジャーナリズムである／ない」の境界線もまた曖昧なものであり、それをめぐって対立が生じうるものだからである。

本書で言及してきた社会的構築主義とは、議論の端緒としてとりあえずは物事の「本質」を認めない視座である。社会問題の構築主義が「本質的な社会問題を認めない」と考えるのと同様に、ジャーナリズムに関しても構築主義的な視座に立てば「本質的なジャーナリズムを認めない」と考えることができる。そして構築主義的社会問題研究が「社会問題」の解釈をめぐる人々の相互作用を議論の俎上に載せてきたのであれば、同じような観点から「ジャーナリズム」の解釈をめぐる人々の相互作用を論じることができるはずである。

もっとも従来のジャーナリズム論は、ジャーナリズムを固定的にとらえてきたわけではない。むしろ批判的な観点からジャーナリズム（の可能性）を論じる議論は、少なからずジャーナリズムの多様な形態を認めてきた。ジャーナリズム・ジャーナリスト（の定義）の流動性を指摘する林香里の議論が典型的であろう。林は、ジャーナリズムは本来的には多様な存在形態がありうるにもかかわらず、男性中心の既存のマス・メディア組織・業界ではその多様性が失われてきたと指摘し、既存のジャーナリズム概念の脱構築、代替的なジャーナリズム概念の構築の必要性を説いている。例えば、ジャーナリズムのあり方として今日では「中立・客観報道主義」の規範が共有されている。確かにこの規範は現在のマス・メディアを中心するジャーナリズム活動を成立させている重要なものである。しかし林によれば現在のジャーナリズムは極度に専門主義的、新自由主義的であり、それがいわゆる「オトコ」の論理に基づいた支配的なジャーナリズムを形成していると批判する。一方で、非正規・フリーランスらの「ジャーナリスト」による活動の中にも「ジャーナリズム的」なるものを見出し、対抗的なジャーナリズムの構築の可能性やその実践について論じている（林 2011 参照[2]）。現代社会においては、ジャーナリストは専門的職業、ジャーナリズムは専門的組織として理解されている。だが米国をはじめ、マス・メディア産業の斜陽化が進み、非正規雇用の記者の増加している現代社会では、ジャーナリストの条件として専門的職業であることを挙げるのは、規範面以外の観点からも今後は困難になっていくだろう(3)。

ジャーナリズムのあり方の多様性については、既存の報道スタイルを批判し新たな表現方法を模索する中でも示されてきた。その一つが「ニュー・ジャーナリズム（運動）」であり、１９６０年代の米国においてそれまで主流だった公的機関の発表情報をもとにする客観主義的な報道スタイル（無署名性の高い報道）を批判しながら登場してきた。ニュー・ジャーナリズムのあり方について、玉木明は以下のように述べている。

無署名性の言語とは、活字メディアにおける普遍性、伝える機能を担うものであって。そこでは「何を、誰に、いかに、伝えるか」というメディア自体が抱える命題から「何を、誰に、いかに」という人間的要素がかぎりなく漂白されて、「伝える」という機能だけが抽出され、拡張される。すでにみてきたとおり、ニュー・ジャーナリズムとは、そのメディアの普遍性、機能化を拒否し、メディアの個別性を要求してきたありうべきもう一つのジャーナリズムの形態、ジャーナリズムの自覚態、対自存在にほかならなかった。（玉木 1992, 267）

ニュー・ジャーナリズムでは、事件を描写する際、登場人物の内面を強く描写しようとするため、小説の手法を用いることもある。それはそれまでの報道のスタイルとは大きく異なっていたが、現在では「ありうべきもう一つのジャーナリズムの形態」として一定程度、受容されている。

また、以下のように文字以外の情報形態によるコミュニケーション（例えばテレビによる映像情報伝達）に新たなジャーナリズムの形態を見出す議論もある。

テレビドキュメンタリーという表象の方法自体が、患者の症状や患者の生活、水俣を睥睨し、君臨するかのようなチッソの工場、そこから流される大量の排水などの映像を必要とする。そうした映像を説明する言表が配分されていくことで、水俣病事件の全体的構図を語る言説が編制されていったともいえるだろう。（中略）カメラのとらえた映像、マイクのとらえた音声によって、水俣病事件の構図が裏付けられながら表象されるようになる。（小林 2007, 363）

映像では、カメラや録音機が有する記録機能が「事実」を切り取る証拠能力として機能する。映像、音声、音楽、図画などのマルチモダリティな表象であることが、公害問題としての水俣病事件、およびそれを正当化する当時の日本社会で支配的価値観に対する対抗的言説を作り出すことを可能にした。水俣病事件は、映像がもつ力を端的に示した事例である(4)。このような指摘は、従来の文字による、そして客観主義的な報道姿勢に基づく主流のジャーナリズムのあり方を相対化し、対抗的なジャーナリズムの構築に貢献したと読み替えることができる。

そもそも、現在において主流とされる客観報道主義的なジャーナリズムもまた、プロフェッショナリズムとしての体裁を維持するため、ルールや職業倫理として確立してきた歴史的経緯がある。そしてこれらのルールや倫理は、ジャーナリズムの定義の構成要件として機能し、さまざまな批判に晒されつつも、現在まで一定の地位を確保している（大井 1999, 26-30 参照）。とはいえ、新たな「ジャーナリズム」を求めようとする動きは常に生じていることも確かであり、それを踏まえれば「ジャーナリズム」の構築・構成の可能性は多様であるといえる。例えばエリート・ジャーナリズム（固い話題を中心とした客観的報道のスタイル）、ポピュラー・ジャーナリズム（ヒューマン・インタレストを中心とした、センセーショナルなスタイル）、ニュー・ジャーナリズム（素材は事実に基づくが、文学的なスタイルや表現形態をとるもの）、調査ジャーナリズム（埋もれた事実を掘り起こして主として政治・経済的権力の不正を暴く企画記事）、唱道的ジャーナリズム（特定の主義主張を担う主観的な報道）、タブロイド・ジャーナリズム（犯罪・性・スキャンダルを素材とするもの）、ニュース・ショー（テレビのワイドショー）、インフォテイメント（インフォメーションとエンターテイメントの合成語）、トークショー（観客入りのスタジオで有名人にインタビュー）などを列挙することができるし、これ以外にも多様な「ジャーナリズム」が想定できるだろう（大井 2004, 42-45 参照）。

またインターネットが登場・普及してからは、周知のようにネットを活用した新しいジャーナリズムのあり方について、期待感を伴う議論が展開されてきた。人々はさまざまな規範・基準に基づいて、さまざまなメディア・コミュニケーションを「ジャーナリズム」として定義してきたし、それらの中には一定の人々の間で共有され、「ジャーナリズム」として社会的に構築・構成されてきたものもある。

ではどのようなメディア・コミュニケーションを人々は「ジャーナリズム」としてみなすのだろうか。本章では、ジャーナリズムとして構築・構成される現実に共通する特徴として「信頼（性）」に注目する。その上で信頼（性）もまた構築・構成されるものとみなしながら、現代社会における「（信頼される）ジャーナリズム」の構築・構成のあり方について論じていきたい。

2　コミュニケーションに関する「現実」の構築・構成

2-1　コミュニケーションの「単位」における現実の構築・構成

H・D・ラスウェルはコミュニケーション過程に関して、以下のように分類している（ラスウェル 1948=1968, 66 参照）。

① 送り手（誰が）　④ 受け手（誰に対して）
② 情報内容（何を言うか）　⑤ 効果・影響
③ 情報の通路（メディア）

このように、メディア・コミュニケーション（マス・コミュニケーションも含む）の過程は、①送り手が、②情報内容を発信し、③メディアを介して、④受け手に到達し、⑤（受け手が何らかの）効果や影響を受ける、という一連の過程として把握できる。(5) そして「事物は人々の相互行為を通じて社会的に構築・構成される」という構築主義的視座は、(6) 上記のコミュニケーション過程の①から⑤のすべてに適用することができる。

メディア・コミュニケーション研究の中で最も構築主義的視座が適用されているのが②情報内容である。例えば（マス・）メディアが伝える情報内容（特にニュース）の客観性を相対化し、それらが事件・出来事の一部の事実を切り取り編集したものであること、そして編集されたニュースをもとに集団・社会の構成員の間で事件・出来事に関する現実が構築されることについては、疑似環境論やメディア・フレーム論などで言及されてきた。(7)

だが構築主義的視座は、「②情報内容」以外のコミュニケーション過程にも適用できる。(8) 例えば③メディア（の技術）に関しては以下のようなことがいえる。人々は、ただ単にメディア技術を利用するというよりは、その技術がどのようなものなのかを自分なりに理解・解釈しながら、すなわち意味付けを行いながら、それを用いて（メディア・）コミュニケーションを行っている（北田 1998 参照）。そこではメディア技術に関する現実がメディアを利用する者の頭の中に、もしくは利用者間で構築・構成されている。例えば、人々がモバイル・メディアを「有害メディア」として解釈し、その解釈が社会で共有され、規制が制定され、メディアの利用者は逸脱視され、結果としてコミュニケーションのあり方にも変化が生じる。このような現象を、構築主義的視座に基づいて考察することもできる。(9)同様に、④受け手に関する現実もまた構築・構成される。マス・コミュニケーションの送り手は、自分たちが発信する情報の受け手がどのような存在なのかを（無意識な場合もあるが）認識しながら、情報を発信している。また受け手の側も、自らがどのような存在なのかを理解しながら情報を受容している。そこでは一つのカテゴリーとしての「オーディエンス」が構築・構成されている。ときには、保護されるべき受け手として「子ども」に関する現実が、保護者や教育者などの第三者によって構築・構成される場合もあるだろう。(10)

そして⑤効果・影響についても同様である。例えばマス・コミュニケーションの効果影響モデルの「第三者効果仮説」は、自分以外の第三者はマス・メディアの影響を受けるが、自分は影響を受けないという認識を人々がもつ傾向があると主張する説（仮説）である（マクウェール 2005=2010, 681 参照）。この仮説が正しいかどうかは議論の余地があるとはいえ、人々が「マス・コミュニケーションは受け手に対してこのような影響がある」という現実を構築・構成していること自体は確かである。このような「現実」は、「有害コンテンツ」が青少年に与える「悪影響」について、社会的な論点が形成される過程で構築・構成されると考えられる。そして（メディア・）コミュニケーション論の研究者が、人々が行うコミュニケーション過程について専門的な説明をする以前に、人々はこの過程について日常的な概念で説明しながらコミュニケーション行為を遂行している。

この議論、そして今までの本書の議論を踏まえると、「ジャーナリズムの構築」とは、一連のメディア・コミュニケーションの過程においても、特に①送り手（多くの場合はマス・メディア組織）に関する現実構築であると読み替えることができる。そして、それぞれの①から⑤に関する現実を構築する主体は、以下のようなものであると考えられる。

(a) コミュニケーションの送り手（による構築）
(b) 受け手（による構築）
(c) 第三者（による構築）
(d) 送り手、受け手、第三者を含む集団・社会（における間主観的な構築）

この(a)から(d)の分類を踏まえると、例えば①送り手に関する現実構築には、(a)送り手自身、すなわちマス・メディア組織が自己言及的に自らの活動を論じること、(b)受け手、すなわちオーディエンスによるマス・メディアの論評・批判（北田 1998，平井 2012，101-102，本書6章も参照）、(c)第三者、例えば政府によるマス・メディア批判やジャーナリズム論の論者によるものがある。そして(a)から(c)の間で、マス・メディアに関する現実が共有されていくことで、(d)集団・社会において、送り手（としてのマス・メディア組織）に関する現実が間主観的に構築・構成されていく。

2-2　構築主義的視座の目的

ある研究領域で構築主義的視座をとることでどのような議論の展開が期待できるかは、同視座を採用する目的意識に大きく依存する。以下では、社会問題の構築主義の議論を手掛かりに、構築主義的視座の分類を試みる。

まず構築主義的視座は、既存の構築物（多くの場合は支配的とされるもの）を脱構築する目的で採用される場合がある。その目的は大別して、支配的な構築物が「客観的」な現実を反映したものではないことを批判するため、もう一つの目的は代替的な構築を行うためである。前者の例としてモラル・パニック論のように、既存の構築物（ある社会問題に関する現実）が「客観的」な現実を反映していないことを批判し、客観的なデータに基づく対抗的な現実を構築・構成する目的で、同視座が採用される。もっともこの場合、構築主義的視座に基づく指摘は、「客観的」データに基づく現実構築をするための端緒であり、構築主義的視座を採用するのは既存の現実を批判するためである。すなわち構築主義的視座は、「客観的ではない」現実に対して適用されるにとどまる。

後者についても、構築主義的視座を採用する理由は、対抗的な現実構築を実現するために、自明視された現実の正当性を脱構築するという意図がそこに含まれている。この場合も前述のように客観的か否かという基準とは異なるが、何らかの規範・基準によって構築物の序列化が行われている。すなわち規範・基準を満たしていない既存の構築物を脱構築し、より正当な代替的構築がそこでは試みられている。この場合も、批判対象の正当性を相対化するために構築主義的視座が用いられている。これらの脱構築を目的とした構築主義的な視座の適用は、脱構築する対象を自ら構築しようするものとの間の比較を行うため、価値観、規範、基準への言及が不可欠になる。(11)

また現実の構築過程を記述したり、事例横断的に一般的な説明をしたりするために、構築主義的視座が採用される場合がある。中河伸俊らは、構築主義的視座を採用する目的を以下のように述べている。

> 正しい立場性や自己反省やあらゆる〝事実〟への懐疑ではなく、エンピリカルな探求（中略）参与者がその活動を組織化するためにしていること、考えていること、使っている者を観察し、それを社会学という別の実践的関心に沿って再構成すること（あるいは再特定化）し、参与者の活動の文脈に投げ戻すこと。（平・中河 2006, 319）

ただし「記述」から一般的な「説明」へと展開していく過程では、何らかの構築行為（再構成という形で）が不可避である。中河らは、これを「社会学という別の実践的関心に沿って」行うとしている。(12) この「実践的関心」の中には、構築過程を規定したり、その過程に影響を与えたりする諸要因の分析も含まれるだろう。すなわち、特定の集団や社会の中でなぜある特定の現実が優先的に構築されていくのかを説明することで、その集団やその社会で共有されている解釈図式や価値観、いわばその社会で共有されている「常識」や「イデオロギー」を明らかにしていくというものである。[13]

そして、より理解社会学や現象学的社会学に近い目的意識に基づく構築主義的視座も想定できる。人々の行為の多くは意識的に遂行される以上、その行為を分析するためには行為者もしくは複数の行為者たちの間でどのような現実認識が共有されているのかを把握する必要がある。脱構築を目的とするわけでも、構築過程の分析を通じて一般的な説明を指向したり、社会の価値観を抽出したりするのではなく、行為そのものをより深く分析するために構築主義的視座を適用するのである。メディア・コミュニケーション過程には、送り手が伝える情報によって事件・出来事に関して構築・構成される現実と、コミュニケーション過程の各単位（②以外の①〜⑤）に関する現実が構築・構成されるという、二重の過程が存在している。あらゆる行為が遂行される過程で現実が構築されるという意味、そしてその行為の一種であるコミュニケーションによって伝えられる情報に基づいて受け手や受け手が構成する社会の間で現実が構築・構成されるという意味、コミュニケーションを考察する場合にはこの二重の現実の構築・構成過程をとらえる必要がある。

3　「信頼されるコミュニケーション」としての「ジャーナリズム」

3-1　未来の不確実性に対する備えとしての「信頼」

メディア・コミュニケーションに関する現実構築について、社会学理論の領域ではニクラス・ルーマンが、社会システム論・ラディカル構成主義の文脈から、マス・メディアに関するリアリティ構築について論じている。ルーマン理論をメディア研究に応用した北田の言葉を借りれば、そこでは「メディアがどのような伝達様式を持つかを社会（言説）の側が定義し、その自明化された伝達様式への態度を構えたうえで受け手がメディア・テクストの意味解釈を行う」（北田 1998, 94 参照）という多層的な意味解釈過程が存在している。

もっとも、ルーマンのマス・メディア論に対しては、その紹介者・訳者である林香里が「具体的な実証研究に結び付かない」とも批判もしている（林 2005, 196–201 参照）。しかし、社会システム論から「マス・メディアのリアリティ構築」へとたどりついたルーマンが別の分野で一般社会について提示した概念は、マス・メディア（メディア・コミュニケーション）に関する現実構築をより詳細に分析する際にも有用であると考えられる。特に、複雑化した現代で社会が成立するための要件としてルーマンが提示した「信頼」という概念は、昨今の複雑かつ不確実になっているメディア環境におけるジャーナリズムに関する現実の構築過程を考察するのに有用であろう。(14)

人間は、さまざまな対象についての情報を受け取り、まずは頭の中でその対象に関する現実を作り上げる。この際、個人が対象に関する情報を直接入手する場合と、何らかの媒体（メディア）を通じて間接的に入手する場合とがある。アルフレッド・シュッツは、人々が行為を展開する世界を、「社会的直接世界（いま・ここの世界）」「同時代世界（いま・ここではない世界）」「先代世界（過ぎ去った過去の世界）」「後代世界（これから訪れる世界）」に分類する（シュッツ 1932=2006, 215–323 参照）。これらの中で、人間が直接的に情報を入手できるのは「社会的直接世界」のみである。過去である「先代世界」や、現在ではあるが直接的に体験できない「同時代世界」に関しては、何らかのメディアを介して情報を受容しなければならない。さらに「後代世界」とはこれから生じる未来の世界であり、「先代世界」や「同時代世界」よりも一層不確定かつ不確実であり、それを間接的に体験することすらできない（森 1995, 444–445 参照）。

人々が情報を入手し、それをもとに構築・構成する現実には多様な可能性があるにもかかわらず、人々は特定の現実を選択的に構築・構成している。またメディア・コミュニケーションの場合には、情報入手に際して他者が介在するため、その他者が伝える情報が正しいかどうかその人にとって有用なものかどうか、その場で判断するのは困難を極める。その際に機能するのが「信頼」である。信頼について、ルーマンは以下のように述べている。

将来は、人間の持つ現在化の能力の手に余るのである。にもかかわらず人間は、このような常に複雑な将来を伴った現在において生きていかねばならない。従って人間は、自らの将来を現在の尺度で不断に剪定し、複雑性を縮減していかねばならないのである。（ルーマン 1973=2010, 19）

「将来」にはさまざまな可能性が存在する。コミュニケーションの受け手からみれば、自分がいまメディアから入手した情報が間違っていると判明する、もしくはいまとは違う新しい情報を入手する可能性などである。受け手である人々は、そのような可能性があるにもかかわらず、その可能性を「剪定」し、いま入手可能な情報に基づいて現実を構築・構成する。いわゆる「メディア・リテラシー論」では、情報の受け手は、多様な情報源を精査し、メディアの情報を鵜呑みにしないことが求められるが、人々の日常世界（そして研究の領域であっても）では、特定の媒体が信頼され、その情報は信頼性の高いものであるとみなされている。かりに信頼性の根拠がその媒体の過去の実績の蓄積によるものであっても、その媒体が将来にわたって「正しい情報」を伝えてくれるかどうか確実に保証するわけではないにもかかわらず、である。

さらに近年では、情報源やメディアの多様化が進んでいる。そのような状況では「技術的に生み出される将来の複雑性に耐えうるためにこそ、一層多くの信頼が要求されてくる」（ルーマン 1973=2010, 27）のである。複雑な技術の蓄積、機能集団間のつながりで成り立っている現代社会では、人はその一つ一つの技術や集団について完全なる知識を持っているわけではない。完全な知識を持とうとすればそれだけで多くの時間がかかる。人々は完全な知識がないままであっても、一旦はそれらを不問に附して信頼し、利活用している。受け手は新聞記事やテレビ番組の内容が（多少は偏っていたとしても）全くの嘘ではないと信頼して、その情報を受容している[15]。

こうして、事件・出来事に関する情報を伝えるメディア・コミュニケーションやその送り手が信頼されていくことで、彼ら、そして彼らの行為が「（信頼に足るコミュニケーションとしての）ジャーナリズム」として構築・構成される。ジャーナリズムとは、ある種の信頼が付与されたメディア・コミュニケーション行為、ないしはその主体なのである。逆に、ひとたび構築・構成された信頼が揺らぐときには、そのメディア・コミュニケーションは批判の対象となる。例えば、誤報や虚報（捏造）といった不祥事は、メディア組織への信頼を大きく低下させる。信頼されている「ジャーナリズム」であるほど、その信頼を失う事態は問題視されることだろう[16]。

3-2　コミュニケーションの信頼性の構築・構成

信頼性が付与されることでコミュニケーションの中から「ジャーナリズム」が構築・構成されるという考え方を、今までの構築主義の議論に添わせると以下のようなことがいえるだろう。

信頼性の構築・構成に関する「不均衡性」

構築主義的な発想（の一部）では、必ずしも現実は「実態」を忠実に反映したものではないと考える。この視座は、「本当の姿（実態）」と、「イメージされた姿（解釈・構築物）」とを比較し、それらの差異・ズレに対する批判的考察を可能にする。モラル・パニック論はこうした視点の典型的なもので、社会問題の「実態」と過大に描写された「イメージ」の違いを批判する。[17]

本章の文脈ならば、次のようなことがいえるだろう。つまりニュース・メディアの「実態」に比べて、ニュース・メディアに関する信頼性が過大に／過少に構築・構成されるという問題である。そもそもニュース・メディアの信頼性は世論調査を通じて測定されるが、そうした調査データをもとをたどれば回答者の解釈の蓄積である。調査の回答者が、ニュース・メディアの「実態」を常に把握しているとは限らない。ニュース・メディアについての形成された「イメージ」に基づいて回答していることも十分考慮すべきだろう。もちろん、モラル・パニックのように「信頼できないニュース・メディア（＝問題あるメディア）」という過大な解釈が広まる場合もあるし、逆に根拠なく「信頼できるメディア」という解釈が広まる場合もありうるだろう。[18]

もっともこれがニュース・メディアにとって「よいこと」であるかといえばむしろ逆である。今後、ニュース・メディアが「あるべき姿」に向かって邁進して、仮にそうなったとしても、人々がそれをそのまま「信頼できるニュース・メディア」として解釈するとは限らない。ニュース・メディアの信頼性は、ニュース・メディアの「実態」の次元ではなく、そうした「実態」に関する人々の解釈の次元に構築・構成されるからである。

信頼性の構築・構成の歴史性・間主観性

「信頼に足るジャーナリズム」を構築・構成していくあり方は、本来的には多様であり、個人によって、時代によって、社会によって異なる。しかしある時代や社会（小集団）では、その信頼構築のあり方が間主観的に共有され、その結果「ジャーナリズム」に関する現実も社会の中で共有されている。

信頼とは、不確実な将来の可能性を縮減しつつ、無意識的・意識的に「覚悟」を決めることである。ここでいう

「覚悟」とは、ある対象が自分の期待・予測の通りにならなかった場合でも、それ自体の責任にはせずに、挽回の回路を保証することである（大庭 2010, 220-223 参照）。この際、どのようなものが信頼に値すると解釈できるかということに関しても、レリバンスと類型化の体系化が作用する。人々が自分が生きてきた中で、さまざまな対面的コミュニケーションもしくはメディア・コミュニケーションによって情報ならびに知識を習得し、頭の中にレリバンスと類型化の体系、換言すれば「これは信頼できるメディアである」という現実を構築・構成するための基準を作り上げている。それによって未来を見積もる。すなわち人々がどのようなメディアを「ジャーナリズム」として信頼し、どのような情報を「正確な情報」として信頼するのかもレリバンスと類型化の体系によって規定されている。

レリバンスと類型化の体系は、個々人が独自に有するものというよりは、他者と、集団内で、そして社会全体で共有されている。また各個人が有しているこの体系も、さまざまな経路によって、短期的・長期的に作られてきたものである。家庭、地域、学校、宗教的な集団、またはメディアによるコミュニケーションを通じて、各個人は社会化の過程でこの体系を形成し、他者と一定程度共有している。戦後の日本社会は長らく、統一的な学校教育やマス・コミュニケーションによる一方向的かつ広範な情報伝達により、広い規模で情報・知識の共有が行われ、レリバンスと類型化の体系に関しても、広い共有が達成されてきたともいえる(19)。

一方で、インターネットの普及によってそれまではマス・コミュニケーションの受け手にとどまっていた人も、容易に情報発信できるようになってきた。さらに、他者の情報発信が可視化されたことで、マス・コミュニケーションによるものとは異なる現実が構築される可能性が生じた。

現実の構築・構成過程では、特定の現実が構築・構成される代わりに、それ以外の現実の構築・構成可能性は排除される。この排除もまたいくつかの段階に分類することができる。S・ルークスが主張した多次元的権力論では、人々の目標の達成過程は「利益認識」「利益表明」「利益実現」の三段階に分けられている（ルークス 1974=1995, 13-43,

大石裕 2016，152–158 参照）。この発想を現実の過程に当てはめれば，①特定の解釈をする段階，②その解釈を他者に表明する段階，③他者の解釈と対立した場合にそれを排除して自らの解釈をおし通す（説得する）段階に分けることができる。[20] インターネットの普及によって生じた情報発信主体の可視化の進展で大きな変化があったのは，②の段階であると考えられる。例えば「沈黙の螺旋理論」の中でも指摘されていたことだが，人々は自分の見解が少数派であると認識したときには，その意見の表明を抑える傾向にあるとされる。ネットの普及によって，人は容易に自分と同様の意見に出会うことが可能になった。そして同様の意見の持ち主と場所を異にしても相互にコミュニケーションできるようにもなった。

一方で，ネットのコミュニティは集団分極化する傾向にあるといわれる（サンスティーン 2001=2003，80–91 参照）。特にＳＮＳのようなメディア環境では，利用者はその情報源をカスタマイズし，自分に心地よい情報のみを選別して受容することができる。[21] そこでは，各々自分（たち）の信頼するメディアからの情報に基づいて，自分たちの集団だけで共有できる現実を作り上げる，つまり自分たちだけが信頼するメディア（≒ジャーナリズム）を作り上げることも可能になる。そうして自分たちだけが信頼する「ジャーナリズム」が個別に存在し，集団間で相互に了解不可能な状況になっていくことも考えうる。

このような状況でも，誰もが判断を共有できる事実（例えば客観性の高いデータ）があれば，それをもとにして現実構築を共有していくことも可能かもしれない。しかし社会が複雑化し，そこで起こる事件・出来事の不確実性が高まっている昨今では，そもそも「客観性の高いデータ」そのものが入手困難である。したがって共通の現実を構築・構成することはより困難になりつつあると考えられる。[22]

その兆候はいくつかある。例えば２０１６年あたりから，ニュース・メディアの信頼性を解釈するときに，「フェイク・ニュース」は一つのキーワードであり「ラベル」になっている。このラベルが付与されたニュースやそれを配信するニュース・メディアは「信頼できないもの」と解釈されることになる。しかしこの「フェイク・ニュース」というラベルは、特定のニュース・メディアに対して一方向的に付与されているというよりは、むしろ政治・社会的に立場が異なる者同士が、お互い敵対者に付与しあうものになっている面もある。少なくとも近年の日本で出版された「フェイク・ニュース」に関する書籍を概観すると、このラベルはマス・メディアがネット・メディアに対して用いているだけではなく、逆にネット・メディアがマス・メディアに対して用いることもある。(23)

信頼性の構築・構成過程の参加者が増加したことにより、マス・メディアはそうした主体の中の一つにすぎなくなった。端的に言えば、マス・メディアは論評の主体から論評の対象になったのである。もはや、ニュース・メディアは自身の信頼性の構築・構成過程においても、特権的な地位を維持することができなくなっているのではないか。(24)

4　現代社会における「ジャーナリズム」と信頼

本章では、行為としてのメディア・コミュニケーションやその主体が「ジャーナリズム」として構築・構成されていく過程を考察するために、構築主義的な視座を再検討し、「信頼」概念を手掛かりに若干の考察を行ってきた。もっともメディアの信頼性に関する社会調査を見るかぎり、新聞をはじめとするマス・メディアに対する人々の信頼度が大きく減少したと判断することはできない。信頼度は、むしろインターネット（や雑誌）の信頼度の方が低い。その一方で「特定の勢力に偏った報道をしているから」、「政府や財界の主張通りに報道するだけだから」などという理由で新聞へ不信を募らせる見解も多数派ではないにせよ存在している。これらの意見を持つ層は、社会全体から見れば、大きな影響力を持っているとは言えない。しかし、ときとして個人や小集団に対しては大きな影響力を行使する場合もあるかもしれない。

コミュニケーション過程に関する現実の構築過程が、理念型として存在することはさまざまな研究者によって指摘されてきた。ただ、いままではマス・コミュニケーションによる情報伝達が自明視されるメディア環境だったため、その過程が顕在化するのは限定された事例にとどまっていた。またネットが登場した現在でも、調査データが示すように、マス・メディアの信頼性が直ちに揺らいでいるわけではない。

しかし一方、マス・メディアの地位は（社会全体ではなく）特定の集団の中では揺らぐこともありうる。そしてマス・メディアの信頼性が揺らいでいる中で、特定の集団内のコミュニケーションによって、集団内部で特定の現実が支配的に構築・構成されることもありうるだろう。そうであるとすると、現代社会の問題とは既存のマス・メディアの信頼性が揺らいでいる（かもしれない）という問題だけではなく、人々が各々の「信頼するニュース・メディア」を構築・構成していること（そしてそれらの間で対話性がほとんど無いこと）こそが問題なのではないだろうか。

ジャーナリズムの構築・構成過程とは、メディアの信頼性を巡って人々が解釈をしあう過程でもある。現代社会においても、この過程は活性化しつつある。ニュースの信頼性を問う議論が再び盛んになりつつある時代においても、本章で示してきた視点は貢献できるものと考える。

終章　現代社会におけるジャーナリズム、ジャーナリズム論

1　「ジャーナリズム」の構築・構成過程の変容

本章では、これまでの議論をもとにして、「情報化社会」とも「インターネット社会」とも呼ばれる現代社会におけるジャーナリズムとジャーナリズム論（ジャーナリズムを語るという行為）のあり方について試論的に考えることで終章としたい。

本書は「二重の現実の構築・構成過程」という発想を手掛かりに議論を展開してきたが、基本的にはマス・メディアによるマス・コミュニケーションにまつわる「現実」を分析の対象に据えてきた。しかし昨今のメディア環境の変化、例えば人々のマス・メディア離れ、マス・メディア企業の業績悪化、そしてマス・メディアへの「信頼性の低下」の指摘など、マス・メディアの「斜陽化」が指摘される時代では、それに替わるメディア（特にインターネット）とそれによって可能となるメディア・コミュニケーション形態に関する現実が構築・構成されていく過程も分析の対象にすることを想定しなければならない。

インターネットをはじめとする「新しいメディア」に関する情報やそれをもとにした議論は非常に流動的であり、それを論じようとする者すらも巻き込んで事態は進行していく。ジャーナリズム論との関連でいえば、新興のメディア技術に「ジャーナリズムの精神」を見出していた研究者が、その後見解を翻すようなこともある。これはそうした研究者の個人的な資質の問題ではなく、社会的な問題であると考えた方が建設的であろう。すなわち「ジャーナリズム」を構築・構成する過程は、現代社会では極めて活性化している。

終章では、マス・コミュニケーション（だけ）の時代からネットワーク・コミュニケーション（もある）時代への意向の中で、ジャーナリズムをめぐる現実がどのように変容するのか、発展的な議論をしていきたい。

2　マス・コミュニケーション過程をめぐる現実の構築・構成

2-1　「問題ある社会過程」としてのマス・コミュニケーション

日本では「マスコミ」という略語が「ジャーナリズム」を示すことがあるように、「情報化」以前の社会では、基本的にジャーナリズムはマス・メディアによるマス・コミュニケーションによって担われてきた。近代化とともに誕生・発達してきたマス・コミュニケーションであるが、それに対する評価は大きく分かれる。マス・メディアを通じて日常生活では直接体験できない社会的事件・出来事についての情報を人々が受け取ることで、かれらは公共的問題についての認識を高め、ひいては民主主義的な社会を形成するだろう、という楽観的な見方もあった。一方、人々が現実を認識する際にマス・メディアに強く依存してしまい、そうしたマス・メディアを政治エリートや経済エリートなどの有力者が統制することで、人々がエリートたちに容易に操作されてしまうという悲観的な見方もあった(1)。事実、マス・メディアがときに戦争宣伝をはじめとする各種プロパガンダの機関、もしくは（情報）産業社会の広告媒体として機能してきたという事実は、マス・コミュニケーションの社会的影響力の大きさを裏打ちするものであった。また政治過程においても、議会、政府、裁判所といった既存の「権力」とされるもの以外の主体、たとえば政党、利益集団、社会運動に加え、世論とその形成に寄与する（マス・）メディアが大きな役割を果たしているとみなされるようになってきた。そのため、「よりよい（民主）政治」のためにマス・メディアは何をなすべきか、人々はマス・メディアにどう接し、どう利用するべきか、という規範的な課題として論じられてきた。こうした議論に共通するのは、社会的な「権力の重心」がマス・コミュニケーションの送り手側であるマス・メディア、もしくはそうしたマス・メディアに影響力をもつとみなされた各種エリートの側に存在するということである。その権力をどう評価するかはともかく、マス・コミュニケーションにおける情報の流れは一方向的なものとみなす見解は、当該研究領域では一定の位置を占めてきた。

これに対して、マス・コミュニケーションにおける受け手の優位性を説く議論も存在した。いわゆる「利用・満足研究」がそれに該当するし、カルチュラル・スタディーズに影響を受けた「能動的オーディエンス論」もまた受け手側の解釈の能動性に注目してきた。ただしこうした見解は、マス・コミュニケーションを双方的な社会過程としてとらえる見解からは批判されてきた。コミュニケーション過程を情報の伝達過程としてではなく、情報の意味や解釈がなされる過程としてとらえる観点に立てば、受け手に解釈の主体としての要素を認めることになり、それは「能動的オーディエンス論」と類似したものといえる。もっとも、そうした送り手と受け手の双方の解釈を規定するものとして、その当事者が属する社会で共有されている記憶や知識、それらを正当化する価値観・イデオロギーに目を向けることで、受け手（と送り手の）の解釈の能動性とは完全なるものではなく、社会的に共有された価値観やイデオロギーに拘束されながら情報の意味付けや解釈が行われるものとみなす見解も提示されてきた。こうした見解では、特定の社会の中で支配的地位にある文化の有する権力性に注目が集まる。それらの文化は、マス・コミュニケーション過程においてなされる情報への意味付与、ないしは解釈を規定し、優先的な意味を生成して、現実を構築し構成する。逆に、支配的ではない文化に基づいてなされる意味付与や解釈は、全体社会ならびにマス・コミュニケーション過程からは排除される傾向が強くなる。こうしたマス・コミュニケーションの意味や解釈の次元に注目する議論であっても、やはりその過程の「問題（＝排除の問題）」が言及されてきた。マス・コミュニケーションという過程はいずれにせよ、何らかの「問題」をもつコミュニケーションとしてとらえられてきた。

2-2　マス・コミュニケーションではない社会過程への期待：情報（化）社会論

マス・メディアの発達に伴って社会の中でマス・コミュニケーション過程が活性化し、それがまた近代社会を一層進展させてきたもののそこには何らかの〝問題〟が存在する、という発想がマス・コミュニケーション研究の背景に存在したのであれば、そうした研究には「マス・コミュニケーションではないコミュニケーション過程」に対する期待が潜在的に存在してきたといえる。それらはいわゆる「情報（化）社会論」として、マス・メディア以外のメディアが登場するたびに繰り返し語られてきた。(2) 情報社会論についてその定義は多様であるが、その共通点として「新しいメディアの登場によって、既存の社会と異なる新しい社会が誕生する、もしくは形成していくべきである」との主張を内包する議論であると位置づけることができるだろう。そこには既存の社会に対する批判的視点と、新しい社会に対する期待とが並置されている。その新旧の社会をメディア、ならびにそれに規定されるコミュニケーションという観点から比較すれば、マス・コミュニケーションによって形成される社会（例えば「大衆社会」）は「古い社会」（批判されるべき社会）と位置づけられ、そうではない新しいコミュニケーションによって可能になる社会が「望ましい社会」（例えば「市民社会」）と位置づけられてきた。

こうした情報社会論を展開する主体は、「体制」「反体制（非体制）」の区別なしに存在した。情報社会の到来を目指した情報政策が行われる一方で、新しい社会を構想する活動（とそれに寄り添う研究者など）の側もまた情報社会論を手掛かりに自らが理想とする社会の到来を楽観的に描いてきた。特に1990年代からインターネットによる双方向的コミュニケーションが徐々に人々の間に普及していくと、そこに新しい社会の到来を予想し期待する情報社会論（この時代にはいわゆる「インターネット社会論」「ネット社会論」）が再び「流行」した。こうした「インターネット社会論」は、インターネットによって市民間の双方向コミュニケーションが活性化し、新しい社会関係が形成されるような未来社会に、現代の政治的・社会的問題の解決の可能性を見出そうとした。

もっとも以前ならば、こうした議論や論評は「（研究業界や論壇における）商品」として消費されるだけにとどまっていたかもしれない。インターネット普及以前は、さまざまなニュー・メディアが登場してもそれがマス・コミュニケーションの存在を脅かしたり、社会に新たなコミュニケーションをもたらしたりするほどに普及しなかったからである。また情報社会論の政策も、仮にそれが功を奏しなくても、むしろそうならないことがさらなる政策の必要性の根拠とされた。これは反体制・非体制の観点から情報社会の到来を期待する議論についても同様である。情報社会論やそれに触発された運動が、新しい未来社会を実現できなくても、理想の未来社会を「実現しなければならない」という議論の目的自体の正当性は揺らぐことはなかったからである。そして「新しい社会」が誕生しなかったときの責任を情報社会論とその論者が全面的に負うこともなかった。その問題の責任は、既存の政治社会体制、もしくは新しいメディアを使いこなせず理想のコミュニケーションを行うことができない人々、すなわち「受動的な市民」（もしくは「大衆」）へと転嫁された。皮肉なことに、マス・コミュニケーションが揺るぎない時代だからこそ、「商品」としての情報社会論には根強い需要があったともいえる。

こうしたマス・コミュニケーション以外のコミュニケーション過程に新しい可能性を見出す議論の基本的な枠組みは、ジャーナリズムを論じる文脈でもたびたび参照された。現代社会では「ジャーナリズム」は基本的にはマス・メディア組織が担っている。当然、実際のジャーナリズム活動にはさまざまな問題が存在するし、批判的論評の対象にもなる。例えば、ジャーナリズム研究者の林は著書『マスメディアの周縁、ジャーナリズムの核心』の中で、社会の支配的価値観を反映するマス・メディアではジャーナリズムの精神を体現しきることはできないとし、むしろジャーナリズムの本質は「マスメディアの周縁」に宿ると主張している（林 2002, 2011 などを参照）。

こうしたマス・コミュニケーションとその送り手であるマス・メディアに対する批判的な視点、そして代替的なメディアとそれによって可能になる新たなコミュニケーションに対する期待は、ジャーナリズム論の文脈でも展開してきた(3)。

2-3　マス・コミュニケーションではないコミュニケーションの「問題」

しかしインターネット社会が現実のものになったことで、情報社会論のあり方も変化を余儀なくされた。かつてインターネット社会を論じる情報社会論は、今後訪れるだろう社会にその時代、社会、論者の未来観を投影する一種の未来社会論として機能してきた。本章との関連でいえば、マス・メディアとともにある「現代」を批判的に描写し、インターネットによって成立するだろう「未来」に期待を寄せる議論として展開していた。しかし今日のインターネット社会論は、現代社会論の一種として展開せざるをえなくなっている。現代社会を論じる以上、「良い」事象だけを期待的に論じるわけにはいかない。現代社会論としての情報社会論は、インターネット社会に特有なさまざまな「（社会）問題」を論じるようになっていった。

もちろん2000年代前半のインターネット社会論でも、逸脱的なインターネット利用が問題視されてなかったわけではなかった。ただし、それは理想的なインターネット利用の「影」の面として例外視、ないしは解消すべき項目として処理され、インターネットの持つコミュニケーションの特性自体が問題視されていたとはいえなかった。

しかしそうしたインターネットによるコミュニケーション（いわゆる「CMC：Computer Mediated Communication」）のもつ特性、すなわち「N対N」のコミュニケーションの有する特性それ自体の問題性が注目されるようになってきた。ここでいう「N対N」とは、パーソナル・コミュニケーションの当事者が形成する社会関係の「1対特定少数」、マス・コミュニケーションの「1対不特定多数」とは異なり、インターネットを用いた双方向的コミュニケーションは当事者が可変（N）であり、特定しづらいという特性のことである。これはインターネットの技術がパーソナル・コミュニケーションにもマス・コミュニケーションにも使えるといった応用可能性の高さ、また誰もがその送り手になりうるということだけを意味するわけではない。そうしたコミュニケーションの当事者たちですら、自らがどのような規模のコミュニケーションを行っているのかを認識しづらいという問題がそこには含まれている。こうした特性があるから、インターネット上での「不用意」な発言が、自分の想定を超えて多くの人に伝わってしまい、逆に多くの人から批判的なコメントが殺到するという「炎上」の問題が生じる。

かつてはインターネットの普及により、多くの人々が情報発信の主体となり、社会全体としては多様な意見の流通が促されると期待を持って語られることもあった。しかし、逆に一人一人が情報の送り手、そして受け手となる社会では、かえって画一性が高まるという指摘もある。それまで受け手にとどまっていた人々（マス・コミュニケーション論では「大衆」とされた人々）が、インターネットを用いて能動的に情報発信をするようになっても、それはかならずしも政府や企業といったいわゆる「体制側」に対する批判的な監視活動につながるとは全く限らない。むしろ、人々の相互のコミュニケーションが活性化したことで、人々どうしが相互監視する関係が形成される。双方向的なコミュニケーションの活性化が各個人の自由な意見流通を活性化させるのではなく、互いの活動に関する批判として展開する。その結果、個人が自由に意見を発信できるメディア環境が逆説的にお互いの自由を抑圧することになっていく。(4)

またインターネット、とくにSNSではその利用者は自分が受け取る情報の送り手を自らカスタマイズすることができる。インターネットの双方向性、この場合は利用者が自分の好みに応じて受け取る情報を取捨選択できることは、かつてマス・コミュニケーションの一方向性と対比され、むしろ称揚されてきた。しかし、それは自分にとって「都合のよい仲間」とだけつながることができるコミュニケーションにも寄与することにもなった。さらにインターネットのサービス事業者もまた、利用者の「好み」「主義主張」を把握し、検索結果さえも利用者の選好に合わせて「パーソナライズ（パーソナライゼーション）」して提供している。(5)かつてマス・コミュニケーションの受け手は、自らの満足のためにメディアを利用しているといわれたが、そうした現象は、現代社会にこそあてはまるとも考えられる。こうして現代社会論としての情報社会論は、インターネットの「一般的」な利用そのものに問題を見出すようになってきた。かつての情報社会論では、マス・メディアの受動的な受け手（≒大衆）が能動的に情報の取捨選択をしていくのが一般的には好ましいという前提があったが、そうした前提に疑問が呈されている。

3　能動性を持った「大衆（マス）」とマス・メディア、ジャーナリズム

インターネットを通じて能動的なコミュニケーションを可能にした「大衆」は、ジャーナリズムに期待された「社会（文化）変動」の可能性のあり方にも影響を与えうる。マス・コミュニケーション過程では、支配的な価値観の再生産が行われる一方で、社会変動・文化変動の契機もそこに含まれている（大石 2012, 17-20 参照）。例えば、ある社会問題に直面、もしくはそうした問題を認識した人々が社会運動を通じて、自らの意見や意識を他者に対して投げか

けるとする。そうした意見・意識は、しばしば（マス・メディアなどの）ジャーナリズム活動によって積極的に報道される。もしくは社会運動の当事者たちが何らかのメディアを通じてその意見を発信していくこともある。そうした活動を通じて、社会において支配的な地位を占めている価値観が相対化され、変容していく可能性が存在する。規範的なジャーナリズム論はこうした過程に関して、マス・メディアを中心とする既存のメディアに対しては社会問題に対する「鋭敏な嗅覚」や見識・意識の高さを求め、また社会運動体がメディアを積極的に活用していくことを可能しうるメディア環境の変化を肯定的にとらえる傾向にあったといえる（前者に対しては各種ジャーナリズム批判、林 2002なども参照）。こうしたジャーナリズム論は、通常のマス・コミュニケーション過程に回収されない代替的なコミュニケーション過程に社会変動の可能性を見出すのである。

しかし前述のように、そうした「代替的なコミュニケーション」は、期待を持って語るべき未来のものでもなければ、社会の一部の者たちのみが行使できる特別のものではなくなった。日常的に行われる「代替的なコミュニケーション」がそうした「ジャーナリズムの可能性」を減退させうる可能性もまた考慮しなくてはならなくなってきた。

その一つとして挙げられるのが、（マス・）メディアのジャーナリズム活動に向けられる批判的な言及である。従来、ジャーナリズムといえば、それがマス・メディアによるものであろうとなかろうと、報道・論評する行為、その行為主体のことを指し示すものだった。しかし「大衆」が能動的なメディア・コミュニケーションの主体ともなりうる現代社会においては、そうしたジャーナリズムは、社会問題を報道・論評する主体としてだけではなく、逆に報道・論評の対象となる。従来も、ジャーナリズムに対する報道・論評は「ジャーナリズム論（批判）」や「マスコミ批判」として行われていた。ただし、それはあくまで一部の「論壇」にとどまっていたか、ときおり生じる「マス・メディアの不祥事」が社会問題化した際に活性化・顕在化する程度であった。そうした「マスコミ批判」に関する情報もまたマス・コミュニケーションを通じて伝達され、その読者（受け手）は基本的には受動的な存在であった。

しかし現代社会では、マス・メディアのジャーナリズム活動に対する「不満」を、受け手の側が即座に表明することができる。しかも、そうした不満はインターネット（とくにSNS）を通じて他者とたやすく共有できる。そしてマス・メディアの存在や活動そのものを「社会問題」として認識する人々が現れてくる。例えば、マス・メディアの取材活動を逆に取材された当事者が記録、録音、撮影してインターネットを通じて発信することもできる。社会問題を報道・論評するものとして期待されるマス・メディアが、逆に社会問題としてネット上で「報道・論評」されていく。現代では、こうした事例は数多く存在している。(6)

社会問題研究では、ある社会問題が提起されようとしているときに、それに対抗しようとする勢力が問題状況をめぐって反論するだけではなく、そういう問題提起をしようとする主体そのものが問題視されることが指摘されている。マス・メディアのジャーナリズム活動そのものが問題視されていくのはまさにその一例であろう。そして、前述のように社会問題を提起しようとする社会運動に対しても、その主張に対する反論に加え、そうした活動や活動主体そのものを問題視していく対抗的活動を容易にする環境をインターネットは提供する。(7)

こうした現象は、例えば社会運動に対する「バックラッシュ」として論じられたこともあるが、現代社会においても依然としてみられるものである。ただ、社会問題を提起する活動に対する抵抗活動を「バックラッシュ」や「反動」ととらえるか、それとも「正当な反論」ととらえるかは、それを俯瞰的に論じようとする者すらも巻き込む問題である。それらの主張の正当性の検証は個別の事例ごとに行われるべきであろうが、現代社会ではどのような問題を提起しようとも、それに対する「（根拠・正当性の有無に関係なく）反論」がいつでも発せられ、しかもそれが拡散し共有されるメディア環境が整っている。

したがって現代のメディア環境においては、社会問題の報道を通じて下位に置かれている、または排除されている価値観をすくい上げ、支配的価値観を変容させていく過程としてジャーナリズム活動に期待することに関しては一定の留保が必要になってくると考えられる。能動性を備えた大衆が形成する社会では、かつての「ジャーナリズムの役割」も好むと好まざるとにかかわらず若干の変容を余儀なくされるのではないだろうか。

4　「支配的な大衆」は依然として存在しているのか？

現代のメディア環境下では「社会変容をもたらすジャーナリズム活動」が必ずしも機能しない可能性がある。かつて渇望された「能動的な大衆（市民）の誕生」は、既存の価値観へ向けられた異論に対してさらなる異論を活性化させることで、かえって社会変容の可能性を減退させるのではないだろうか。例えば、ジャーナリズムが政府に対して厳しい批判を展開しても、インターネット上ではそうした活動そのものが批判の対象となり、政府の問題を指摘していたもともとの論点は後継に退いてしまう、といった現象は本書の中でも幾度か言及してきた。

ただし現代（2018年現在）において、「支配的な」大衆（マス）が依然として存在しているといえるかどうかは一考の余地がある。つまり「バックラッシュ」にせよ、「反動」にせよ、ジャーナリズムによってなされる社会問題の構築・構成に対してインターネット上で異を唱え、そうした問題構築を「抑圧」し排除しようとする人々（＝大衆）は、本当に「支配的な」大衆、もしくは「支配的な文化共同体の一員」であるといえるのかという問題である。むしろかれらにとっては、そうした社会問題を報道するジャーナリズムこそがある種の「権威」であり、かれらの自己認識はそうした権威から考慮されることのない「弱者」であり「排除された者」なのかもしれない。そうだとしたら、本章で論じてきたような問題はより深刻なものになる。それは自らのことを「弱者」「排除された者」と認識している者たちどうしが相互に争っているという図式としてとらえられるからである。

こうした状況でマス・メディア、そしてマス・コミュニケーションは、社会を統合する機能を果たしているのだろうか。少なくとも昨今の民主主義社会における選挙に関する「事件」（英国のＥＵ脱退の国民投票、米国大統領選挙）とその後の社会情勢をみるかぎり、（国民国家レベルの）社会は統合よりも「分断」の方に進んでいるようにも思える。それは近代化、マス・コミュニケーション、「大きな社会（あるいは国民国家）」をセットで語ってきたマス・コミュニケーション研究、そしてそれに依拠して議論を展開してきた一部のジャーナリズム論の再考を迫ることになるのではないか。

5　現代のインターネット社会においてジャーナリズム論は成立するのか？

5-1　ジャーナリズム論の社会的〝機能〟

最後に、現代社会における「ジャーナリズムを語る行為」そのものの役割・機能について考えてみたい。（本書はそうではないが）一般的に「ジャーナリズムを語る行為」はジャーナリズムの活動を「良い方向」に変えるためになされている。まずこの点から考察を進めてみたい。本書のはじめにでも少し言及したが、「客観報道論」を論じる際に、鶴木眞はジャーナリズム批判の根本的な欠陥を以下のように詳細に指摘している。少し長いが引用したい。

> 報道の自由、報道の客観性を考える時にこれらの伝統的な問いが提起され続ける理由は、マスコミ批判の現場に「閉塞状況」が存在することも無視することはできない。①これらの問題を論じる者はほとんどがマスコミを退社した人々で、現在のマスメディアの報道姿勢には「欠陥」があるという前提から先ず出発する。そして本来的にマスメディア組織も、個々のジャーナリストもいかなる報道上の誤りを犯してはならないとする強い使命感

> に満たされている。そして条件さえ整っていれば自分たちはそれが全うできる能力を持っていたのだという優越感に漫然と浸っている。にもかかわらずすべての論者自身は、現役時代に自分の理想とする「客観報道」を全うできなかった。その理由は様々な社会的制約にさらされていたためであり、その最たるものが政治体制や経済体制による締め付けであった。それは自分がメディアに勤務する「組織人」としての立場では如何ともし難いものであった。マスメディアを退社した後、自分の体験を恨みを世間に明らかにして、いかにマスコミが偏向に満ちたものか警鐘を打ち鳴らす必要性を強く意識した人々なのである。したがってこれらの論者の論議自体が、②現実には世間の誰も期待していないマスメディアやジャーナリストの「無謬性」や「指導・教導性」を極度に強調することとなってしまっている。この種の論議はごく少数の人々に対しては多少の教育効果があろうが、③マスメディアの客観報道を学術的に分析し、メディアと国家と資本の関係を状況に応じて明らかにして将来の報道のありかたを考える現実的作業にとってはむしろ阻害要因としかならないのである。また現役のジャーナリストたちは、自分たちのできなかったことを棚に上げて単なる理念や情念で後輩の意識や行動の改革を迫る仕方はフェアでないと感じているのである。（鶴木 1999, 191-192, 丸数字と傍点は引用者）

この指摘は「ジャーナリズムを語ること」全般についても拡大して当てはめることができる。もっともこうした指摘はおおむね納得できるものの、細部に目を向けると現在では以下のようないくつかの疑問が生じてくる。

①ジャーナリズムを語る者はマス・メディア組織の退職者が主であるのか。

鶴木のこの指摘は１９９９年出版の著書のものであり、この認識はそれ以前の状況に基づいたものである。だが、昨今のメディア環境を考慮すると、「一般市民」によるジャーナリズム批判（マスコミ批判、「マスゴミ」批判）の存在を踏まえた議論が必要であると考えられる。

②ジャーナリズムの「無謬性」や「指導・教導性」は誰も期待していないのか。

後述するように論評行為としてのジャーナリズム批判は一種のコミュニケーション行為である。通常、コミュニケーションは送り手と受け手の間の相互作用なのだから、送り手が一方向的に主張を展開するとしても、その読者がいないと出版市場、評論市場も成立しないのではないか。つまり、ジャーナリズム論の受け手も「無謬性」「指導・教導性」を求めたり期待していたりする可能性は高い。

③ジャーナリズム論は「阻害要因」でしかないのか。

鶴木の指摘では、ジャーナリズム論は「マスメディアの客観報道を学術的に分析し、メディアと国家と資本の関係を状況に応じて明らかにして将来の報道のありかたを考える現実的作業にとって」阻害要因であるとされている。しかしもしジャーナリズム論があらゆる面で阻害要因であるとするならば、なぜかようにもジャーナリズム論の文献が出版されているのか。「ジャーナリストやジャーナリズム組織・業界が問題を起こすたびに、それを解説し、批判することにとどまる書物が『ジャーナリズム論』として幅を利かせている」(鶴木編 1999, i) と鶴木自身が指摘するように、ジャーナリズム批判がそれほどまでに「幅を利かせている」のであればその社会的な機能・役割も考える必要があるのではないか。

こうした問題意識にもとづいて、以下、ジャーナリズム論の社会的機能・役割について考えてみたい。

5-2　ジャーナリズム論の「吸引力」：なぜジャーナリズムは批判されるのか？

ジャーナリズムは事件・出来事を報道・論評することで社会問題を構築・構成し、ジャーナリズム論はそうしたジャーナリズムを論評する。したがってジャーナリズム論は間接的に事件・出来事を論評（・報道）しているといえる。事件・出来事（そして社会問題）を「正しく」伝えるジャーナリズムは賞賛され、そうではないものは批判の対象となる。こうした批判的なジャーナリズム論は、研究者の論文・解説、論壇誌などの評論や記事、書籍などでも展開されているが、そうした非マス・メディア上で展開されているものは、相対的には大きな社会的機能・影響を果たしているとは言い難い。

一方、第5章で考察したように、マス・コミュニケーション過程で展開されるジャーナリズム批判は事件・出来事の推移に大きな影響を与えることもある。ジャーナリズムが社会問題を「特定の形」で構築・構成しているように、ジャーナリズム論もまた間接的には、社会問題を「特定の形」で構築・構成することに加担している。

もっとも、ジャーナリズム論には独自の枠組みが存在する。それがジャーナリズム論を語ることの「吸引力」となっている。ジャーナリズム論は、ジャーナリズムのように事件・出来事について素早く、そして詳細に事実やデータを伝えるというよりは、そうした事件・出来事（そしてそれを伝えるジャーナリズム）を、ジャーナリズム論の枠組みで処理することによって、特定の現実を構築・構成する。例えば第5章で取り上げた「ニュースステーション問題」であれば、「表現の自由」、「政治権力の介入」、「風評被害」といういわゆるジャーナリズムの規範的な枠組みで、この問題は論じられた。

もちろん既存のジャーナリズムを批判的に論じることは、現代を生きる市民（や「識者」）の社会的責任であるし、それがジャーナリズムを語るという行為を正当化している。しかしそれはジャーナリズムが社会問題を構築・構成するのと同様、もしくは既存のジャーナリズムの規範的枠組みに引き寄せて語る（語ってしまう）という点では、ジャーナリズム以上に社会問題を特定の形で構築・構成する、いいかえれば他の構築・構成の可能性を排除する可能性のある行為なのである。

5-3　コミュニケーションとしてのジャーナリズム論

もっともジャーナリズム論（ジャーナリズムを語ること）が誘発される理由は、前述のような民主主義社会における市民の規範的意識によるものだけではないだろう。このことについて考えるために、ジャーナリズム論もまたジャーナリズムと同様にコミュニケーションであることに注目し、コミュニケーション研究の枠組みで「ジャーナリズムを語る」という行為を位置づけなおしてみたい。

デニス・マクウェールは、コミュニケーションをとらえるモデルとして、①伝達モデル、②儀礼モデル、③公示モデル、④受容モデルに分類している（マクウェール 2010, 89-99 参照）。このうち特に①と②のモデルを対比させながら、ジャーナリズム論の社会的な機能・役割を考えてみたい。

①伝達モデル：コミュニケーションを伝達過程としてとらえ、そこで伝達されるメッセージの意味は送り手や情報源によって決定されるものとみなす。

②表現・儀礼モデル：コミュニケーションを一方向的な伝達としてよりも、双方向的なものとみなす。さらに送り手・受け手の間の内面的な「満足」、コミュニケーションの道具的な利用ではなく、コミュニケーションそれ自体を楽しむために行われるものとみなす。

③公示モデル：コミュニケーションを、受け手からの視角的・聴覚的な注目を集めるために行われるものとしてみなす。

④受容モデル：メディアから発せられたメッセージの意味を構築する主体は（送り手ではなくむしろ）受け手の側にあるとみなすコミュニケーション観をとる。

一般的にコミュニケーションとは、メッセージや情報を伝達するためになされているとみなされることが多い。それは送り手が発した情報が（場合によってはメディアを介して）受け手に到達し、その結果、受け手の行動・態度、意見や認識を変化させるというコミュニケーションを一方向的に考える①伝達モデルである。このモデルの観点から、ジャーナリズム論をコミュニケーションの一種としてとらえなおしてみると次のようになる。すなわち、ジャーナリズムを論じる者（送り手）が、メッセージとしての論評を発信し、その読者（受け手）がそれを受容し、なんらかの影響を受ける。ここでいう「受け手」とは（マス・）メディアで活動するジャーナリストや、ジャーナリズムの読者・オーディエンスが想定される。いずれにせよ「好ましくない（逸脱した・堕落した）ジャーナリズム」の関係者・当事者に対して、ジャーナリズムに関する論評をメッセージとして伝えることで、かれらの「好ましくない行為」を是正しようとするのがジャーナリズム論である、ととらえることができるだろう。ただし前述した鶴木の指摘にもあるように、そうした「上から目線」のジャーナリズム論が、「好ましくないジャーナリズム」の関係者・当事者を「改心・改善」することができるかは疑問が残る。報道された事実の間違いを指摘するくらいであればまだしも、前述したようにジャーナリズム論の一般的争点に引き寄せられて語られる論評、さらにジャーナリズム（の送り手と受け手）を「上から目線」で見下すようなものであればなおさら、ジャーナリズムの送り手・受け手に影響を与えるとは想像しにくい。そういう点では鶴木が言うように「ごく少数の人々に対しては多少の教育効果」があるにすぎないと判断する方が妥当であるかもしれない。

一方、コミュニケーションは②儀礼や表現としてとらえることもできる。すなわち、コミュニケーションとは情報を伝達するための手段として行われているというよりも、コミュニケーションそれ自体が人々の目的となっているという見方である。このモデルでは、コミュニケーションとは送り手と受け手の間で内面的な満足を得るために行われていることが強調される（マクウェール 2010, 92 参照）。コミュニケーションは、人々の間で共有されている意識や価値観、イデオロギーの確認のために行われる。つまり互いに価値観やイデオロギーを共有していること、それらが正当であることを確認するための儀式としてコミュニケーションが行われており、コミュニケーションはそれ自体が目的になっている。コミュニケーションは、送り手から受け手へ情報を伝達するというよりも、送り手の有している価値観を表明するという一種の「演技」であり、受け手はその「演技」を見ることで、経験を共有する。そして価値観を確認しあい、互いの関係を維持・強化している。

表現・儀礼モデルの観点に立った場合、ジャーナリズム論とは論評対象とされるジャーナリズムの送り手や受け手に対して向けられたものではなくなる。ジャーナリズム〝論〟の受け手に対して論評という表現の儀式が行われ、受け手はその儀式を見ることによって、ジャーナリズム〝論〟の送り手と受け手の間で意識や価値観の確認が行われているととらえることができる。そもそもジャーナリズムの活動自体が一種の価値観の再生産（変化も含む）過程を内包している。さらにそのジャーナリズムを論じるジャーナリズム論は、あるジャーナリズムによって再生産される価値観に（賛同するにせよ反対するにせよ）刺激を受けた人々の間でなされる一種の儀式としてとらえられるだろう。

言い換えれば、あるジャーナリズムの過程で再生産されている価値観・イデオロギーに賛同できない人々の間で、そうしたジャーナリズムに対して否定的な論評が儀式として行われることで、かれらの間で共有されている価値観の保守・維持が図られる。一方、ある集団にとって好ましい価値観がジャーナリズムで再生産されているとみなされる場合には、それを賞賛するジャーナリズム論がなされることでかれらの間で共有されている価値観が維持・再生産されるのである。

ジャーナリズム論とはジャーナリズム活動をメタの次元から論じるものであるが、それはジャーナリズムの過程（送り手・受け手の間の相互行為）に対して影響を及ぼしてそれを「改善」させるためになされているというよりは、むしろそうしたジャーナリズムを「尻目に」・「傍らに」特定の価値観・イデオロギーを共有する者たちの間でなされる一種の儀式・表現行為として位置づけられる。したがって、異なる価値観・イデオロギー（例えば親政府・反政府の違い、特定の社会問題に対するスタンスの違い）に基づくジャーナリズム論の間で「対話」が行われているようには見えないのも、前述したジャーナリズム論の機能・役割を考えれば納得できるものである。そしてそれがジャーナリズム評論のもう一つの「吸引力」の要因ではないだろうか。

5-4　「ジャーナリズムを論じること」の困難

ジャーナリズム論を一種の儀式ととらえた場合、それはインターネット社会においてどのような役割や機能を持つだろうか。インターネット空間で生じうる「極化」がしばしば指摘されるが、ジャーナリズム論もまたそれを儀式として行う集団内部で「極化」をもたらしている可能性は高い。インターネット、特にSNSでは自分と類似した価値観の者と出会いやすい。ジャーナリズムを論じることを通じて互いの価値観を確認しあう儀式もまた容易になってくることだろう。こう考えると、前述した「インターネット社会においてジャーナリズム論は成立しうるのか？」という問いに対しては、まさに成立していると言わざるをえない。ただし、それはジャーナリズムを論じることで「逸脱するジャーナリズム」に対してそれを改善する効果と影響力を持ったメッセージを伝達する……という意味ではない。論評対象であるジャーナリズムと同様に、ジャーナリズムを論じることも社会問題の論評を通じて特定の価値観・イデオロギーを再生産するというコミュニケーションとなっている。インターネット社会においては、それを誰もが行うことができる。そういう点では鶴木の指摘は、ジャーナリズム論の内容に対する批判としては適切であっても、そうしたジャーナリズム論が有する社会的機能や役割にまで踏み込んだものになっていない。

こうした状況は、ジャーナリズムを論じるということが以前（インターネット登場以前）のようにはいかなくなっているということでもある。ジャーナリズムが論評主体ではなく論評対象になっているように、研究者や学者もまた論評主体ではなく、論評の対象になりつつある。特に、昨今のインターネット、特にSNSにおいては、研究者個人・ジャーナリスト個人が自身のアカウントで不用意な発言をして、それが批判の対象となったり、過去の発言との整合性が指摘されたりすることもある。すべてが論評の対象となる現在、価値観・イデオロギーを維持・再生産する儀式としてのジャーナリズム論（さらには学問論）もまたいたるところで可能になっている。

もちろんこうした指摘はときに理念的なものであり、前述したような現象が実際の世界で常に顕在化しているとも限らない。現代の日本社会においてはジャーナリズム（もしくは学問）に対する人々の信頼はまだ高いのかもしれない。ジャーナリズムと社会問題について盛んに議論を交わす人々も少数派かもしれない。また、ジャーナリズムを論じる過程が活性化しているとしても、すべてのジャーナリズムが論評の対象になるわけではない。まさにジャーナリズムがそうしてきたように、特定の論点だけが特定の形式で論じられることで特定の現実が構築されていく。ただ現代社会においては、評価できるメディアとそうではないメディアを線引きする／しあうという「〝余計〟な作業」が追加されたことは確かである。

では、すべての者が論評対象になりうる現代社会において、学問的にジャーナリズムを論じる（「論じることを論じる」）という行為は成り立つのだろうか。もちろん、個別の社会問題について高度な「見識」を有する人が、個別の報道を批判するのは可能であるし、その意義もあるだろう。ただ、それと一般的なジャーナリズム論の成立可能性はまた別である。ジャーナリズムを論じることが大衆化・一般化した現在、研究としてジャーナリズムを論じることの有意性は揺らいでいるのだろうか。

ただ、長い社会科学の歴史の中でこうした現象に前例がないわけでもない。社会学や社会問題研究の領域では１９６０年代、社会を支える価値や構造が根底から大きく変わったとき、論じる者たちの間で相互的、自己反省的な批判が起こり、自らの立ち位置をも問い直す運動が生まれ、その中から社会問題の構築主義のような新しい研究アプローチが誕生してきた。安易な歴史比較は慎むべきだろうが、社会的にも、メディア環境的にも変動の時代である現代においてはやはり、ジャーナリズムとジャーナリズムを論じることの根底的な問い直しが求められているように筆者には思える。こうした問題意識に基づき本書はジャーナリズムにまつわる諸現象を構築主義的な視座を手掛かりに論じてきた。

注

第1章

（1）社会学の誕生に至る経緯やコントの議論に関しては、新明正道（2007）、奥井智之（2010）を参照してまとめた。なおイギリスの社会学について新明は「イギリスでは産業革命の進展によって資本家階級と労働者階級の対立が顕著にされて来るとともに、革命的な不安の空気が濃厚化し、これを反映して30年代から40年代にかけてイギリスにもまた近代社会の組織を全面的に検討して新しい社会理論を形成しようという機運が発生した」（新明 2007, 55）と述べている。

（2）新明は、コントやスペンサーによる古典的社会学の特徴の一つとして「強力な実践的な色彩を有し、理論をもって実践から遊離したものではなく、これに対して直接的に寄与する手段的な意義を有するものと見ていた」（新明 2007, 73）ことを指摘している。

（3）社会病理学の起源に関するこの箇所は、米川茂信の議論を参照しながらまとめている（米川 2002, 2004 参照）。

（4）デュルケームは、あらゆる社会に共通する正常・異常の基準を見出すことは困難であるとしたが、以下のように、社会の発展の各段階において、正常・異常の区別をすることは可能であるともしていた。だから、デュルケームは社会学的な観点に基づく異常・正常判断の基準を確立するために、いくつかの要素に分類しながらその判断基準の確立を目指していたのである。

観察を通じて当の事実が一般性をもっていることがいったん確認されれば、次いで、この一般性を生じさせた諸条件を過去にさかのぼって把握し、しかるのち、それらの条件が現在においてもなお与えられているか、あるいは逆に変化してしまっているかを探求するのである。（デュルケーム 1978, 143）

この場合、一般性を生じさせた条件が現在でも存在していれば「正常」、それらの条件が変化しているのであれば「異常」となる。そしてデュルケームは「かつては社会の本質的な骨格をなしてはいたが次第に消滅しつつある旧い社会構造と結びついているならば、それがたとえどれほど普遍的にみとめられようと、現時点では一個の病態的状態をなしていると結論しなければならないであろう」（デュルケーム 1978, 144）と述べている。このように、デュルケームの議論には、正常と逸脱の基準の一般化を想定していたとみられる箇所もある。

（5）「規範からの逸脱」「文化遅滞」「社会解体」について、ミルズは以下のようにまとめている（ミルズ 1971, 418, 420, 424 参照）。

【規範からの逸脱】テキストにおける病理的なものの具体的な判定基準は、その根源においても、その志向性においても、すぐれて農村的なものである。「問題」の多くは、比較的同質的でかつすぐれて農村的な環境でなければ生きのびることのできないようなある価値が、都市の影響を受けて堕落した結果、発生すると考えられていた。

【文化遅滞】テキストは啓蒙主義・自由主義的な流れをくんでいる。完全な合理主義、志向と活動としての物理学に対する救世主的な、だが現在では政治的にいって単純きわまりない賛美、そして時間の経過を進歩と考える見方をもっている。

【（社会）解体】病的ではない「適応人」の習性と彼らの欲求を具現化すればするほど、それは、アメリカの小さな町でプロテスタントの理想を文字通りに生きている、独立的な中間階級の人間という規範にますます近づいていく。

（6）以下のような指摘が示唆的である。「合衆国におけると同様の講壇社会学がここ10年ばかりのあいだに、伝統的マルクス・レーニン主義とならんでソ連邦にもあらわれたことに、一部のものはすでに気づいた。アメリカの講壇社会学はアメリカの大企業資本主義（corporate capitalism：原著者）の道具である、と紋切り型のマルクス主義の立場から結論づけてきたラディカルたちにとって、この発展は思想的にやっかいなものであった」（グールドナー 1974, 11）。グールドナーは、世俗化した米国社会学を批判する社会学的立場の中にも、同様に「紋切り型」の批判を繰り返すものが少なくないことを指摘しているのである。

（7）先行仮説についてグールドナーは「社会と人間に関する若干の先行仮説、つまり社会と人間についてのある種の感情と、社会と人間へのかかわり方」（グールドナー 1974, 35）と述べている。このことを踏まえれば「先行仮説」とは、社会学者が社会に対してあらかじめ有している価値観や規範意識・道徳意識であると考えられるだろう。

（8）社会的現実の理解に関して社会科学者と社会の一般の人々の間には格差が存在しており、後者は前者によって矯正されるべきであるという、当時の社会科学者が有していたとされる前提を批判している。

（9）社会問題研究における「構築主義的アプローチ（constructionist approach）」は、当初は「定義主義的アプローチ（definition approach）」とよばれていた。『社会問題の構築』の中でも「定義主義的アプローチ」という言葉が使われている。だが、その後は米国でも日本でも「構築主義（constructionism）」もしくは「構築主義的アプローチ」という用語が使われている。また『社会問題の構築』の出版以降、キツセも「定義主義的アプローチ」という名称は次第に使わなくなってきている。したがって、本書でも「構築主義」という用語を用いる。また社会問題研究における構築主義的アプローチのことを「社会問題の構築主義」と表す場合もある。本書では両方使用するが、同じ意味である。

(10)　確認できる範囲では、キツセの業績はブルーム・レオナルドとの共著"The managed casualty: the Japanese-American family in World War II"(1956)が最も古い。ただ、逸脱研究や社会問題(社会病理)研究と直接関係するのは、Kitsuse(1962)からであると考えられるので、本書でもそれに従って考察する。

(11)　村上直之(1999, 255)、ランドル・コリンズ(1992, 169-177)参照。どちらの著書もラベリング論の起源をデュルケームに求めている。村上はラベリング論がアメリカで受容されたのは、1960年代アメリカ社会の影響が強いことも指摘している。

(12)　張江洋直によれば、1960年代に大きな成長を遂げた社会学の考え方として、「現実構成主義」があるという。「現実構成主義」の考え方について、張江は「『現実』とは、たとえそれが強固で動かしがたいものと感じられようとも、決して諸個人(の諸活動)から独立した『客観的な実在物』ではない。それは、やはり人々の日々にするさまざまな相互行為のなかで、またそれを通じてのみ構成されるものなのである」(張江洋直 1991, 29)と説明している。なお張江は、このような考え方をする社会学の例として、エスノメソドロジー、シンボリック相互作用論、ゴフマンの社会学、オニールやグールドナーの自己反省の社会学などをあげている(張江洋直 1991, 28 参照)。

また赤川学は、日本の社会学界における機能主義批判の流行について「現象学的社会学やエスノメソドロジーら意味学派、のちに近代家族論として定式化されるフェミニズム、マルクス主義の残滓としての世界システム論など、新しいパラダイムが百家争鳴の状態であった。私自身、恥ずかしながら、そうした機能主義批判の潮流に安易に乗っていた」(赤川 2006, 4)と自己反省的に言及している。さらに「いまにして思えば、機能主義批判のなかには無意味・理不尽なものも少なくなかったし、機能主義を批判したはずの人たちが、機能主義的な思考法を完全に脱却しえているかといえば、そうでもない。他方、見捨てられたはずの機能主義のなかにも(中略)社会学が今後も継承し続けていくべき概念系はきちんと存在するはずだ」(赤川 2006, 17)と、新しい理論的潮流を安易に称賛する傾向に疑問を呈している。

(13)　「道徳的事業家」とは"moral entrepreneur"の訳である。道徳を含む広い意味での規則を作りだす者たちや、その規則を執行する者達のことを示す(ベッカー 1978, 214-236 参照)。

(14)　徳岡秀雄(1987)参照。ラベリング論の刑事政策的応用に関しては犯罪(社会)学の分野で言及がなされており、瀬川晃(1996)参照。

(15)　徳岡秀雄(1987, 217-249, 1997)、宝月誠(1990, 269-275)、瀬川晃(1996, 167-170)参照。また、「モラル・パニック論」の代表的の研究者であるスタンリー・コーエンは、著書の中で頻繁にラベリング論に言及している(Cohen 2002, 特に 3-5 参照)。

(16)　ただし、吉岡自身は「限られたデータによって、ラベリング論が支持できるかどうかのような一般化した論争を繰り広げてみても余り意味はないと思われる」(吉岡 1991, 248)と述べている。

(17)　このアプローチの起源は、1977年に出版されたマルコム・スペクターとの共著『社会問題の構築』(日本名では副題に

「ラベリング理論をこえて」が追加）である。現在、社会問題研究において「構築主義」を名乗る研究の多くが彼らの著書に言及していることからも、『社会問題の構築』を社会問題研究における構築主義の起源とみなすことは根拠があるだろう。社会問題の構築主義の系譜に言及した研究（中河伸俊 1999, Miller and Holstein 1989 など）は、キツセを社会問題の構築主義の代表的な提唱者として扱っている。ただし、構築主義一般にまで概念を広げると、キツセに言及せずに「構築主義」を自称する研究は多数ある（代表的なものはバー 1997, バトラー 1999 など）。また科学哲学の領域では、"constructionism" を「構成主義」と訳している研究も存在する（金森修 2000 参照）。Constructionism の訳については、『社会問題の構築』のあとがきで訳者（中河ほか）が、「社会問題の『コンストラクション』の動的・具体的なニュアンスを生かすために、ともすればスタティックで認知的な印象を与えがちな『構成』ではなく、『構築』ということばを選んだ」（スペクター＝キツセ 1990, 287）と述べている。

確かに中河らの言うように、「コンストラクション」という言葉には、ものが動態的に出来上がっていくというニュアンスがある。一方で、出来上がったものが配置されているというニュアンスもあるだろう。後者の場合は「構成」と訳した方が良いかもしれない。したがって本書では、Construct を「構築・構成」と表記している。しかし constructionism を「構築・構成主義」と訳すのは冗長だと考え、従来通り「構築主義」と表記する。

(18)　社会問題に関する定義が社会の中で受容される「過程」と、受容された「後」という区別は厳密なものではない。社会のすべての人々が合意するような社会問題の定義は存在しない。また、多くの人が所与のものとみなしている社会問題の定義も、時間が経つにつれて徐々に受け入れられなくなっていくこともあるからである。すなわち、社会問題の定義は常に「受容される過程」であるといえるし、逆に常に「（範囲の大きさは異なるが一定程度の）人々の間で受容された後」と言うこともできるだろう。どちらに着目するかは、研究者がどのような視座で「社会問題」を研究するのかという違いだけである。

(19)　クレイム申し立てとは、「ある活動主体から他の者に向けての、ある想定された状態について何かすべきだという要求である」（スペクター＝キツセ 1990, 123）と定義される。

(20)　「（クレイム申し立て活動の中で）想定された状態が完全なでっちあげ―嘘―であったとしても、その申し立てを受けた人々が自ら分析を開始し、それがでっちあげであるということを発見しない限り、その状態の真偽について、われわれは非決定の立場を取りつづける」（スペクター＝キツセ 1990, 120–121）とキツセらは述べている。社会学者がクレイム申し立ての内容の真偽を判断しない理由は次の二つである。第一に、社会学者が独自に判断できるクレイムは少ないからである。公害・環境問題に関するクレイムの内容（数値に関するものなど）を社会学者が判断することは困難であろう。そして第二に、社会学者が判断不可能なクレイムを他の専門家の見解によって判断しなければならなくなるからである。特に他分野の専門家の間で論争が生じているような場合、社会学者はどの専門家の見解を採用すればいいのか、という問題が生じてくるだろう。

(21) ベッカーはラベリング論者として著名であると同時に、参与観察を重視した研究者としても知られている。例えば、「逸脱者」であるダンス・ミュージシャンやマリファナ使用者を対象とした研究を行っている（ベッカー 1978 参照）。

(22) クレイム申し立て活動のみに関心を払うという社会問題の構築主義の考え方には、従来の社会問題研究には含まれていた問題を解決するという志向はない。このことに対して徳岡秀雄は、社会問題の構築主義に対して社会改革へ意欲を欠いた研究アプローチであると批判している（徳岡 1997, 91-96 参照）。また同様に宝月も、クレイム申し立て活動にのみ関心を払おうとする研究姿勢に対して疑問を呈している（宝月誠 1990, 308 参照）。しかし、本章でも論じているように、キツセは社会問題の解決を志向する者を批判したり否定したりしていないことを考慮すれば、彼らの批判は誤解に基づくものであると考えられる。

(23) 日本では、「コンテクスト派」と「厳格派」という区別が一般的である。そもそもコンテクスト派と厳格派という区別は、コンテクスト派のジョエル・ベストが主張したものであり、ベストはこの二つの構築主義以外にも暴露派（Debunking）、もしくは俗悪な（Vulgar）構築主義も分類に加えている（Best 1989, 1995 参照）。これらの構築主義は、クレイム申し立て活動の虚偽性を暴露することを目的とする。ただし、暴露派に該当する構築主義は、キツセを起源とするような社会問題の構築主義にはあまりみられず、ベストがコンテクスト派を暴露派と厳格派の中間に置くために、暴露派という構築主義を作り上げたという批判をするものもいる（中河伸俊 1999, 315 参照）。もっとも社会問題研究以外の構築主義の中には、バトラー（1999）のように構築物を批判して、その脱構築を志向するような系譜もあるので、社会問題の構築主義が「暴露」を目的としたものでないことを明確にするという点では有効であるかもしれない。

一方、コンテクスト派以外を「厳格派」と一括することは、キツセのようにクレイム申し立て活動に関する一般理論を形成することを志向している社会問題の構築主義と、エスノメソドロジーに強く影響を受け理論化を志向しない社会問題の構築主義の違いが曖昧になるという点でやはり問題である。

(24) 社会問題の構築主義を日本に紹介した者の間でも、このような分裂は生じている。もっとも、日本では紹介時期に対立や相互批判があったくらいで（大庭絵里・中根光敏 1991, 中河伸俊 1992, 鮎川潤 1993 参照）、長い対立にはなっていない。コンテクスト派と厳格派の正当性を争うということよりも、それぞれの立場の違いを認めて別個に事例研究が行われているのが社会問題の構築主義の現状である。むしろ後述するように近年ではエスノメソドロジーの側からの（キツセの）社会問題の構築主義批判の方が多い。

なお、構築主義論争に関しては日本とアメリカで状況が大きく異なっていた。アメリカでは『社会問題の構築』が出版されてから、構築主義論争が起きるまでに10年弱かかっている。それに対して日本ではキツセの紹介（中河伸俊 1989）と構築主義論争の紹介（中河伸俊 1992）がほぼ同時期に行われている。

（25）Bogen and Lynch（1993）参照。また中河伸俊（2001a, 2001b）も社会問題の構築主義をよりエスノメソドロジーに近づけようとしている。

（26）「エスノメソドロジー的無関心」について、好井裕明はガーフィンケル他（1987）『エスノメソドロジー』の解説の中で、以下のように述べている。

記述しようとする「人々の社会学」の真偽、適切さ、価値、効用、論理一貫性、道徳性、倫理性など、その内容にかかわる判断・評価を、一時停止する。そして「人々の社会学」が実践されるさまざまな「方法」や「理論」を虚心に見つめるわけである。たとえば、中、高校生の問題行動のエスノメソドロジーをするとき、〝問題行動は「非行」であり、道徳的にも社会的にも良くない〟とか、〝彼らに問題行動をやめさせ、なんとか「立ち直らせたい」〟といった「常識的判断」「教育的配慮」は不要なのである。（好井 1987, 305-306）

ここで好井が述べている「人々の社会学」とは、人々が日常生活を営む上で、自己や周囲の状況や文脈を理解していくことである。「人々の社会学」を、「専門家の社会学」の観点から否定するのではなく、そのままそれを記述していこうという「構え」が「エスノメソドロジー的無関心」なのである。

（27）西阪仰（1996）や岡田光弘（2001）参照。またエスノメソドロジーとは一般理論を志向しないということを強く主張しているものとしてクルター（1998）参照。

（28）例えば、「キツセ＝中河のように」（中河伸俊 2001a, 22）という記述にみられるように、中河は自己の議論とキツセの議論を等値している。

（29）「感受概念」とはハーバート・ブルーマーが著書の中で用いた概念で、「経験的な事例にアプローチする際に、どこを参照するかとか、どのように接近するかというような概括的な意味を与えるものなのである」（ブルーマー 1991, 192）とされている。

（30）中河伸俊（2001b）が代表的である。また中河伸俊（2001a）でも、自らの議論とエスノメソドロジストの岡田光弘や西阪仰らの議論を比較し、エスノメソドロジーへの一層の傾斜を表明している。

（31）上野千鶴子編（2001）、北田暁大（2001）、もしくは大庭絵里（2000）、草柳千早（1999, 2004）参照。これらの研究では、クレイム申し立て活動すらもできない人々が分析の対象となる。北田は、クレイム申し立て活動にすらならない問題を「存在の金切り声」と表現し、構築主義とはそのような声に注目していかなければならないと指摘している。

（32）北澤毅・片桐隆嗣（2001）、鮎川潤（2001）、中河伸俊ほか編（2001）の事例編など。また中河伸俊（1999）では、社会問題の構築主義の事例研究が多数紹介されている。

（33）バトラー（1999）は、対象を批判的にとらえ脱構築を志向する構築主義的アプローチを採用している。

（34）なおキツセは、この論文の結論部分で、逸脱に関する社会学的理論は、社会のあらゆる人々、集団、そして機関のあらゆる活動に適用可能なものでなければならないとしている考慮したものでなければならないと述べている（Kitsuse 1962, 119参照）。

(35)　例えば、キツセと山村は「その社会における犯罪者の制度的処遇に適用される教養と方法を検討することによって、そこから多くのことを学びとることができる。なぜならば、その教養や方法は個人の責任についてのその社会に一般的な考え方、犯罪の原因論、さらには犯罪者強制における懲罰その他の処遇の望ましさ、成功の見込等々を明白にないしは暗黙に体現しているからである」（キツセ＝山村 1963, 80）と述べている。

(36)　筆者は、社会全体で共通する価値観を哲学的・思想的に探究することまでは否定していない。例えば竹田青嗣はヘーゲルの哲学的議論をもとに、近代の基本原理として「自由」と「自由の相互承認」を挙げている（竹田青嗣 2004, 5-12参照）。この原理に基づいて、哲学的に社会問題を定義することも可能である。しかし竹田も指摘していることだが、現代社会では、公的な場面のみならず日常生活の場面においても異なった「理想理念」に基づいて社会問題が定義され、ときには対立をもたらしている。この過程を記述し解釈し分析することにも意義はあるだろう。もちろん、それは哲学的・思想的な観点から社会問題を定義していくことと背反するわけではなく、両立的である。

(37)　構築主義論争では、社会学・社会学者のあり方、さらには社会科学のあり方（例えば、知や理論のあり方）が問われることになったからである。社会科学の歴史の中で何度も問題となった実在と認識をめぐる議論を、キツセは社会問題に研究に構築主義的アプローチを適用することで、巻き起こした（してしまった）のである。もちろん、キツセは『社会問題の構築』の中で、率先して社会問題の定義に参加する社会学者を批判しているので、このような「誤解」を受ける可能性は十分にあったともいえる。

(38)　社会問題研究における構築主義的視座の「流行」について赤川学は「社会問題の構築主義を、ニクラス・ルーマン、ジュディス・バトラー、ミシェル・フーコーといった豪華絢爛たる社会学者や思想家と同列に論じることにも無理があるように思われる」（赤川 2012, 32）と回顧的に論じている。本章でも指摘するように、社会問題の構築主義はあくまでも広義の「意味学派」の発想を借りた社会問題研究であり、そうした発想を引き継ぐものではないということである。

(39)　キツセは、クレイム申し立て活動には一般的な展開の様式があると考えていた。またクレイム申し立て活動で使われるレトリックには一定のパターンがあるとも考えている（イバラ＝キツセ 2000参照）。クレイム申し立て活動の中に、なんらかの一般性や法則性を見出そうとするキツセの考え方は、エスノメソドロジストからは批判されている。

(40)　クレイム申し立て活動の条件依存性についてキツセは重要視している（スペクター＝キツセ 1990, 85, 200-203参照）。またキツセは、後にイバラとの共著論文の中でクレイム申し立て活動の一般化を行っている（イバラ＝キツセ 2000参照）。

(41)　Miller and Holstein（1989）参照。また批判的な文脈から、

社会問題の構築主義は現象学的社会学とさして変わらないという指摘もある（岡田光弘 2001, 30 参照）。

（42）シュッツの現象学的社会学に言及するキツセの論考は、イバラ＝キツセ（2000）の他には、Sarbin and Kitsuse（1994）参照。

（43）マートンは客観的状態として社会問題を定義しようとしていたが、それでも社会問題を定義するためには規範的な価値判断が不可避であることを否定していない（Nisbet and Merton 1971, 1 参照）。

（44）もちろん社会問題の構築主義には限界が存在する。「クレイム申し立て活動」という概念を用いて現象を切り取り、それを記述し、分析していくという作業は一種の社会的行為である。また専門的概念を用いてそこから理論構築ができると考えている点でも依然として通常の社会科学の範疇におさまっている。構築主義は（現実の解釈）から（現状の解釈をする人々の行為の解釈）へと、分析の段階を一段ずらしただけであるという批判もある（天田城介 2001 参照）。この点において、一般理論を否定する一部のエスノメソドロジーとの統合は困難であると考えられる。

　また社会問題の構築主義は、「社会問題」とされる現実を語ることを直接の目的とはしていない。社会問題とされる現象の「本当の姿」を明らかにすることも、「声なき声」や「抑圧された声」というものを救い出すことはできないし、社会問題の「解決」を志向していない。クレイム申し立て活動の記述と分析にとどまり、「眼前の社会問題」に対する直接的提言はない。

　しかしこれらの批判は、構築主義的アプローチに対する過大な評価の裏返しであるといえる。本章で見てきたように、キツセは分析の対象を社会状況からその社会状況への定義行為へと研究対象を「移行」したが、社会状況を語る研究を否定していない。社会問題の構築主義はあくまで社会を分析するための「一つの」視座だからである。さらに言えば、ある研究に際して構築主義的なアプローチをとった研究者が、別の研究では異なったアプローチから社会問題を分析することもありうるだろう。

（45）構築主義的アプローチが自らを社会問題研究における「唯一の」「優れた」アプローチであると位置づけているという認識は、社会問題（とメディア）の研究のいたるところに存在する（例えば津田 2016, 167-168 参照）。しかしこれはメディア研究者の責任というよりも、社会問題の構築主義の目的を明示してこなかった側にあるのではないかと筆者は考えている。

（46）構築主義的アプローチは適用の仕方によっては、キツセの目的（社会問題の社会学の領域を明確化し、その領域で理論を構築すること）とは正反対の結果を導くことになるだろう。キツセは（社会的）構築主義の開祖ではないし、キツセの目的とは異なる構築主義的研究が行われているからといって、それを「逸脱した構築主義」として批判することはできない。したがって本書では、多様な社会問題の構築主義があるべきだ、という見解をとる。しかし特定の勢力を抑制したり、逆に称揚したりすることを主目的とするような構築主義的研究に対しては、ここで一定の疑義を呈しておきたい。このことに関しては、赤川学が以下のような指摘をしている。

なぜ言説が現実がそのような形で構築されているのかを説明する段階では、ほぼ例外なく、分析者が前提とする権力や支配構造、政治的利害といった変数が自明視される。つまり現実の被構築性（＝恣意性・可変性）を指摘する一方で、自らが構築した説明変数の恣意性や可変性には目を向けようともしないのである。マルクス主義やフェミニズムを問わず、堕落したイデオロギー分析は、おおむねこのような傾向に陥りやすい。（赤川学 2005, 136）

赤川の指摘とはすなわち、現実の構築・構成過程を説明する際に挿入される変数、すなわち構築・構成の過程を規定していると指摘される要因があまりにも分析者の価値観に依拠しすぎているということである。そのような場合、構築主義的アプローチによる事例分析は、特定の立場に対する別の立場からの単なる批判的説明へと陥る可能性が高い。特に価値観の対立が激化している問題に関して行われる「堕落したイデオロギー分析」は、結局、無自覚なまま特定の集団の支配的価値観を再生産していた従来の社会病理・社会問題の研究と同様の問題を抱えているのである。社会学の研究実践と特定集団へのコミットメントの区別に関しては、以下の森元孝の指摘が参考になる。

ある特定の集団への期待を社会学の課題と一致させることは、社会学という学問とは何の関係もない。むしろ、そのように見えるかもしれない集団を含めて、社会がどのようになっているかということを記述し説明することが、社会学の一般的な課題である。（森元孝 2001, 113）

ある特定の中間集団への期待は、現在種々に存在しているNPOの例を見るまでもなく、その研究はただちにその実践であり、その理論が実際の活動そのものでない限り、またその理論の提唱者が積極的に実践している人格でないかぎり、その理論自体はつねに虚しく無責任きわまりないものである。「ボランタリズム」であることがいつも強調されながら、その主張者が自発的ではないことは珍しいことではない。（森元孝 2001, 113）

結局のところ、構築主義的視座を採用したところで、あらゆる価値判断から自由になることはありえない。どの社会状況に関するクレイム申し立て活動なのか、大量に行われているクレイム申し立て活動の中でどれに着目するのか、すなわち事例研究の範囲を設定することそれ自体が一つの判断だからである。したがってこの場合、「現象記述の密度と、現象についての多様な知見を積み上げていくこと。当たり前のようではあるが、これが構築主義の経験的研究が目指すべき地平であろう」（赤川 2006, 69）という赤川学の指摘が最も妥当なものであるといえるだろう。

第2章

(1)　例えばデニス・マクウェールはコミュニケーションを社会の組織化のレベルに応じて、以下のように分類している（マクウェール 2010, 21 参照）。①個人内、②個人間、③集団内（例：家族内）、④集団間（例：地域コミュニティ）、⑤機構・組織（例：政治システムや企業）、⑥社会全体。現代社会のメディアの状況を考慮すれば、これに⑦世界全体を加えることもできるだろう。マクウェールはこの中で、⑥社会全体で行われるコミュニケーションを「マス・コミュニケーション」としている。

この他にコミュニケーションを、①パーソナル・コミュニケーション、②中間・コミュニケーション、③マス・コミュニケーション、の三つに分類する視点もある（大石裕 2011 参照）。コミュニケーションを分類するさまざまな視点に共通しているのは、社会全体で行われるコミュニケーションをマス・コミュニケーションとして分類すること、そしてそのコミュニケーションを可能にするメディアとして、マス・メディアが挙げられていることである。

（2）ここでいう「相互行為」は、以下の二通りのものがあると考えられる。一つはある者の行為に対して「それは逸脱である」とラベリングを行う者と、そのようなラベリングをされる者との間の相互行為である。もう一つは、ある者の行為に対して「それは逸脱である」とラベリングを行う者と、そのようなラベリングを受け取る第三者との間の相互行為である。前者の場合、ラベリングは「あなた（たち）は逸脱者である」と二人称的に行われるが、後者の場合、「彼（ら）は逸脱者である」と三人称的に行われているといえるだろう。

なお、「逸脱者」とされた者が「自分（たち）は逸脱者である」と自己言及的にラベリングを行っていく、いわゆる一人称的に行われるラベリング（「自己ラベリング」）もあると考えられる（辻正二 2000 参照）。

（3）引用文中の「編集者・記者」は“editor”の訳語である。日本では「文筆家」と訳されていることもある（上野加代子・野村知二 2003, 14 参照）。“editor”にはニュース、雑誌、ニュース番組の制作を監督・指揮する人という意味があり、モラル・パニック論の事例研究においてもマス・メディアの報道が研究対象となっているので、本章では「編集者・記者」と訳してある。また「良識ある人々」は“right-thinking”の訳語である。なお、モラル・パニックに関するコーヘンの定義は、スチュアート・ホールらによる編著“Policing the Crisis”の中でも参照されているように、広く受け入れられているものと考えられる。

（4）Goode と Ben-Yehuda は「不均衡性」のほかに、モラル・パニックの特徴として以下のものを挙げている（Goode and Ben-Yehuda 1994, 33-41 参照）。

・関心（concern）：特定の集団やカテゴリーの人たちの行動に対して、社会の関心が高まり、平穏な社会に悪影響を及ぼすのではないかとの共通認識が形成される。

・敵愾心（hostility）：関心がむけられた集団やカテゴリーが、社会の敵であるという評価が下される。その過程で、善良でまともな「われわれ（us）」と、逸脱的で望ましくない「彼ら（them）」という分離が形成される。

・合意（consensus）：関心や敵愾心に関して、社会の間で一定の合意を得ることによってモラル・パニックとして成長していく。

・揮発性（volatility）：突発的に生じたモラル・パニックが、短期間でおさまっていくこと。

（5）マクネイアは「ジャーナリズムによる現実の社会的構築」という項目の中で、モラル・パニック論を評価し、引用している（マクネイア 2006, 26-29 参照）。

（6）例えば、少年犯罪報道に関しては日本民間放送連盟編（1997）や日本新聞協会編（2004）などの議論が典型である。

（7）コーヘンは、モラル・パニックを発生させていく一つの主体として「道徳的事業家・起業家（moral entrepreneur）」を想定していた。これはラベリング論者のベッカーの造語であり、規範を生み出す主体、その規範をもとに社会を統制する主体を指し示すものである。道徳的事業家は、多くの場合の社会の上部層であるとされる（ベッカー 1978, 217 参照）。

（8）批判的犯罪学がマルクス主義の影響を受けていることに関しては、Rubington and Weinberg（2003, 222-224 参照）。また批判的犯罪学とモラル・パニック論の関係については瀬川晃（1995, 1998 参照）。

（9）平林紀子はモラル・パニック論をある程度評価しながらも、「現代のニュースが、その種（若者など）の逸脱に限らず、組織の逸脱行為や管理ミス、政治家やエリートの逸脱行為を含めた広い意味での『逸脱』を公開している現実」（平林紀子 1989, 113）を無視することができないと指摘している。そして分析概念を幅広く適用していないモラル・パニック論のイデオロギー的な偏向を指摘している。

（10）なお「体制」とは“conservative”が、「反体制」とは“left liberal”が原語である。また、ケネス・トンプソンも、ある事例を「モラル・パニックである」と判断する際には、そこに主観的な価値観が入り込むことを指摘している（Thompson 2003, 10 参照）。

（11）若者文化・労働者階級におけるｙｏｂ（チンピラ）、学校暴力、麻薬問題、子供の行方不明、性・暴力を煽るメディア、社会福祉の不正受給、移民・亡命者問題など（Cohen 2002 参照）。また上野・野村は、モラル・パニックの事例として児童虐待問題を取り上げている（上野加代子・野村知二 2003 参照）。Goode と Ben-Yehuda は、モラル・パニックは支配階層が自らの価値観を守るために発生させる「エリート工作型」や「利益集団型」以外に、一般の人々によって発生するという「草の根型」もあることという指摘もある（Goode and Ben-Yehuda 1994, 124-143, 津田正太郎 2010, 42 参照）。

（12）Goode と Ben-Yehuda は「モラル・パニックという概念は、不均衡性に寄りかかっており（rests on）、もし不均衡性を判断することができなければ、その出来事がモラル・パニックの事例といえるかどうかの結論を下すことはできない」（Goode and Ben-Yehuda 1994, 38）と述べている。またクリッターも、「（不均衡性は）もっとも根本的な特質」（Critcher 2003, 24）と述べている。

（13）仮に、ある問題の深刻度を1から5の5段階で表すことができるとする。その問題の深刻度は、実際には1であるにもかかわらず、人々はその問題の深刻度を5だと認識したり、深刻度5に相当する反応をしたりしたとき、そこに「不均衡性」が生じているといえる。しかし、後述するように「実際の深刻度」を正しく判断することは容易ではない。

(14) ここでマス・メディアに「影響力」があるというのは、マス・コミュニケーションの効果研究では「強力効果論」に分類されるものである。すなわち、マス・メディアは人々の意見や行動の変化をもたらすような効果を持つがどうかはともかく、人々の現実認識には多大な影響力を持っているとする考え方である。

(15) トンプソンは、近年ではモラル・パニックの概念は「リスク社会」概念と関連付けて論じられるべきであるとしている(Thompson 2003, 142 参照)。これは事例が限定されていたモラル・パニック論の問題を克服するためには必要な展開である。たしかに公害・環境問題・食品問題などを社会問題研究の対象として、そしてときにはそれらの問題を、モラル・パニックの事例として扱わない理由はないだろう。近年では、たとえばビョルン・ロンボルグのように、マス・メディアが報道する環境問題は、問題の客観的状況とは大きくかけ離れているという批判を行う者もいる(ロンボルグ 2003, 2008 参照)。ロンボルグの指摘が本当ならば、環境問題に関するモラル・パニックもありえるだろう。しかしある環境問題の構築・構成過程を「モラル・パニック」であると指摘することは、すなわちその問題の構築・構成過程における不均衡性を指摘することでもある。その不均衡性を指摘することは、困難を伴う。事実、ロンボルグの主張に対しては、多数の反論も行われている。

(16) 不確実性の高さと予防原則の重要性は、他の社会問題についても展開することができる。健康問題、教育問題、移民問題、「安心・安全」の問題など、人によってはこういった問題について「客観的現実を厳密に把握する必要はない」と主張するだろう。

(17) １９９２年に採択されたリオ宣言第15原則には、以下のような記述がある。「重大あるいは取り返しのつかない損害の恐れがあるところでは、十分な科学的確実性がないことを、環境悪化を防ぐ費用対効果の高い対策を引き延ばす理由にしてはならない」。

(18) 社会問題の構築過程に関する規範が「不確実性」の高さによって変化することについては、「第1種の過誤(差が無いのに誤って差があるとしてしまう:問題がないのに問題として構築する)」と「第2種の過誤(差があるのに誤って無いとしてしまう:問題があるのに問題として構築しない)」という統計学の用語を用いて理解できる(梶 2005, 36-37 参照)。

(19) スペクターとキツセは「(クレイム申し立て活動で)想定された状態が存在するかどうかについては、関知しない。(中略)状態の真偽について、われわれは非決定の立場をとりつづける」(スペクター＝キツセ 1990, 120-121 参照)と述べている。

(20) ある現象の哲学的妥当性の考察ではなく、その現象が日常生活世界の中でどのように受け入れられているのか、を考察する研究の方向性は、シュッツにも見られる(シュッツ著作集第3巻、305 参照)。また科学社会学の文脈でも、妥当な解釈もそうでない解釈もともに社会的なものとして、区別せずとらえるべきという意見がある(ブルア 1985, 1-3 参照)。

(21) ここでいう「自らの体験や経験」とは、個人的な事件・出来事を諸個人が体験することだけではなく、社会的な事件・出来事を諸個人が体験することも含まれる。もちろん、そこには各種メディア利用を通じて行われる体験も含めて考えるべきである。

(22)　この箇所は西原和久の議論を参考にまとめた（西原和久 1998, 116 参照）。

(23)　現実の社会的構築を可能にするもの分析する必要性についでは、西原和久（2003, 72）を参考にした。また「レリバンスと類型化の体系」という言葉は、西原和久（1998, 116-117）やシュッツ（著作集第3巻、305-320 参照）を参考にした。原語は“a system of relevances and typifications”である。“relevance”の訳については、「関連性」と「有意性」があるが、レリバンスという言葉も普及していると考え、そのまま用いている。

なおシュッツは、類型化する（typify）と類型的（typical）という用語を慎重に使い分けている。類型化とは、ある経験を特定の枠組みによって解釈することである。この類型化はさまざまな形で行うことができる。しかしそうして得られた類型化の中でも、もっとも「類型的（typical：典型的）」であるとみなされる類型化を、人々は採用しているのである（シュッツ著作集第3集、317 参照）。言い換えれば、経験の中には①そもそも類型化されないもの、②類型化はされたが、類型的なものではないとみなされるもの、③類型化され、かつ類型的なものとみなされるもの、の三つに分けることができるだろう。類型化の体系は①と②の間に、レリバンスの体系は②と③の間で作用することになると考えられる。

(24)　シュッツは、「日常生活の現実、われわれの空想の世界の現実、芸術の世界の現実、科学の世界の現実など」（シュッツ著作集第2巻、177）を多元的な現実として挙げている。また科学の世界の現実であっても、そこには日常生活の現実とは異なっているものの、レリバンスと類型化の体系に従って構成されることを指摘している（シュッツ著作集第3巻、332 参照）。

(25)　ここでいう「あるべき状態」とは、大きく分けて以下の二通りが考えられる。一つは、今まで存在しなかったが、今後実現すべきものとしての「あるべき状態」、もう一つはかつて存在していたが、現在では何らかの要因によって失われてしまった取り戻すべきものとしての「あるべき状態」である。

(26)　西原は、レリバンスと類型化の体系とは「間主観的に共有されたいわば時代的価値」（西原 1998, 144）であるともしている。ただしレリバンスと類型化の体系は、日常生活世界だけではなく、社会科学の世界にも存在している。例えば、シュッツは子どもを持つ親と心理学者の例を挙げている。親が自分たちの子どもの行動を問題であると解釈する一方、心理学者はそのような行動はその年代の子どもにはありがちなもので、別段問題ではないと解釈する。このとき、親と心理学者ではそれぞれ異なったレリバンスと類型化の体系が作用していると考えられる（シュッツ著作集第3集、317 参照）。

(27)　この問題は、あらゆるクレイム申し立てを研究対象とすることを目指した社会問題の構築主義にも関係するものである。すなわち、研究者が研究対象としてある活動を「クレイム申し立て活動」として確定した時点で、「なぜそのクレイム申し立て活動を研究対象にしたのか」という問いを受けることになるからである。これについては、事例研究の積み重ね、およびそれによって説明力のある理論を構築することでしか、その問いに答えることはできないと考えられる。

(28)　この点に関して、山口節郎は専門・分化した各領域の科学の成果を認めつつも、逆に専門・分化したことにより、各々の専門分野が他分野と十分な連携をとることができなくなり、その結果として各自の分野における決定にまつわる問題を相互に認識できなくなっていると指摘している。山口はこの状況を柳田邦男の「専門化社会のブラックホール」という言葉を引用しながら指摘している（山口節郎 2002, 221-232 参照）。

なお柳田邦男は、「戦後の日本は経済の急激な成長を遂げると同時に、あらゆる職業分野で専門分化が進んだ。産業、金融、司法、科学技術、医療、行政などの組織内には、細分化された部局ごとに専門の知識と経験を積んだ担当者がいて、業務を取り仕切っている。そういう業務形態が長年にわたって続くと、専門家集団の中に、ムラ社会特有の価値判断や行動基準が形成される。▼自分の専門をこなしていれば社会に貢献することになるという視野狭窄に陥る▼権威や権力を振りかざすようになる▼自己防衛・自己利益の都合を優先する▼生身の人間への配慮が希薄になる、といった傾向が強くなってくる」と述べている（「相次ぐ不祥事隠し　専門化が招いたブラックホール　柳田邦男」『朝日新聞』2000年6月8日）。

(29)　例えば、不確実性が高く予防原則に基づく対策が求められる化学物質ダイオキシン汚染問題を例に考えてみる（具体的分析は第5章参照）。

ダイオキシンは、人体に影響を及ぼす危険な物質である可能性がある。だからダイオキシンが検出されるようなことがあれば迅速にそれを報道し、社会問題化していく必要がある。これは予防原則に基づいた対応である。

あるとき、ごみ焼却炉からダイオキシンが検出された。マス・メディアはこの出来事を大々的に報道した。科学的な視点から見れば、このようなマス・メディアの報道は「過剰反応」かもしれない。しかし予防原則に基づくのであれば、大々的に報道することと自体は批判されるべきことではない。

その後、農薬からもダイオキシンが検出された。ごみ焼却炉以外からもダイオキシンが発見されたことになる。すなわち、ダイオキシン問題に関する新たな危険性の発見である。しかし、マス・メディアはこの出来事をあまり報道しなかった。マス・メディアはダイオキシン問題については「予防原則」を主張し報道していたにもかかわらず、この出来事は取り上げなかった。この状況は、不確実性が高く予防原則に基づく対策が期待される社会問題の構築・構成過程に要求される規範には違反しているといえる。

このとき、マス・メディアの報道は「ダイオキシン問題はごみ焼却炉問題である」という解釈を成り立たせる解釈枠組みに強く規定されている、もしくはそのような解釈枠組みを再生産していると評価することができるだろう。

第3章

(1) マス・コミュニケーション研究の中に「現実の社会的構築・構成」の視点を導入したアドーニとメインは、自らの議論の立脚点をシュッツ、バーガー、ルックマンに置いている（アドーニ＝メイン 2002, 143 参照）。同様にタックマンの著作の中にも、理論的な議論を展開する際にシュッツに言及している（タックマン 1991 参照）。また大石裕は、マス・メディア報道による現実の構築・構成過程の分析に関して、現象学的社会学者のバーガー＝ルックマン（2003）、シュッツ（1983）、そして西原和久（1998）の議論を、ステレオタイプ論や、フレーミング研究に引きつけて理解している（大石裕 2005 参照）。

(2) 「意味学派」については、現象額的社会学の研究者でシュッツ著作集の翻訳者である西原和久が以下のようにまとめている。

60年代の、パーソンズ理論に代表される「機能の社会学」ないし「機能学派」に対して、このようなシュッツを「シンボリックな存在」として抱く「意味の社会学」ないしは「意味学派」と呼ばれる社会学の立場が登場してくる。バーガー、ルックマンなどの現象学的社会学、パーソンズの指導下にありながらシュッツと文通しシュッツの影響をうけて独自な社会学の展開をめざしたガーフィンケルのエスノメソドロジー、ミードの再解釈を行い、Ｍｅ（客我）に対するＩ（自我）の優位性を説くブルーマーのシンボリック相互作用論、役割距離や印象操作、表局域と裏局域、面子の維持や儀礼的無関心といった相互作用における演技論的な議論を展開したゴフマン、さらには逸脱する側にたって（負け犬の立場から）レッテル貼りのメカニズムに逸脱の一要因をみたベッカーのラベリング理論などが代表的なものである。これらの流れに、（フリードリッヒの）社会学の社会学や（グールドナーの）自己反省の社会学などを加えることもできるだろう（西原和久 1998, 22-23. 原著では各研究者名の後に括弧で参考文献が挙げられていたが、引用では省略してある）。

西原によれば、シュッツは「意味学派」の中では「シンボリックな存在」ではあったが、シュッツと同様の発想を持つ社会学者は、米国社会学の中にも数多く存在していたという。キツセは１９６０年代の米国を生きた社会学者の一人として、「意味学派」の発想を社会問題研究に取り入れていったのだと考えられる。

(3) ただし、パーソンズをはじめとする「機能学派」が「客観主義」とされ、意味学派が「主観主義」であると理解されてきたことは問題であるとする指摘がある（西原和久 1998, 2005 参照）。対象に意味を付与していく過程では、各個人は必ずしも自由にそれを行うことができるわけでなく、他者と間主観的に共有している解釈図式によって拘束される。このような観点は、シュッツだけではなく、バーガーやルックマンの議論の中にも存在している。

(4) グールドナーのようによりラディカルな批判を行う研究者は、社会学者がそのような社会の変化を見過ごしながら社会理論を形成していることを批判し、「自己反省の社会学」を提唱してきた

（グールドナー 1974, 1975 参照）。

（5）　同内容はW・スプロンデル編（2009）『社会的行為の理論論争』の18頁においても翻訳・引用されており、それをもとに本章の引用箇所も若干修正している。

（6）　グールドナーは「理論構築の作業はしばしば自分を脅かすものとの戦いの努力でもある。つまりそれは、理論家自身が深く個人的にかかわり合っており愛着をもって大事に暖めているものへの脅威に向って対処する努力である」（グールドナー 1975, 201）として、社会理論は社会理論家個人の価値判断、現実認識に拘束されることを指摘している。さらに「社会学者とかれが研究対象にする人びととの間には社会学者が考えるほど大きなちがいはない。社会的世界を知ろうとする知的関心についてさえも、たいしたちがいはない」（グールドナー 1975, 219-220）として社会理論に対してペシミスティックな視点を投げかける。そしてグールドナーは自己反省の社会学の視点を「社会学者を変換させて、かれの日常生活および仕事に深く降り立たせ、新しい感受性をもたらし、社会学者の自覚を新しい歴史的水準まで引き上げる」（グールドナー 1975, 209）ために展開しようとしていた。グールドナーの最終的な関心は、日常生活世界を主題にすることよりも、社会理論家と社会学理論の変革の方にあったと考えられる。

（7）　ただしシュッツは、このように形成された知識およびその体系は、(1)整合性に欠け、(2)部分的にしか明晰ではなく、(3)矛盾から全面的に開放されてはいない、と指摘している（シュッツ著作集第3巻、136-137 参照）。厳密に考えていけば、日常的な世界で生活する人々が使っている知識体系には論理的な矛盾があるかもしれない。しかし、それらの知識体系は、人々が日常生活で暮らしていく際に共通理解ができる程度には整合性がある。なお、シュッツは(1)〜(3)ではない「科学的モデル構成概念」（シュッツ著作集第1巻、97）を構成するための公準として(a)論理一貫性の基準、(b)主観的解釈の公準、(c)適合性の公準を提示しており、科学的モデルとしての有効性は否定していない。シュッツが注力していたことは、日常生活世界の中で人々が遂行している行為に関する科学的モデルを構成することであった（シュッツ著作中第1巻、97-102 参照）。このシュッツの問題関心は、第1章で論じたキツセの問題関心と同種のものであると考えられる。

（8）　この部分におけるシュッツの行為論に関する説明は、森元孝の一連の著作の議論を参照している（森元孝 1995、2001、2005参照）。

（9）　引用文中の「生を受けた」は、シュッツ著作集3巻では「生み込まれた」となっている。原著では"born into this organized social world"である（Collected Papers II, 9 参照）。

（10）　反対に、お互いの解釈・理解を共有することができない状況、すなわち「いまで通りの考え（thinking as usual）」（シュッツ著作集第3巻、138）が通用しない状況も存在する。シュッツは、その例として「よそ者」や「帰郷者」を挙げている（著作集第3巻、133-169 参照）。

（11）　既存のマス・コミュニケーション研究に、現実の社会的構築・構成の考え方を導入した研究としては大石裕（2005, 特に

101-134参照）を挙げることができる。

(12) 藤竹が用いている「現実環境」という概念は、人間の活動とは別個の存在を安易に想定している点で、構築主義的な視座が徹底されているとは言い難い。しかし構築主義を自称するすべての研究が、構築主義的な視座を徹底させているものではないことは、第1章と第2章で指摘したとおりである。

(13) 構築主義的視座について、マクウェールは「こうした考え方は、一般に他の理論の見解に影響されながら、多種多様な方法で定式化されてきた。そして、20世紀後半には人文科学の主要なパラダイムの変化を象徴するようになった。社会的構築主義は、マス・コミュニケーション研究者の関心をかなり強く引くものであった。そして、重要な論点となると同時に、マス・メディアの影響過程について考える際、その中心に位置してきた。大部分の人々が信じる現実に影響を及ぼすのがマス・メディアであるという一般的な考え方がある。この考え方はむろん古くからあり、宣伝やイデオロギーに関する一論の中に埋め込まれている」（マクウェール2010, 131-132）と述べている。このように構築主義的視座はマス・コミュニケーション研究者の問題関心にかなり一致したものである。しかしその一方で、「何が構築・構成されているのか」という問題関心については、あまり細分化して考えてこなかったと考えられる。

(14) なお、この「現実の社会的構築・構成モデル」と社会問題の構築主義を照らし合わせると、「(社会問題だとされる）状況」が「客観的現実（事件・出来事）」であり、そうした事件・出来事が解釈されることで構築・構成される社会問題は「象徴的現実」と「主観的現実」に存在すると考えることができるだろう。

(15) 中河伸俊は、マス・メディア研究における構築主義の応用の一例としてタックマンを挙げている。「中河伸俊のホームページ―構築主義社会問題の文献」を参照。URLはhttp://homepage2.nifty.com/tipitina/biblio6.html（現在、リンク切れ）

(16) 別の文献で、タックマンはニュースが客観報道の体裁をとるのは、「戦略的儀礼」であるとしている（Tuchman 1972参照）。また大井真二はアメリカの新聞に関して、客観報道主義は新聞が誕生していた当初から存在したというよりは、「記者」という専門的職業が生まれ、そしてプロフェッショナリズムの考え方が台頭していく中で、「神話化」、「イデオロギー化」していったと指摘している（大井真二1999参照）。

(17) 同様の関心は、タックマンと同時期にニュース研究を行ったフィッシュマンの議論の中にも見出すことができる。フィッシュマンは「人々はただ単に物事を行うだけではなく、継続的に自分たちが何をしているのか説明している」（Fishman 1980, 3）という問題関心から、ニュースの生産現場の分析を行っている。なお、米国におけるニュー・ジャーナリズム運動やパブリック・ジャーナリズム運動は、既存の「ニュース観（もしくはジャーナリズム観）」に対する抵抗運動として理解することも可能であろう。

(18) 「ジャーナリズム」という用語は、日常的にはニュースを報道するという行為、そしてその行為の主体である（マス・）メディアに対して使われることが多いので、本書でも「行為と行為主体」という表現を用いている。

(19)　通常、ジャーナリズムの主体として想定されるのは、新聞記者や新聞社である。逆に批評家の中には、現状のテレビをジャーナリズムとは認めがたいとする者もいる（川崎・柴田 1996 参照）。一方で、近年ではネット上での情報発信がジャーナリズムにあたるのか、ソーシャル・メディアにおける情報流通をジャーナリズムと呼べるのかどうか、といった議論も展開されている（終章参照）。このように、コミュニケーションの中には、ジャーナリズムとみなされる活動とみなされない活動が存在する。その境界は、ジャーナリズム論の研究者によって作られる以前に、社会の中のさまざまな人々が作り上げていると考えられる。

(20)　この定義は、「社会的出来事に関する報道、解説、論評といった活動、ないしはその種の活動に携わる専門化された組織」（大石裕 2005, 36）をもとにしたものである。しかし、近年では「専門化された組織」だけが、ジャーナリズムの主体といえるかどうかは不明確になりつつあるので、この箇所は除外してある。

(21)　ゼリザーは、ジャーナリズム研究者、教育者、ジャーナリストの三者がそれぞれ批判し合っている様子を、「ジャーナリストは、ジャーナリズムの研究者と教育者は自分たちの汚い洗濯物（理論）をビジネスの現場という（新鮮な）空気に晒していないと批判し、ジャーナリズムの研究者はジャーナリストや教育者のことを理論的に不十分であると批判し、ジャーナリズムの教育者は、ジャーナリストはその頭を地面の砂の中に突っ込んでおり、ジャーナリズム研究者は雲の中に突っ込んでいると批判している」（Zelizer 2009, 31）と表現している。

(22)　日本でも、「ジャーナリズムとは何かを巡るある程度の合意すらないままに、われわれはジャーナリズムを語り、現実には議論は交差して豊かな実りを生み出すことなく、結局、部分的な断片的な議論に終始し、大局を見失ってしまったのではないだろうか」（大井真二 2004, 37-38）という同様の指摘が存在する。

(23)　これらを明らかにするためには、彼らを対象とした調査（アンケートやインタビュー）が必要となるだろう（一例として山口 2006 参照）。ただ実際にはメディア環境の変化によって、現在ではこれらの過程は顕在性が高まりつつあるとも考えられる。インターネットは記者たちの日常生活を一定程度公開するのに寄与してきた。同様にメディア情報の受け手や事件当事者もまた容易に、マス・メディア報道に関する認識をインターネットによって公開することができるようになった。この点については本書の終章で試論的に論じている。

(24)　日本のジャーナリズム研究者は、社会に流通しているジャーナリズム批判には厳しい評価を下してきた。例えば大井は「コンセンサスを欠いた、独りよがりな規範理論としてのジャーナリズム論、『論』を自称しながらも『理論』を欠いたジャーナリズム論が横行しているのではないか」（大井真二 2003, 127）と、ジャーナリズム批判にとどまっているジャーナリズム論を批判している。さらにそのような「ジャーナリズム批判」は、固定化した視座のまま定型化された批判を繰り返してきたという指摘も存在する。そうした固定化したジャーナリズム批判を脱却したジャーナリズム研究を展開するためには、社会学や政治学、イデオロギー研究といった関連する研究領域の蓄積を十分に踏まえて行くことが要求されている（大石裕 2005, 51 参照）。

だが、本章の議論の展開を踏まえれば、社会に流通するジャーナリズム批判をこのような批判的視点とは異なった角度から扱うことが可能であることがわかる。すなわち本文でも述べているように、ジャーナリズム批判を問題点の多いジャーナリズム研究としてではなく、「ジャーナリズムの世界」を構築・構成する活動の一種としてとらえなおすことができるということである。

(25) 例えば、大石裕は言説分析の手法を用いて、ホロコースト・メモリアルデー報道における現実の構築を分析している（大石裕 2005 参照）。また小林直毅は、同じく水俣病事件に関していかなる言説がマス・メディア報道において編成されていったのか、そしてその過程でどのような排除が行われたのかを批判的に考察している（小林直毅編 2007 参照）。

(26) ジャーナリスト自身によるジャーナリズムの位置づけとして、「第六感としてのジャーナリズム」「コンテナとしてのジャーナリズム」「鏡としてのジャーナリズム」「子どもとしてのジャーナリズム」「サービスとしてのジャーナリズム」という5種類に分類できるとしている（Zelizer 2004, 30-32 参照）。

(27) マス・メディア組織の斜陽化が指摘される現在も、やはりジャーナリズムのあり方をめぐる議論は活性化している。この点については終章で試論的に論じた。また、２０１１年の東日本大震災後に、ジャーナリズムのあり方を問う各種シンポジウムが多数開催されたのは、まさにその証左であるといえるだろう。

(28) ここでいう「メディア・コミュニケーション」とは、正確には「メディアに媒介されたコミュニケーション（mediated communication）」と表現されるべきである。コミュニケーションには、対面的な（face to face）コミュニケーションと、情報の交換や保存を主目的とする装置であるメディア（例えば電話や新聞、ラジオ・テレビ、コンピュータ）を媒介としたコミュニケーションがある。後者は「メディアに媒介された（mediated）コミュニケーション」と呼ばれているが、日本語では「メディエイテッド・コミュニケーション」よりも「メディア・コミュニケーション」という言葉の方が一般的なので、本書でも「メディア・コミュニケーション」という言葉を使用する。

第4章

(1) 農耕が始まる以前の人間の平均寿命はわずか30歳程度だった。また中世ヨーロッパのいわゆる「暗黒時代」には、病気の治療に「霊薬」、「星占い」、「魔除け」などの非科学的な手法が多数用いられた結果、多くの命が犠牲となった。近代以降、細菌の発見、抗生物質の発明、医療技術の発展、そのほか多くの科学技術の進歩によって、人間の寿命は延びてきたのである（高橋昌一郎 2002, 19 参照）。

(2) 環境とは一般的には、ある主体の外部に存在する事象である。環境とはある主体にとって必ずしも「優しいもの」であるとは限らない。環境とともに生きた多くの生物は絶滅してきたのである。それは人類についても同様である。サルの祖先から人類が分岐して数百万年の間、約20種類の人類が誕生してきたが、現在でも生き残っているのは、現生人類（ホモ＝サピエンス）ただ一種類である。自然とともに生きた他の人類は、厳しい自然環境の中で生き残ることはできなかったのである。

（3）　近代化以前の社会も、公害・環境問題とは無縁ではなかった。人間の営みはときとして生活環境を破壊し、人間自身にも危害を及ぼしてきた。それは人間が農耕のために森林を切り開いたときから始まったともいえる。例えば、紀元前3000年頃、チグリス・ユーフラテス川流域では、いくつもの都市国家が誕生し、メソポタミア文明が形成されていた。しかし建築資材のため、もしくは土地の確保、さらには燃料のために森林を伐採し続けていった結果、これらの文明は衰退していった。同様に、インダス川流域に誕生したインダス文明もまた、行き過ぎた森林の伐採によって衰退していったと言われる。森林破壊によって、土壌の浸食がすすみ、農地は荒廃し、さらに水の確保も困難となっていく。結果としてその土地を放棄にせざるをえなくなった。文明の維持のために行った森林伐採が、結果として文明を没落させていったのである（石弘之ほか 2001, 飯島伸子 2004, 大場英雄 1979 参照）。

また、鉱毒事件は明治時代以前にも発生していた。日本でも江戸時代中期となると、幕府を中心として地下資源の利用が注目され、各地で鉱山開発が進められていた。しかし多くの鉱山では、製錬による廃水や廃煙の問題が発生し、周辺の住民や農作物に多大な被害を与えていた（飯島伸子 2004, 大場英雄 1979 参照）。

とはいえ、江戸時代のように工業化・産業化の初期段階では、社会的に依然として農業の方が鉱工業よりも重要視されていた。そのため、農地や農作物に深刻な被害をもたらすような鉱毒汚染に対しては、幕府や各藩による規制が比較的実施されやすかった。例えば17世紀中期、常陸国（茨城県）の赤沢銅山で発生した鉱毒事件では、水戸藩は農民の抗議を受けて廃山を決定している。他にも17世紀後半の東北各藩の鉱業によって生じた河川や農地汚染に関しても、農民からの抗議によって鉱業が停止させられている。鉱工業が社会的に重要な地位を占めていなかったことが、鉱工業がもたらす「負の側面」を抑止できた一つの要因だったのである。その後、江戸時代後期から明治時代にかけて市場経済や貨幣経済が発達していくと、幕府・各藩、政府にとって、鉱山業の位置づけが徐々に高まっていった。（鉱）工業優先の社会へと変化していったことで、鉱毒問題への対応は遅れ、その被害も拡大していったのである（飯島伸子 2004 参照）。

（4）　1880年代は、それまで年間数十トンだった精銅量が、わずか数年のうちに数百トンから数千トンへと急激した時期である（広瀬武 2001, 51-53 参照）。

（5）　当時の日本では、町村から政府に提出される請願は、郡役所か県庁を経由して出願することになっていたが、鉱毒問題については円滑な手続きが行われなかった。そのため、被害民は、直接東京に出向いて、直接政府に請願するという行動をとった。この行動を被害民たちは「押出し」と呼び、1897年からたびたび行われたが、1900年に行われた4回目の「押出し」は大規模なものとなった。この時、被害民の集団と警官隊の間で大規模な衝突が起き、数十人の逮捕者が出る大事件となった（広瀬武 2001, 94-127 参照）。

（6）なお社会主義系の新聞にとっては、当時の日本社会の抱える問題は鉱毒問題以外にも数多くあり、鉱毒問題を最重要視していたわけではなかった。また鉱毒問題が、社会主義的イデオロギーの観点から論じられていくことで、かえってそれ以外のイデオロギーを有する人たちがこの運動に参加する契機が失われたという指摘もある（山本武利 1986, 190 参照）。

（7）正田健一郎・作道洋太郎（1978, 306-307 参照）。正田・作道によれば、敗戦によって鉱業の生産設備能力は、石油精製をはじめほとんどの業種で落ち込んでいた。また農業生産指数も、戦前（1933～35年）と比べて半分程度まで落ち込み、全国的な食糧不足の危機に陥っていた。さらには旧領土や外地からの引き揚げ者も含め、失業者数も約600万人に達していたとされている（同書、306-307 参照）。

（8）『公害白書』が刊行される1969年（昭和44年）以前には、公害問題は『厚生白書』の中で取り上げられていた。なお『公害白書』では、以下のように公害を定義している（『公害白書（1969年版）』6-7）。

（1）自然災害と異なり、生産活動や日常生活の遂行など人間の活動に伴って生ずる現象で、人の健康を損ない快適な生活環境を奪うなど社会に有害な影響を及ぼすもの。

（2）個々の発生源からの汚染を個別的にみればほとんど影響を生じない場合であっても、それが数多く集積することによって重大な影響を及ぼすことになる場合が多いもの。

（3）人間の健康や居住環境に加え、動植物や物的資産等生活環境にも及び、しかもその影響の範囲が相当の地域的広がりを持つもの。

（4）公害は、多くの場合、加害の態様が継続的であり、しかも大気や水等の自然の媒体を通じて間接的に行なわれるものである。被害者の側でどこから被害を受けたか、また、その影響を社会的にどの程度まで受忍すべきかが明瞭でなく、発生者の側でも通常の生活活動等に伴って生ずることが多いことから原因者としての意識が希薄な場合が多い。

（5）公害には必ず発生源があるが、その発生源が不特定多数であるか、あるいは特定していても因果関係が不明確であり、また、汚染にどの程度寄与しているかを証明することは容易でなく、責任関係を明らかにすることが困難である。

（9）各年の元旦の新聞の社説は、その年の日本社会の課題を広範に論じたものと考えられるが、経済の復興や、主権の回復、もしくは戦後の平和の構築などが論じられている。

（10）1949年に東京都が「工場公害防止条例」を制定したことからも、工場周辺では公害が問題になり始めていたと考えられる。

（11）公害対策に関しては、下川耿史（2003）を参考にまとめた。

（12）公害問題報道が1960年代中盤まで停滞していたように見える理由の一つは「公害（問題）」というキーワードが、社会的に一般化されていなかったからではないかという推測することもできる。しかし「ばい煙（バイ煙）」「煤塵（ばいじん・バイジン）」というキーワードで検索しても年間十数件程度にすぎない。１９４５年８月から１９７０年12月にかけて「ばい煙」でヒットする『朝日新聞』の記事は72件、そのうち１９５０年代のものは５件である。

(13) 本書では白書の引用に関して、基本的にはデータベースを参照しているが、できる限り現物に当たるようにしている。

(14) なお、代表的な論壇誌である『世界』の中で、公害問題が取り上げられるのは１９６２年12月号の「しのびよる公害」である（ばい煙問題に関しては、１９５６年６月号に１件、散発的な記事がある）。１９６０年代前後の論壇誌は、戦後の冷戦体制の中で諸外国の政治体制に関する記事や、国内問題については憲法９条問題、基地問題、安保問題などの特集が組まれていた。その後、論壇誌の中で本格的に公害問題が論点となっていくのは、60年代後半からであり、これもやはり新聞報道と同様であると考えられる。

(15)『月刊世論』は１９７２年のものしか入手できなかったが、１９６６年８月にも「公害に関する世論調査」が行われていることが確認できる（『月刊世論』１９７２年６月、12）。

(16) 文部科学省国際教育協力懇談会資料　http://www.mext.go.jp/b_menu/shingi/chousa/kokusai/002/shiryou/020801ee.htm

(17)『朝日新聞』１９９９年７月31日に掲載された特集記事「ダイオキシン・環境ホルモン問題を考えるシンポ」から引用。この発言は、中下裕子氏（弁護士、ダイオキシン・環境ホルモン対策国民会議事務局長）のものである。

(18) 環境省（2011）『水俣病の教訓と日本の水銀対策』を参照。

(19) 地方紙・ブロック紙、全国紙の地方版における水俣病事件報道の分析に関しては、小林直毅編（2007）を参照のこと。

(20) 本章は、『朝日新聞』と『読売新聞』のデータベースを用いて記事を検索している。したがって本章の分析は、各社のデータベースの仕様に大きく依存している。

(21) 熊本西日新聞社元記者の高峰武（高峰 2004, 123-161 参照）や朝日新聞（朝日新聞取材班 1996, 168-176 参照）のように、水俣病事件報道はチッソと漁民の間で「見舞金契約」が結ばれた１９５９年12月31日が大きな転換点だとする見解がある。確かにこの「見舞金契約」によって、水俣病問題は「解決した」ものと報道され、その後の新聞報道にも停滞が生じたことを踏まえれば、彼らの区分には一定の説得力がある。ただし、これはあくまで熊本県における報道（ブロック紙、地方紙、全国紙の地方版）の分析をもとに区分したものである。全国報道と熊本県における報道は大きく異なっている。大きな違いの一つは『朝日新聞』東京版では、見舞金契約の報道は行われていないことである。本章では、全国報道に注目するという目的に従い、報道時期の分類も全国報道をもとに行う。

また水俣病事件報道の分析では、高峰や朝日新聞のように１９６０年から１９６８年までを「報道停滞期」とする見解が多い。しかし後述するように、記事の内容に関しては１９６５年に、も大きな転換点を迎えている。したがって本章では1965年までを「報道停滞期」、1965年以降を「報道転換期」として考察していく。

(22) 実際には1949年の「水俣市」市制施行や市長選挙（1950、1954、1958年）が記事になっている。また1957年8月にも「奇病」に関する記事が一本書かれている。

なお11月3日の『読売新聞』朝刊でも、漁民騒動は報道されている。『朝日新聞』と同様に漁民を逸脱者として扱う内容であった（記事のタイトルは「乱闘、百余人ケガ　新日窒水俣工場〝汚水〟怒り漁民乱入」）。

(23) 『朝日新聞』も『読売新聞』も11月3日の記事の中で、水俣病に関し以下のような説明をしている。

『朝日新聞』：【水俣病とは】昭和二十八年十二月、熊本県水俣市の漁業部落で発生した。六年経ってもまだはっきりした原因も分からず、従って決定的な治療法もない。水俣市に工場を持つ新日本窒素の工場廃水が原因ではないかとする一部学者の説に対して、日本化学工業協会の一部では、旧日本海軍が水俣湾内に捨てた爆薬類の影響ではないかと主張、対立している。現在までに水俣市に隣接の同県芦北郡津奈木村などで七十六人が発病、うち二十九人が死んだ。水俣湾でとれた魚を食べると手足がしびれ、やがて言語障害を起こし目や耳までも機能がダメになる。ネコなど発病すると逆立ちして歩き、ついには狂いだして海に飛び込んで死んでしまうという世界でも類のない奇病といわれる。

『読売新聞』：（注）水俣病　さる二十八年ごろから不知火沿岸でとれた魚貝類を多量に食べると大脳中枢をおかされ手足がしびれ言語障害を起こして重症者は死ぬという奇病で、現在までに七十六人が発病、うち二十九人が死亡、治療の方法がなく全治者は一人もいない。熊本大学医学部内に設けられた厚生省食品衛生調査会水俣部会（会長鰐淵健之熊本大学長）が今年七月「新日窒水俣工場で塩化ビニールなどの製造工程に使う無機水銀の汚水が魚貝類に入って有毒な有機水銀に変化している」と調査の中間発表をした。

これらの説明からも、当時の新聞報道において水俣病事件に関する認識が皆無だったわけではないことがうかがえる。しかし、水俣病や水俣病患者を掘り下げる記事は少なかった。

(24) 本章の目的は、「全国紙はもっと水俣病患者の声を取材すべきだった」という規範的議論を展開することではなく、初期報道期と報道転換期の差異を明確にすることである。そしてそのような差異が生まれた要因について考察することである。

なお漁民騒動に関する『読売新聞』の報道は、『朝日新聞』よりも少ない。またその内容も漁民の逮捕に関する発表記事が主体である（「誤認を逮捕　熊本の〝水俣病〟騒動（1960年1月12日）」、「首謀者逮捕　水俣病騒動（1960年1月25日）」）。

(25) 『読売新聞』に関しては、写真家桑原史成による展覧会「水俣病」を紹介する記事の中で患者の写真が掲載されている（「恐ろしい現実　桑原史成『水俣病』展」『読売新聞』1962年9月22日）。なおこの記事の中には「水俣病という奇妙な名前の病気がわれわれの耳にはいってから、すでに久しい。しかし、世の人は、この奇病のほんとうのすがたをどれくらいたしかに知っているだろうか」という記述がある。この時点で、水俣病という病名そのものは社会的に十分に認知されていたと考えられる。

(26) なお同患者の死亡記事は『読売新聞』の中には発見できなかった。

(27) 水俣病の「原因究明」と水俣病の「原因物質究明」の違いが報道では曖昧にされていったことについては、小林直毅（2003, 115-128）も参照のこと。

(28) ほかにも1960年4月9日には、水産庁が水俣病の原因物質を究明するように管轄の研究所に指示を出したことが記事になっている（「病原究明へ　水産庁が指示」『朝日新聞』1960年4月9日）。この記事でも、水俣病の原因物質と、原因が混同されているものの、「水俣病の原因は、まだよく分からないが、水俣市にある工場廃水に含まれる水銀と密接な関係があるといわれる」という記述も見られる。またこの記事と同じ面には水俣病補償について、チッソと漁民が争っている記事（「座り込みすでに19日　水俣病補償金　解決のメド立たず」）もあり、水俣病とチッソの関係が意識できる紙面構成になっている。

(29) 『読売新聞』でも「貝から有機水銀体　熊本大医学部で抽出　水俣病（1960年9月2日）」、「『水俣病』を国際学会で発表　沖中教授ら9月ローマへ（1961年2月22日）」の2度の医療関連の水俣病の記事が書かれている。これらの記事にも「新日本窒素」や「チッソ」などの言葉は見当たらない。

(30) 水俣病に関する報道は二週間後の3月4日「通院治療も公費で負担　水俣病患者　医療行政」であり、この記事は水銀発見のスクープ記事とは関係はない。1963年はこのあとも労働争議の記事が目立ち、水俣病の報道が行われるのは労働争議が収まったあとの12月31日の記事「水俣病その後　現地にみる　医事・衛生」である。なお『読売新聞』に関しては、酢酸スラッジからの水銀が発見されたニュースは見つけられなかった。

(31) 『読売新聞』に関しては、1963年に書かれた「水俣」に関する記事12本のうち労働争議に関する記事が11本だった。残りの1本は九州で行われた駅伝に関する記事である。

(32) 『読売新聞』でも、チッソの労働争議は水俣病事件よりも報道されている。1962年は19本中14本（残り3本は市長選挙やスポーツ関連）が労働争議関連で、水俣病事件関連は1本（前述の桑原写真展の記事）、1963年は9本中すべてが労働争議関連の記事だった。

(33) 『朝日新聞』と『読売新聞』（それぞれ全国版）のデータベースで「水俣」というキーワードで検索しても1件もヒットしない。

(34) このことを端的に示すのが水俣病事件報道の件数である。朝日新聞熊本県版では、1957年に24本、1958年に13本、1959年に137本と、同紙全国版と比べても非常に多くの水俣病の記事が書かれている。このデータは水俣病研究会（代表：丸山定巳）作成の報告書に掲載されていた「熊本水俣病関連記事」を参考にしている。資料は「水俣病研究会所有の新聞スクラップを基本に、熊本県立図書館所蔵の各紙および水俣市役所」

の所蔵新聞スクラップに依拠して作成されたものである。

(35) 白書の分析には、白書等データベース：http://wwwhakusyo.mhlw.go.jp/wp/index.htm、環境省のサイト：http://www.env.go.jp/policy/hakusyo/ を利用した。

(36)『朝日新聞』『読売新聞』のそれぞれのデータベース（全国版）で、キーワード「水俣」で検索しても、1964年には1件も記事は発見できない。

(37) なおこの年の白書では「公害」という項目も追加されている。しかし、掲載箇所は白書の中でも後半で、記述量もかなり少ない。この白書の序説の中では、社会福祉の問題が優先的に語られており、「公害」という言葉は見当たらなかった。

(38)「公害」は第二部第二章に掲載されている。この年の白書は全二部一六章立て（第一部が四章、第二部が一二章）になっている。

(39) 原資料では元号表記。西暦表記は筆者が追加。以下同じ。

(40) また同年の白書の総説において「四日市における喘息病患者や、水俣湾、阿賀野川及び神通川などにおける重金属による悲惨な患者を一日も早く救済するために、早急に制度が確立されることが望まれてやまない」（『厚生白書（昭和43年版）』、100）と述べられている。ここでも水俣病事件が「四大公害」の一つとして位置づけられていることがわかる。

(41) 公害に関する世論調査は1967年くらいから行われているが、大々的に行われるのは1970年代に入ってからである。その中でも1972年4月24日の『朝日新聞』の記事「『公害許せぬ』が半数　五年前より比率倍増」からは、公害に関する人々の関心の変化をうかがうことができる。また総理府広報室実施の世論調査も、70年代には公害に関する調査を数多く実施しており（『月刊　世論調査』70年6月号など参照）、そこでは大都市の欠点の第一位に「公害」が挙げられるまでになっている。公害としてあげられていたのは自動車の騒音・振動や排気ガス、ばい煙・粉塵、河川の汚れなどである。公害に対する態度でも「公害発生はやむをえないが、適当な補償はすべきだ」や「産業の発展を抑えても公害防止を第一にすべきだ」という意見が主流になってきている。

(42) 高峰武は水俣病事件報道を、一期（1956年〜1959年：公式確認から見舞金契約）、二期（1960年〜1968年8月：空白の八年。新潟水俣病発生）、三期（1968年8月〜1973年7月：政府による公害認定と裁判闘争、補償協定）、四期（1973年8月〜1995年：未認定患者の闘いと政府の解決策）、五期（1996年〜：関西訴訟と現在）に分類している（高峰武 2004, 128 参照）。

(43) 新潟水俣病を検証した関礼子によれば、新潟水俣病に対する新潟県の対応は、水俣病に対する熊本県の対応とは大きく異なっていたとされる。新潟県は、1965年の5月31日、新潟大学医学部から水俣病患者発生の連絡を受け、原因究明や潜在的患者発見のための調査体制を整備している。新潟大学も、6月2から3日にかけて阿賀野川流域にある水銀使用関連工場の調査を実施し、廃水や汚泥のサンプルを採取している。そして6月12日には新潟水俣病の公式発表を行っている。また6月21日は新潟県水銀中毒対策本部と新潟県水銀中毒対策連絡会議が設置されている（関礼子2003, 24-25参照）。新潟水俣病に関する新聞報道は、公式発表の次の日（6月13日）から始まっている。

(44) 『読売新聞』でも公害問題、水俣病事件の顕在化とともに「教訓」を主張する報道が行われるようになっていった。例えば、1968年に水俣病が公害認定されたときには、「水俣病の教訓どう生かす　政府、財界、学識者代表に聞く　企業優先許さぬ厚相」という座談会が掲載されている（1968年9月27日『読売新聞』）。また社説では、以下のように国の対応を厳しく批判している。

　むしろ政府の、水俣病は公害病だという認定はおそすぎた。さわぎが大きくなってから熊本県の場合は十二年、新潟県は四年ぶりである。最初の水俣病の時、厚生省が「主因は有機水銀」との答申を得ながらその原因をハッキリさせなかったために、第二の事件が発生したのである。こんども原因不明にしたら、第三、第四の水俣病事件が起こることだろう。全国には水銀を扱っている工場が百九十四もあり、調査の結果、その七割以上の工場の排水中から水銀が出たのに、規制も監視もされず野放しにされている（「公害認定と被害者救済」『読売新聞』1968年9月27日）

(45) 判決に関しては、『読売新聞』の社説の中でも、以下のように論じられている。この社説も『朝日新聞』と同様に、水俣病事件を「終わらないもの」として扱っている。

　水俣病裁判は、一応の決着をみたが、問題は、これで終わったわけではない。なお今後に課題が残されているのである。水俣病は、公害の原点といわれる。これは有機水銀中毒の恐ろしさを世界的に見せつけただけではない。〝犯罪行為だ〟とまでいわれた公害企業のたれ流しと企業の工作、さらに行政の責任回避で地域社会が斬り裂かれたことに問題があるといわねばならない。（中略）

　裁判は終わった。しかし、問題はこれからだ。もし企業、行政当局がこれまでのように公害対策に手を抜くようなことがあれば、差し止め請求の続出という時代も予想される。地域住民としては、自らの手による監視を続けることが必要である。住民自治の基盤を築くことが住みよい社会をつくる原動力なのである（「水俣病判決がもつ意味」『読売新聞』1973年3月21日）。

(46) 『人間環境宣言』の日本語訳は以下を参照：http://www.env.go.jp/council/21kankyo-k/y210-02/ref_03.pdf

(47) 熊本地裁判決昭和48年3月20日。データベースはLEX／DB（LEX／DBインターネットTKC法律情報データベース）で検索した。

(48) このほかにも「川魚からメチル水銀　富山県小矢部川　〝第三の水俣病〟」（『朝日新聞』1968年3月7日）や「しのびよる第三の水俣病　神通川にみる　現地報告」（『朝日新聞』1970年5月11日）という記事がある。

(49) なお「第三水俣病事件」は、1990年代以降のダイオキシン問題報道（詳細は第6章）の中でも関連付けて言及されている。

　重大な指摘を受けると政府は調査を実施、疑惑を打ち消して一件落着—こんな方法が繰り返されてきた。例えば、第三水俣病事件による水銀パニック。一九七三年、熊大研究班報告書が水俣湾周辺だけでなく有明海での患者発生を示唆した。魚市場は暴落、漁民が抗議し、補償を求めた。政府は対策会議をつくり、魚介類に水銀の暫定濃度基準を設定、全国で魚を調べ「安全宣言」し、第三水俣病を否定した。その後、有機塩素化合物などの汚染に晒され続けながら、国は生産者への影響を恐れ、満足な調査もしないでいる。ダイオキシンもそうだ。所沢市では、住民団体の要請で宮田秀明・摂南大教授が土壌を調べ、高い値が出ると、行政側が調査を行い、結果を公表、「ただちに対策の必要はない」と否定した。（「廃棄物処理法改正を　排出者責任を明確に　どうするダイオキシン対策」『朝日新聞』1999年3月17日）

(50)　加藤尚武は環境倫理について「①地球の有限性」、「②世代間倫理」を主張している。①は公害・環境問題が地球規模になったこと、②は未来の問題（後の世代）として公害・環境問題を考える必要があるという主張である。ここまでは本章で述べたように社会問題をとらえる視角が「いま・ここ」から「いつか・どこか」へと拡大してきたことと同種の議論であるといえる。なお、加藤は①②に加え、「③生物保護」を主張している。これは、人間以外の生物の生存権を認めるべきであるという主張である。加藤はこれらの倫理をもとに、現代の意思決定の仕組みの問い直しを主張している（加藤尚武編 2005, 9–16 参照）。一方で、このような環境問題をとらえる視点の拡大は、個人の権利の縮小という側面もあることを指摘している（加藤尚武 1991, 1–4 参照）。

(51)　地球規模の環境問題として現在、大きな問題の一つとなっているのが地球温暖化であるが、1960年から1970年代の新聞を見る限り、むしろ地球の寒冷化や氷河期到来のほうが心配されていた。例えば1967年7月6日の『朝日新聞』の記事「寒冷化する地球」には「どうやら、世界の気候は、寒冷化の方向に変わりつつあると考えねばなるまい」と書かれている。当然のことながら、現在のデータの収集の範囲とシミュレーションの精度向上を考えれば、地球温暖化を指摘する声を相対化したり否定したりすることは筆者にはできないが、それでも未来の予測が外れる可能性があることだけは確かである。

第5章

(1)　「ダイオキシン」とは、ポリ塩化ジベンゾ—パラ—ジオキシン（PCDD）とポリ塩化ジベンゾフラン（PCDF）をまとめたダイオキシン類、さらにコプラナーポリ塩化ビフェニル（コプラナーPCB、またはダイオキシン様PCB）のようなダイオキシン類と同様の毒性を示す物質であるダイオキシン類似化合物を総称したものである。その毒性の強さに関しては、論者によって見解が分かれている。

(2)　「ダイオキシン問題の専門家」と呼ばれ、解説書を出版したり、政府関連の研究会に参加したりする科学者も数多く存在する。本稿で使われる「科学者」という分類は、科学者全体の一部であることは強調しておきたい。

(3) ある社会問題の「不確実性」の高低を独自に判断することは難しい。「不確実性」に関する議論自体が社会問題を構築・構成する行為の一部分あり、「立場によるものやディシプリン的な方法論の差が現れているものから、専門家・非専門家の違い、科学技術やそれがもたらす物事についての根本的な問題設定条件や志向性の違い、そして時には文明論的・イデオロギー的な差異にさえ基づいている」(宗像・塚原 2005, 185)と言われている。

(4) 「ダイオキシン」を表題とする社説は『朝日新聞』1990年、『読売新聞』97年、『毎日新聞』97年、『日経新聞』97年から書かれているが、社説本文中では、各紙とも90年代初頭から他の環境問題(廃棄物処理場問題など)に関連させてダイオキシンに言及している。また1990年代後半には、一般向けの関連書籍が多数出版された(長山淳哉 1994, 宮田秀明 1998, 1999 参照)。

(5) 例えば報道量のピークである1998年から1999年に新聞によって世論調査が行われているが、『読売新聞』の調査(1998年11月14・15日に実施、報道は24日「ダイオキシン、環境ホルモン… 汚染に「不安」8割/読売新聞社全国世論調査」)では8割、朝日新聞の調査では9割の人がダイオキシン汚染に対して不安を感じているという結果が得られている(「ダイオキシン「不安」9割 8割、出荷規制を 朝日新聞社世論調査」1999年5月30日)。

(6) このシリーズ社説は後に出版され、前書きで「新しい世紀へ向けて、私たちは社会やくらしのあり方を根本から見直すことを迫られています」と主張している(朝日新聞社論説委員室編 1997 参照)。他紙の報道でも「温暖化防止 21世紀への戦略」という特集記事(『読売新聞』1996年12月5日)、「日本は身を削る覚悟が求められる。一歩踏み出さなければならない。二十一世紀の地球のために—」(「[97環境の年に](5)南北対立 危機意識の共有を」『読売新聞』1997年1月26日)や「我々がこれまで通り豊かな生活を続ければ、地球温暖化や自然環境の破壊が進んで『暗い未来』が待ち受ける。明るい展望を切り開くためには21世紀を『環境の世紀』に転換していかなければならない」(「環境の世紀 まず行政が変わらないと」『毎日新聞』2000年5月31日)などの論評が典型的である。

(7) 環境庁は、「持続可能性の観点とは、せんじ詰めれば、未来の世代を視野にいれた行動を現在の私達がとっていくということ(中略)持続可能な開発をテーマに討議をして21世紀に向けた行動計画などを決める予定となっています」(『環境白書(平成4年版)』)と白書の冒頭で述べている。同様に厚生省も「今後の厚生科学研究の推進に当たっては、21世紀を『人間の世紀』としての展望を持った未来戦略を設定していくことが求められている」(『厚生白書(平成4年版)』)と述べている。

(8) 90年代初期の報道は、ダイオキシンについて以下のように説明している。「ベトナム戦争で使われた枯れ葉剤「2・4・5T」に含まれていた(中略)また遺伝子に突然変異を起こさせ、奇形やがんを発生させる作用も強い。農薬製造時などに副産物として出来るが、これまでごみ焼却場でも生成すると問題になっていた」(「魚からダイオキシン　愛媛の製紙工場群近く　愛媛大調査」『朝日新聞』1990年10月24日)。また発生源として「全国各地にあるごみ焼却場と製紙工場の占める割合が大きいと見られている」(「毒性強いダイオキシン、底土・魚介類両方から検出　河川・海など調査」『朝日新聞』1990年11月27日)と製紙工場による汚染に言及する記事もあった。

(9)　日本で初めてダイオキシンが「発見」されたのは、1979年カナダ人研究者のラセックのごみ焼却炉調査によるものである(竹内正雄ほか 1999, 11 参照)。なお、愛媛大学立川涼教授のごみ焼却炉調査(1981年実施)を日本での初検出とする者もいる(小室広佐子 2002 参照)。

(10)　1984年には厚生省および廃棄物処理施設や公害防止装置メーカーで構成される日本環境衛生施設工業会(厚生省所管)によって「ダイオキシン等専門家会議」が開催され、廃棄物に係るダイオキシン問題の評価のための指針が定められている(「ごみ処理に係るダイオキシン等の問題について(公布日：昭和59年5月24日・環整68号)」)。そして1990年12月にも、厚生省の「ダイオキシン類発生防止等ガイドライン検討会」において、ダイオキシン排出に関するガイドラインがとりまとめられ、これに基づき厚生省は地方公共団体に対し指導を行っている。

(11)　「ごみ処理に係るダイオキシン類の緊急削減対策について(公布日：平成8年10月3日・衛環261号)」参照。

(12)　『厚生白書(平成8年版)』『厚生白書(平成9年版)』参照。厚生省は、1997年1月には恒久対策も含め「ごみ処理に係るダイオキシン類発生防止等ガイドライン」を取りまとめ、それぞれ地方公共団体に通知している。

(13)　「わが国の場合、当面のダイオキシン対策は、ごみの処理対策が常道と言えるだろう」(「『ダイオキシン』への対策急げ」『読売新聞』1998年4月20日)や「成果のあがらない焼却炉は閉鎖し、新型炉に切り替える安全策を徹底すべきである」(「ダイオキシン　焼却場の改善を徹底せよ」『毎日新聞』1997年4月13日)といった社説も同様である。

(14)　環境省のサイト(http://law.e-gov.go.jp/htmldata/H11/H11HO105.html　2012年4月閲覧)を参照。

(15)　ダイオキシン汚染の単位は、ピコグラム(1兆分の1)単位であり、特殊な機器で測定する。また1検体のダイオキシン濃度を調査するのに20万円程度かかるといわれている。

(16)　益永は、後にこの調査について自著の中で「現在の発生源を減らすことが対策だとする今の政策を再評価すべきであろう。ダイオキシン摂取の大部分の原因は過去の行為であったのである。(中略)発生源対策ではその低減をわずかに加速する効果しか期待できない。(中略)発生源対策以外に、魚多食者などの高リスク集団に対する情報提供や指導が必要ではないか」(益永茂樹 2003, 135-136)と述べている。

(17)　農水省1999年7月8日プレスリリース参照。なお、2018年現在、農林水産省のサイトでは、以前のプレスリリースが確認できなくなっている。世界のサイトを記録しているインターネット・アーカイブ（Internet Archive）には保存されている（http://web.archive.org/web/20000105121611/http://www.maff.go.jp/work/990714.pdf　2018年4月閲覧）。

(18)『朝日新聞』では2000年に農薬関連報道が2件行われたが、その内容はダイオキシン調査結果の発表記事が1件、もう1件も記事本文中で「農薬」という言葉が使われているにとどまっている。その後、農薬とダイオキシンの関係に触れている記事は「販売中止農薬にダイオキシン　農水省が回収呼びかけ」（2002年4月13日）と「ダイオキシン、浄化どうする　土・水から魚介類を経て人体へ」（2003年5月26日）などがあるが、前者は20行程度のベタ記事、後者も特集記事ではあるものの掲載面は「くらし面」である。

(19)この点について、モラル・パニックの一つの要素である「揮発性（volatility）」、すなわち突発的に生じたモラル・パニックがまたたく間に、終息していくという現象を確認することができると思われる（本書第2章参照）。

(20)小室は、1999年2月以降、主要メディア間で報道内容に差異が生じたとしている（小室 2002 参照）。しかし、それは「テレビ朝日批判」と野菜暴落事件の報道、政治介入への批判を別の争点としているためであり、それらをまとめて「ニュースステーション問題」としてとらえれば、立場の違いはあっても、同じ論点を報道していると考えられる。

(21)判例の解説については、山口いつ子（2005）参照。またこの一連の訴訟や判決・判例に関するジャーナリズム批判からの考察は、飯室勝彦（2001, 2004）や若林・漆間（2004）を参照のこと。

(22)「埼玉県、農作物の濃度を調査の方針」（『毎日新聞』1999年2月5日）など記事も、ダイオキシン問題報道の対処に追われる埼玉県の動向を伝えている。

(23)1999年2月以前にも、大阪府能勢町や茨城県龍ヶ崎市の清掃工場周辺や、香川県豊島の産廃処理場から高濃度のダイオキシンが検出されたこと、そして汚染対策が遅れていることが報道されている。

(24)例えば、「放送内容の的確さが問われそうだ」（「所沢市の農作物ダイオキシン　野菜以外で最高濃度　測定研究所認める」『毎日新聞』1999年2月10日）や「番組は『市民、農家の苦しみ』を背景に『行政の対応を促した』というが、農家をさらに苦しめる結果になり、データ提示の仕方に問題を残した」（「行政の対応促したがデータ提示法問題残す　テレ朝ダイオキシン報道」『朝日新聞』1999年2月13日）という批判的報道が行われている。

(25)読売新聞よりも強い批判は産経新聞に見られる。例えば「はじめからある種の目的をもち、あらかじめ想定している結論に誘導しようとした特異な報道手法といわざるを得ない。久米氏とともに同氏を起用しているテレビ局の報道倫理も厳しく問われるべきである」（「テレビ朝日報道　あってはならない久米手法」『産経新聞』1999年2月20日）の記事が典型的であり、キャスター個人の批判も展開している。

(26)　掲載されている識者の発言は、『朝日新聞』は服部孝章、『読売新聞』は広井脩のものである。
(27)　引用されている識者の発言は、前者が服部孝章、後者が田島泰彦である。また『毎日新聞』も「度重なる報道関係者の国会招致や行政の介入は放送法の精神からみても大問題である」と識者（服部孝章）のコメントを掲載し、政治介入を批判している。
(28)　『朝日新聞』は1999年2月から3月にかけては、「椿発言」とダイオキシン問題を結び付ける報道をしていないが、1999年6月に郵政省がテレビ朝日に対して厳重注意した際の報道では、「椿発言」にも言及している。
(29)　『朝日新聞』では、5月下旬だけで7本の記事が書かれており、すべてがニュースステーション問題に言及している。識者の解説は「食の安全、どう伝える　『所沢ダイオキシン報道』判決、識者に聞く」（1999年5月16日）と「規制狙う自民に戸惑い　所沢ダイオキシン訴訟後（メディアと裁判）」（1999年5月19日）で、ともに1000字を超す大型の記事となっている。2001年のダイオキシン関連記事は23本であるが、他の月の記事は基本的に文字数200字前後のベタ記事となっている。
(30)　この判決では、番組が人の社会的評価を低下させたか否かについては、「一般の視聴者の普通の注意と視聴の仕方を基準にすべき」とし、また名誉毀損の免責要件の一つである真実性の立証対象となる「摘示事実」については同じく「一般の視聴者の普通の注意と視聴の仕方」が基準とすべきとされ、「当該報道番組の全体的な構成、これに登場した者の発言の内容や、画面に表示されたフリップやテロップ等の文字情報の内容を重視すべきことはもとより、映像の内容、効果音、ナレーション等の映像及び音声にかかる情報の内容ならびに放送内容全体から受ける印象を総合的に考慮」すべきとされている（山口いつ子 2005, 190-191 参照）。
(31)　最高裁の判決の後は、新聞報道がニュースステーション問題に言及することはほとんどなくなった。またニュースステーション問題以外のダイオキシン問題報道も、すでに発表ものの記事で占められるようになっていた。「ダイオキシン対策特別措置法」の制定後は、定期的なダイオキシン汚染調査の紹介記事がほとんどである。また2004年、ウクライナ大統領選挙の野党候補（ユシチェンコ元首相）の体内からダイオキシンが検出されたことが報道されたが、テレビ朝日問題、およびそれ他のダイオキシン問題と関連付けて論じられることはなかった。
(32)　最高裁の判決でも補足意見で「国民の健康に被害をもたらす公害の源を摘発し、生活環境の保全を訴える報道の重要性」を強調している。この補足意見は複数の新聞報道で引用されている。
(33)　『毎日新聞』も「調査報道でダイオキシン汚染の実態に迫ろうとした努力は評価できるが、農家への配慮を欠いた」（「ダイオキシン　『危険性』をどう伝えるか」1999年2月13日）と報道の目的は評価している。また、『産経新聞』は「いちじるしくバランスに欠けている。いたずらに不安感を抱かせるような報道でなかったか」を手厳しく批判しているが、それでも「騒動の原因となったのは隣接四市町に四十六カ所もある産業廃棄物の焼却施設だ」（「ダイオキシン騒動　冷静、慎重な対応が必要」『産経新聞』1999年2月10日）と、ニュースステーションの報道内容そのものは否定していない。なお、2月20日の社説では「あってはならない久米手法」として、キャスター久米宏の手法を全面的に批判している（「テレビ朝日報道　あってはならない久米手法」1999年2月20日）。

（34）ダイオキシン問題報道に関する論評では、ニュースステーション問題に注目が集まることで、ダイオキシン汚染問題への関心が薄れたという見解がある（横田一 2001 参照）。確かに、1999年2月以降の報道を見れば、ダイオキシン汚染問題への関心は減少したと考えることができる。しかし2003年10月の各社の社説を見ればわかるように、ダイオキシン汚染問題全般について関心が薄くなったというよりも、具体的なダイオキシン汚染問題に対する関心（例えば、ダイオキシンはどこに検出されるのか）が薄れたといった方が適切であろう。

第6章

（1）月刊総合誌を分析対象とするテクニカルな理由として、資料の保存性が挙げられる。新聞や週刊誌、月刊誌などの印刷メディアの記事は後から参照することが容易であるが、インターネットの情報は、後から参照することがテレビやラジオと同様に困難である。

（2）現実の社会的構築・構成という考え方に時間軸の概念を取り入れた研究として大石裕の議論を挙げることができる（大石裕 2005, 125-130 参照）。

（3）イバラ＝キツセ（1993=2000）では「対抗クレイムを申し立てる者（counterclaimant）」という語が用いているが、草柳千早は「カウンター・クレイム」と呼んでいる（草柳 2004, 132 参照）。

（4）翻訳では「非誠実の対抗レトリック」（イバラ＝キツセ 1993=2000, 83）となっていたが、原文では「counterrethoric of insincerity」（Ibarra and Kitsuse 1993, 46）となっているので本章では「不誠実の対抗レトリック」と修正している。

（5）なお「不誠実性の指摘」を伴う対抗クレイムでは、ときとして「誠実さのテスト」というものが行われる。「誠実さのテスト」について、キツセらは以下のようなものを例示している。

「誠実さのテスト」とは、例えば「動物の生体実験に反対する者は、本当に動物の権利を守りたいのだろうか。なぜ『合成繊維以外の服は着ない』と宣言しないのだろうか。（それは本心から動物の権利を守ろうとは思っていないからである）」や「中絶に反対し、子どもの生命を尊重しようとする者は、本当に子ども達の権利を守ろうと思っているのだろうか。なぜ栄養失調の子ども達や貧しい子どもたちを支援しようとしないのか。（それは本心から子ども達の権利を守ろうとは思っていないからである）」という問いが、「誠実さのテスト」として挙げることができる。（イバラ＝キツセ 2000, 84）

このように「誠実さのテスト」が行われることで、「動物の生体実験は問題か否か」や「中絶は問題か否か」という問いではなく、「動物の生体実験を問題視する者は本当に誠実な動機でクレイムを申し立てているのか否か」や「中絶を問題視する者は本当に誠実な動機でクレイムを申し立てているのか否か」という問いの方が強調されていく。つまり、社会問題とされた社会状況に関する議論ではなく、社会問題の存在を主張する主体（人物）に関する議論へと、議論の重心が移行していくのである。そしてこのように議論の重心が移行していくことで、「なぜ『合成繊維以外の服は着ない』と宣言しないのか」や「なぜ栄養失調の子ども達や貧しい子どもたちを支援しようとしないのか」という別の問いが提示されていくのである。

(6)　たとえば、水間政憲（2010）、宮崎正弘（2009）、山際澄夫（2007）、伊勢暁史著（2001）、片岡正巳（1998）などを挙げることができるだろう。これらの著作は、朝日新聞の報道に反論を加えつつ、朝日新聞そのものを問題化している。

(7)　小泉元首相は、２００１年８月13日、２００２年４月21日、２００３年１月14日、２００４年１月１日、２００５年10月17日、２００６年８月15日に参拝している。

(8)　『読売新聞』は、２００１年時点では「かつて、首相の靖国参拝は単なる恒例行事と言う時代があった。田中角栄首相の靖国参拝当時までは、公人か私人かなどということは、話題にもならなかった。小泉首相の靖国参拝問題にしても、公人か私人かなどと騒ぎたてるのは、やめた方がいいのではないか」（『読売新聞』２００１年７月27日）、「一国の指導者が戦没者を追悼するためにいつ参拝するか、参拝方法をどうするかといった問題は、本来、その国の伝統や慣習に基づく国内問題である、他国からとやかく言われる筋合いはない」（２００１年８月14日）と靖国神社参拝そのものは問題視していなかった。

(9)　『読売新聞』は、靖国参拝反対に転じた後でも、この問題を国内問題として扱っており、「（国立追悼施設に関して）他国の〝圧力〟で進めるものではない。当然、強い反発が予想され、全国民がこぞって戦没者を追悼し、平和を祈念する場とはならない恐れがある。新たな追悼施設の建立は、日本国民の主体的な判断ですべきことだ」（『読売新聞』２００５年10月29日、括弧内引用者）という社説になっている。

(10)　基本的に『朝日新聞』に対する批判が中心であるが、靖国神社参拝反対に転じた『読売新聞』に対しても批判は行われている。例えば『産経新聞』の社説（「国立追悼施設に反対する」２００５年６月７日）では「最近、朝日新聞だけでなく、保守主義を基調とする読売新聞までが「国立追悼施設の建立を急げ」とする社説（四日付）を掲げた。《靖国神社が、神道の教義上「分祀」は不可能と言うのであれば、「問題解決」には、やはり、無宗教の国立追悼施設を建立するしかない》とあったが、いささか飛躍した論理ではないか」と批判している。

(11)　自民党代議士の安倍晋三と中川昭一が、ＮＨＫの特集番組「戦争をどう裁くか」に圧力を加えてその内容を改変させた、と『朝日新聞』が２００５年１月12日に報道したことに端を発した問題である。政治家の圧力があったのか、その報道の真偽が問題となった。後に『朝日新聞』は、「さらに裏づけをとる努力が必要だった。真実と信じた相当の理由はあるにせよ、取材が十分であったとは言えない」との見解を公表している。http://www.asahi.com/shimbun/release/20050930a.html（リンク切れ）（「NHK報道」委員会の見解と各委員の意見（『朝日新聞』2005年9月30日））

（12）　なお上丸洋一は、『諸君!』『正論』による『朝日新聞』批判の多くは事実に基づいたものではなく、しかも排他的で「品のない日本語」で表現されていると反論している。また、「『諸君!』『正論』の論者たちは、自由と民主主義、暴力否定、人権などの普遍的な価値を尊重する、などと言う者に対しては、それだけで『左翼』のレッテルをはりつける」（上丸 2011, 357）と、対抗クレイムを申し立てている『諸君!』『正論』の論者に対して、さらなる対抗クレイムを展開している。

（13）　例えば「国民に真実を報道するには、ジャーナリズムが真の国益とは何かを見極める識見をもち、権力の圧力に屈せず事実を事実として報道する勇気を持つことが必要である」（柴田・川崎 1996, 83, 傍点引用者）という論理は、ジャーナリズム批判の中ではごくありふれたものであろう。柴田と川崎の議論では、「権力」は日本政府であると想定されている。しかし、もしこの引用部分の「権力」を中国政府と想定すれば、『諸君!』『正論』の中で展開されていたマス・メディア報道批判の論理と、柴田・川崎の論理が酷似していることが了解できるだろう。

（14）　例えば「国民が知らない反日の実態」というサイトの中に「朝日新聞の不祥事年表」という項目がある（http://www35.atwiki.jp/kolia/pages/108.html）。また「ウィキペディア」には「マスコミ不祥事」という項目がある。ここでは朝日新聞以外の新聞各社、テレビ局、出版社の不祥事がまとめられている（http://ja.wikipedia.org/wiki/%E3%83%9E%E3%82%B9%E3%82%B3%E3%83%9F%E4%B8%8D%E7%A5%A5%E4%BA%8B）。

（15）　あるメディアの社会的意味に関する理解を行うこと。これについては「メディアをめぐる現実の構築（山口 2011）」やタックマン（1991）やルーマン（2005）などでも言及されているテーマである。

（16）　朝日新聞DIGITAL「衆院選、半数超が消極的選択　関心のなさ突出　情勢調査」（http://www.asahi.com/articles/ASGD94JLXGD9UZPS001.html　リンク切れ）。

（17）　2ちゃんねるの過去ログを保存したサイトから入手できる（https://www.logsoku.com/r/2ch.net/newsplus/1418258031/）。

（18）　掲示板に投稿されたレスは改行されているものも多いが、断りがない限り、引用する際には改行を削除している。

第7章

（1）　本来ならば日本新聞協会編『メディア環境の変化と新聞』（1984年）を参照すべきだが、原典が入手困難であるため、やむを得ず大石（2016）を参照している。ただ、この分類はあくまで筆者が分析としては有用ではないと考える「教科書的な分類」の一例として挙げたものであり、論証のためではないことを断っておく。

（2）C・クリスティアンは、今日の報道のあり方、すなわち中産階級的なプロフェッショナリズムに基づくジャーナリズム観は1890年ころに成立したが、近年ではその見直しが行われていると指摘している（Christian 2004, 41 参照）。

（3）念のため、本書には「ジャーナリズムはアマチュアリズムであるべき」「ジャーナリズムはマス・メディア以外の組織が担うべき」という規範論を展開する意図はない。近年のメディアをとりまく経済的状況やメディア環境は、たしかに専門職以外の人々も「ジャーナリズム」とされる活動を可能にしてきた。そうした活動と従来の「ジャーナリズム」の活動との境界線が徐々に曖昧になりつつある、さらにそうした境界線をめぐる対立が活性化してきたという指摘をしているだけである。それが好ましい状況かどうかは別問題である。ジャーナリズム（ジャーナリスト）の定義の多様性については、大井真二（2004）のほか、Zelizer（2009）も参照。

（4）映像の持つ力について、桜井は「すでに現代におけるリアルなものは、フィクションを通さなければ表現できないほど傷ついています。多くの事実が事実を歪曲し、多くのフィクションが事実を救い出してきた」（桜井 2001, 192）と述べているが、これは客観報道主義のジャーナリズム像に対する批判的見解と理解することもできるだろう。もちろん、映像の持つ力は「センセーショナリズム」をもたらす点では負の側面がある。しかし少なくとも文字情報とは異なる形態のジャーナリズムを可能にすることだけは確かである。

（5）コミュニケーションは送り手と受け手の双方向の流れとしてもとらえられるし、またさまざまなもの（例えば社会構造・文化構造などを指摘する議論もある）に規定されながら行われるので、ラスウェルのこの図式もまた単純化しすぎているともいえる。ただ、コミュニケーション過程に構築主義的視座を適用する際の対象を明らかにするために、便宜的に使用することにする。

（6）社会的構築主義が持つといわれる一般的・基本的な命題については、本書の第3章でもバーの議論（1995＝1997）を参照してまとめている。こうした視座の中身それ自体も重要であるが、その視座をどのような対象に適用するのかが重要であると筆者は考えている。

（7）メディア・コミュニケーション研究以外の構築主義的研究（例えば、社会問題の構築主義）がメディアを論じるときも同様である。すなわち、メディア上である社会問題がどのように報じられたのか（語られたのか）という観点から、ニュースの内容の分析が行われるという研究スタイルが一般的であった。

（8）構築主義的視座が、行為全般に適用できることについては山口（2011）参照。人々が行為の遂行過程で、意味を構築していることについてはウェーバーの理解社会学、それを現象学の知見に基づき発展させたシュッツの議論にもみられる（シュッツ 1932=2006 参照）。

（9）あるメディアの存在やそのメディアの利用者（特に若者）が

社会問題として人々に理解・解釈されることについては、モラル・パニックの事例としても研究対象にもなっている（Springhall 1998参照）。

(10)　この問題は、「オーディエンスの構築性」として議論されている（小林2003参照）。

(11)　ただし、代替的な構築を目指す研究の中には、赤川が「現実がそのような形で構築されているのかを説明する段階では、ほぼ例外なく、分析者が前提とする権力や支配構造、政治的利害といった変数が自明視される。つまり現実の被構築性（＝恣意性・可変性）を指摘する一方で、自らが構築した説明変数の恣意性や可変性には目を向けようともしないのである。マルクス主義やフェミニズムを問わず、堕落したイデオロギー分析は、おおむねこのような傾向に陥りやすい」（赤川2005, 136）と指摘するような問題があることも忘れてはならないだろう。

(12)　構築主義論争では、構築主義的な研究の中に見られる構築性が問題視された。このような批判は、研究対象を「構築されたものにすぎない」という文脈で行われる場合には、自分自身の活動もまた「構築されたものにすぎない」ということになってしまい、それは自己批判につながる。したがって、構築されたもの同士の序列化がそこでも必要になる。それに対して中河らは社会問題を構築しようとする行為と、その行為を分析しようとする行為とは「別のゲーム」であるとしている（平・中河編2006参照）。ただし中河らは「別のゲーム」が、何を目的としているものなのかについてはそれほど明確にしていないように思われる。

(13)　赤川学はある特定の現実構築が「なぜ」可能だったのかという「Why」の問いを失った構築主義的視座には批判的である（赤川2006, 17–18参照）。

(14)　（マス・）メディアをめぐる意味解釈過程の二重性（多重性）に部分的に言及しているとみなせる研究として、藤田（2009）、佐幸（2011）などを挙げることができる。

(15)　これは「送り手」に対してだけでなく、メディア技術に対する信頼もまた同様である。ネット利用者は「送ったメールが相手に届くだろう」とメールの仕組みをある程度は信頼しながら、利用している。

(16)　ただし人々の予想を裏切るようなことがあったとしても、それがすぐに信頼の崩壊につながるわけではない。信頼とは予想通りの未来にならなかったときに、その対処の仕方まで想定されている状況のことをいう（ルーマン訳者解説。大庭2010, 221参照）。しかし「期待外れ」の事態が繰り返し生じ、その対処も期待通りに行われないことが繰り返されると、信頼は徐々に失われていく。

(17)　社会的構築主義は、モラル・パニック論のように「不均衡性」を主題にはしていない一方で、こうした観点を全面的に否定はしていない。

(18)　昨今、「ニュース・メディアの信頼性の低下」が指摘されてはいるものの、では昔のニュース・メディアが信頼に値するものであったかといえば、かなり疑わしい。周知のように、かつての新聞の犯罪報道では容疑者は呼び捨てにされ、詳細な住所まで報道されていた。いまからみれば人権感覚に乏しいと言われても仕方ない。また著名な新聞社がいくつもの捏造事件を起こしてきたことを踏まえれば、以前のニュース・メディアの「実態」が信頼するに値するものだったかは疑わしい。「ニュース・メディアの信頼性が低下している」といってもそれはあくまでも「解釈」であり、必ずしも「実態」を反映しているとは限らないのである。

(19)　この点を「マス・メディアに関する大きな物語（とその変容）」ととらえることもできるだろう（大石編 2012 参照）。

(20)　なお、どのような状態をもって「（現実が）構築された」とみなすかどうかについては、例えば①個人の頭の中、②個人間、③各集団・各共同体の中、④各集団・各共同体を含む大きな社会、などに分類することができる（西原 1998, 113 参照）。また田中耕一は「構築主義者は『観察・記述』が、実は実践なのだと単純に言い換えてしまう。（中略）観察・記述＝構築の無限の連鎖という背理を自ら抱え込むことになってしまうのである」（田中 2003, 104–105）と述べている。「構築された」というのは、それを思考できたときなのか、表明・表象できたときなのか、それとも他を排除して支配的な存在になったときなのかなどに分類して考える必要があるだろう。

(21)　近年の事例で言うと、東日本大震災後のジャーナリズムをめぐる動向は、本章の問題関心に近しいものであるといえる。地震後も、余震の発生可能性や原発事故の推移に関して、日本社会の未来はそれ以前よりも不確実かつ予測不可能なものになった。放射能汚染に関しても、その影響をめぐってはさまざまな説が提起された。既存の情報源、政府やマス・メディアによる情報に対する信頼性も揺らいだ。事件・出来事に関しても、それを伝える活動（コミュニケーション）に関しても、確実なものはなくなったという認識が社会で（一時的に）共有された。そのような状況下で、一部の人たちはマス・メディア以外の情報源を信頼し、マス・コミュニケーションとは異なるコミュニケーション過程を信頼した。マス・メディア批判を伴いながら、事件・出来事に関する情報がネット上で流通した。しかしマス・メディアが伝える情報に間違いがあったように、あるいはそれ以上にネット上の情報にも問題があった。そして現在、ネット上では相互に対話することが不可能なほど、意見が異なるグループが形成されている。

(22)　一例として挙げられるのが、原発事故後の放射能汚染に関する問題であるといえる。なおその毒性・危険性が不確実な問題に関するメディア報道の分析については、本書第5章を参照のこと。

(23)　２０１６〜２０１７年に発売されたフェイク・ニュース関連の書籍では、インターネット上で虚偽の情報を流すニュース・メディアのことが「フェイク・ニュース」と呼ばれる一方で、逆に既存の新聞社のことを「フェイク・ニュース」と呼んでいる書籍もある（山口 2018 参照）。

(24)　たとえば新聞社の報道姿勢が問題になったときに、新聞記者がＳＮＳを通じて弁明を図ることがあるが、そうした弁明は即座にほかのＳＮＳ利用者の批判の対象となる。直近の事例でいえば、共同通信社のホームページで同じＵＲＬのまま記事が差し替えられたことがあった。ＳＮＳの利用者はそうした共同通信の姿勢を厳しく批判し、逆に複数の新聞記者はそうした記事の差し替えは新聞業界の慣習であると擁護・反論した。しかしそうした新聞記者のコメントがさらなる批判を呼ぶことになった。詳細は以下のサイトを参照のこと。Ｔｏｇｅｔｔｅｒ（Ｔｗｉｔｔｅｒまとめサイト）「『共同通信、印象操作で山中教授を叩く』⇒『炎上』⇒『記事をＵＲＬそのままでタイトルと内容をごっそり書き換えて改竄』」(https://togetter.com/li/1193280)、「共同通信の山中バッシングとは関係ないという朝日新聞記者のつぶやきとＲＴ」(https://togetter.com/li/1193361)。

終章

（1）マス・コミュニケーション研究史に関する新規な視座を提供するのが本節の目的ではないので、本節の記述は、マス・コミュニケーション研究や政治社会学に関する基本書（マクウェール 2005=2010, 山腰 2012, 大石 2016, 津田 2016, 中村 2012 など）の記述を参考にまとめている。

（2）何度も繰り返し語られる「情報（化）社会論」の問題性については、10年以上前に拙稿（山口 2005）で考察している。また情報社会論そのものの問題性については佐藤俊樹（1996, 2010）の議論を参考にしている。

（3）インターネットがもたらす新しいもの（例えば双方的コミュニケーション）に、新しいジャーナリズム（いわゆる「ネット・ジャーナリズム」）の可能性を見出そうとする議論、すなわち情報社会論のジャーナリズム論版は数え切れないほど出版されている。

さらにインターネットは単に社会に普及するだけでなく、メディア企業の重要な収入源となる広告市場においても、マス・メディアの存在を脅かしうる存在になった。そのあおりを受けて既存のマス・メディア、特にジャーナリズムを体現していたとされる新聞社の中には経営難に陥り、倒産するところも現れている。新聞社で働いていた記者も職を失ったり、当該業界の将来を見据えて活躍の場を変えたりする者も目立ってきている。ジャーナリズムの規範を語る議論だけでなく、組織的・経営的な観点に基づいて「現実的」な観点からジャーナリズムを語らざるをえなくなっているともいえるだろう。

（4）津田は、戦後日本の社会理論を俯瞰する中で、大衆社会論、管理社会論や消費社会論には、「（マス・コミュニケーションの）受け手」の能動性が高まることでかれらはより自由になっていくだろうという前提が存在したと指摘している。それはまた、自由を考えるときに「政府 対 市民」の対立でとらえすぎた結果、「市民 対 市民」すなわち市民が別の市民の自由を抑圧する問題をとらえそこねてきた（津田 2012, 76-82 参照）。ただし、自由と（大衆≒市民の）能動性をめぐるこのような視座転換を、今後の社会を論じるためだけに用いるべきではないだろう。津田のいうように、市民の能動性を良きこととする前提で主張されてきた社会理論（その中にはジャーナリズム論も含まれる）が、とらえそこねてきた過去の社会的事例の再解釈もあわせて行う必要がある。

（5）　昨今のインターネットでは、利用者の好みに合わせ広告が提供されたり、関心を持つだろうニュースが提供されたりする。そうした情報環境では、人々は自分にとって「関係のないもの」「好みではないもの」にふれずに生きていくことができる。しかしそれが消費者としてのインターネット利用者にとっては心地よいことかもしれないが、多様な人々共存することが求められる現代社会の市民として良きこととは限らない（パリサー 2011=2012, 浅野 2015 参照）。

（6）　たとえば、ある事件の現場にいた一市民がSNSでその様子を情報発信していると、マス・メディアがその利用者に取材し、情報の提供を呼びかけることがある。従来、マス・メディアによる取材の様子は、マス・メディアの意図をこえて公に公開されることはなかった。しかし、現代のメディア環境ではマス・メディアによる取材の様子がSNSを通じて逐一報告されるといったこともしばしば生じている。マス・メディアの関係者の「問題ある」対応がSNS利用者によって公にされ、批判の対象となることもある。ほかにもテレビの情報番組の取材で「やらせ」を強要された取材者がその旨をSNSで暴露した結果、番組が打ち切りになる事例もある。一方でそうした視聴者からの批判を警戒したマス・メディアの報道や番組が自主的に「当たり障りのない」内容だけを伝えていく可能性も十分にありうるだろう。

（7）　従来は社会問題を提起する主体として考えられていたマス・メディア（の報道）が、逆に社会問題そのものとして問題提起されていく様子については、例えば第5章で考察している。

引用・参考文献

阿部潔（2004）「市民社会とジャーナリズム」田村紀雄・林利隆・大井眞二編『現代ジャーナリズムを学ぶ人のために』世界思想社、２３２-２４８頁。

アドニー、H、S・メイン著、大石裕訳（1984=2002）「メディアと現実の社会的構成――理論と研究の統合に向けて」谷藤悦史・大石裕編訳『リーディングス　政治コミュニケーション』一藝社、１４３-１６２頁。

赤川学（2005）「言説の歴史を書く――言説の歴史社会学の作法」盛山和夫・土場学・野宮大志郎・織田輝哉編『〈社会〉への知／現代社会学の理論と方法（下）』勁草書房、１２５-１４４頁。

――（2006）『構築主義を再構築する』勁草書房。

――（2012）『社会問題の社会学』弘文堂。

天田城介（2001）「構築主義の困難――自己と他者の〈語る〉場所」『現代社会理論研究』（11）、1-15頁。

青木彰（1970）「公害報道の可能性と問題点」『新聞研究』１９７０年7月号、42-45頁。

青木日照・湯川鶴章（2003）『ネットは新聞を殺すのか――変貌するメディア』ＮＴＴ出版。

朝日新聞取材班（1996）『戦後五〇年メディアの検証』三一書房。

朝日新聞社論説委員室編（1997）『地球人の世紀へ』風濤社。

浅野智彦（2001）『自己への物語論的接近――家族療法から社会学へ』勁草書房。

――（2015）『「若者」とは誰か――アイデンティティの30年』河出ブックス。

鮎川潤（1993）「『社会問題』と『社会病理』への構築主義的アプローチ」『現代の社会病理Ⅷ』日本社会病理学会、65-99頁。

――（2002）『新版　少年非行の社会学』世界思想社。

バラン、S・J、D・K・デイビス著、宮崎寿子監訳（2003=2007）『マス・コミュニケーション理論　下』新曜社。

ベッカー、H・S著、村上直之訳（1963=1978・1999）『アウトサイダーズ――ラベリング理論とはなにか』新泉社。

ベスト、J著、足立重和訳「クレイム申し立てのなかのレトリック」平英美・中河伸俊編（1987=2000）『構築主義の社会学――論争と議論のエスノグラフィー』世界思想社、１４８-１９２頁。

Best, J. (ed.)（1989）*Images of Issues*, Aldine de Gruyter.

――（1993）"But Seriously Talk." in J. Holstein and G. Miller (eds.), *Reconsidering Social Constructionism*, Aldine de Gruyter, pp. 129–147.

――（1995）"Typification and Social Problems Construction," "Constructionism in Context," in J. Best (ed.), *Images of Issues 2nd*. Aldine de Gruyter, pp. 1-10, pp. 337-354.

――、林大訳（2001=2002）『統計はこうしてウソをつく――だまされないための統計学入門』白揚社。

バーガー、P、T・ルックマン著、山口節郎訳（1966=1977）『日常世界の構成――アイデンティティと社会の弁証法』新曜社。

――（1966=2003）『現実の社会的構成――知識社会学論考』新曜社。※バーガー＝ルックマン（1966=1977）の改題

ブルーマー、H著、後藤将之訳（1969=1991）『シンボリック相互作用論――パースペクティヴと方法』勁草書房。

Bogen, D. and M. Lynch (1993) "Do We Need a General Theory of Social Problems?" in J. Holstein and G. Miller (eds.), *Reconsidering Social Constructionism*, Aldine de Gruyter, pp. 213–237.

バー、V著、田中一彦訳（1995=1997）『社会構築主義への招待――言説分析とは何か』川島書店。

バトラー、J著、竹村和子訳（1990=1999）『ジェンダー・トラブル――フェミニズムとアイデンティティの攪乱』青土社。

ブルア、D著、佐々木力・古川安訳・（1976=1985）『数学の社会学――知識と社会表象』培風館。

シクレル、A、J・I・キツセ著、山村賢明・瀬戸知也訳（1963=1985）『だれが進学を決定するか――選別機関としての学校』金子書房。

シクレル、A著、下田直春監訳（1964=1981）『社会学の方法と測定』新泉社。

Cohen, S. (1972) *Folk Devils and Moral Panics*, Basil Blackwell.

―― (2002) *Folk Devils and Moral Panics 3rd*, Routledge.

コリンズ、R著、井上俊・磯部卓三訳（1982=1992）『脱常識の社会学――社会の読み方入門』岩波書店。

Critcher, C. (2003) *Moral Panics and the Media*, Open University Press.

Christians, C. G. (2004) The Changing News Paradigm, S. H. Iorio ed. Qualitative Research in Journalism, Taylor & Francis Inc.

Couldry, N. (2012) *Media, Society: Social Theory and Disital Media Practice, World*, Polity.

クルター、J著、西阪仰訳（1979=1998）『心の社会的構成――ヴィトゲンシュタイン派エスノメソドロジーの視点』新曜社。

デュルケーム、E著、佐々木交賢訳（1978）『社会学的方法の基準』学文社。

Fishman, M. (1980) *Manufacturing the News*, University of Texas Press.

藤垣裕子（2003）『専門知と公共性――科学技術社会論の構築へ向けて』東京大学出版会。

――編（2005）『科学技術社会論の技法』東京大学出版会。

藤垣裕子・廣野喜幸編（2008）『科学コミュニケーション論』東京大学出版会。

藤竹暁（1968）『現代マス・コミュニケーションの理論』日本放送出版協会。

藤田真文（2009）「社会構築主義によるパワフル・メディア論の反転に向けて」『法学新報』111（9・10）中央大学、773-771頁。

ガーフィンケル、H他著、山田富秋・好井裕明・山崎敬一編訳（1974=1987）『エスノメソドロジー――社会学的思考の解体』せりか書房。

ギデンズ、A、U・ベック、S・ラッシュ著、松尾精文・小幡正敏・叶堂隆三訳（1994=1997）『再帰的近代化』而立書房。

グールドナー、A・W著、岡田直之他訳（1970=1974-1975）『社会学の再生を求めて』新曜社。

Goode, E. and N. Ben-Yehuda (1994) *Moral Panics: The Social Construction of Devians*, Wiley-Blackwell.

Hall, S., C. Critcher, T. Jefferson, J. Clarke and B. Roberts (et al) (1978) *Policing the Crisis*, Palsrave Macmillan.

ハニガン、J・A著、松野弘監訳（1995=2007）『環境社会学――社会構築的観点から』ミネルヴァ書房。

半谷高久・木原啓吉・堤佳辰・新井直之（1972）「（座談会）公害報道にいかに取り組むか」『新聞研究』1972年6月号、8-19頁。

原田正純編著（2004）『水俣学講義』日本評論社。

張江洋直（1991）「現象学的社会学」西原和久・張江洋直・佐野正彦編『社会学理論のリアリティ』八千代出版、22-43頁。

Harcup, T. (2009) *Journalism : Principles and Practice*, SAGE
原寿雄（1994）『ジャーナリズムは変わる――新聞・テレビ市民革命の展望』晩餐社。

――（1979）「情報操作」『新聞研究』1979年12月号、16-23頁。

――（1997）『ジャーナリズムの思想』岩波書店。

――（2009）『ジャーナリズムの可能性』岩波書店。

秦郁彦（2010）『靖国神社の祭神たち』新潮選書。

林香里（2002）『マスメディアの周縁、ジャーナリズムの核心』新曜社。

――（2004）「『オルターナティブ・メディア』は公共的か」『マス・コミュニケーション研究』65、34-52頁。

――（2005）「訳者解題　ルーマン理論とマスメディア研究の接点」N・ルーマン著、林香里訳『マスメディアのリアリティ』新曜社、181-201頁。

――（2011）『〈オンナ・コドモ〉のジャーナリズム――ケアの倫理とともに』岩波書店。

林雄二郎（1969）『情報化社会』講談社。

林利隆（1999）「『記者クラブ』制度とジャーナリズム」田村紀雄・林利隆編『新版ジャーナリズムを学ぶ人のために』世界思想社、98-117頁。

――（2003）「電子情報時代のジャーナリズム」伊藤守・西垣通・正村俊之編『パラダイムとしての社会情報学』早稲田大学出版部、177-202頁。

林俊郎（1999）『ダイオキシン情報の虚構』健友館。

林俊郎・渡辺正（2003）『ダイオキシン――神話の終焉』日本評論社。

平林紀子（1989）「『逸脱』に関するニュースの社会過程」『新聞学評論』38、124-137頁。

平井智尚（2012）「ウェブに見られるテレビ・オーディエンスと公共性」大石裕編『戦後日本のメディアと市民意識――「大きな物語」の変容』ミネルヴァ書房、89-119頁。

広瀬武（2001）『公害の原点を後世に』随想舎。

宝月誠・大村英昭（1986）「概説　日本の社会学　社会病理」宝月誠・大村英昭・星野周弘編『リーディングス　日本の社会学13　社会病理』東京大学出版会、3-14頁。

宝月誠（1990）『逸脱論の研究』恒星社厚生閣。

――編（1998）『講座社会学10　逸脱』東京大学出版会。

ホルスタイン、J、G・ミラー著、鮎川潤訳（1993=2000）「構築主義プログラムの再構成」平英美・中河伸俊編『構築主義の社会学』世界思想社、105-121頁。

Holstein, J. and G. Miller (eds.) (1993) *Reconsidering Social Constructionism*, Aldine de Gruyter.

Ibarra, P. R., and J. I. Kitsuse (1993) "Vernacular Constituents of Moral Discourse" in J. Holstein and G. Miller (eds.), *Reconsidering Social Constructionism*, Aldine de Gruyter, 25-58. 中河伸俊訳（2000）「道徳的ディスコースの日常言語的な構成要素」平英美・中河伸俊編『構築主義の社会学――論争と議論のエスノグラフィー』世界思想社、46-104頁。

五十嵐武士・古矢旬・松本礼二編（1995）『アメリカの社会と政治』有斐閣。

飯島伸子（2000=2004）『環境問題の社会史』有斐閣。

いいがかり――原発「吉田調書」記事取り消し事件と朝日新聞の迷走編集委員会・鎌田慧・森まゆみ・花田達朗編（2015）『いいがかり――原発「吉田調書」記事取り消し事件と朝日新聞の迷走』七つの森書館。

池谷和信編（2003）『地球環境問題の人類学――自然資源へのヒューマンインパクト』世界思想社。

飯室勝彦（2001）「司法に守ってもらった『報道の自由』」『新聞研究』2001年8月号、44-48頁。

――（2004）『報道の自由が危ない――衰退するジャーナリズム』花伝社。

伊藤高史（2006）『「表現の自由」の社会学――差別的表現と管理社会をめぐる分析』八千代出版。

石弘之・安田喜憲・湯浅赳男（2001=2004）『環境と文明の世界史』洋泉社。

岩井弘融編（1973）『社会学講座16　社会病理学』東京大学出版会。

岩内亮一編（1990）『社会問題の社会学』学文社。

伊勢暁史著（2001）『「朝日新聞」を疑え――傲慢と欺瞞の病理を衝く』日新報道。

上丸洋一（2011）『『諸君！』『正論』の研究――保守言論はどう変容してきたか』岩波書店。

梶雅範（2005）「イタイイタイ病問題解決にみる専門家と市民の役割」藤垣裕子編（2005）『科学技術社会論の技法』東京大学出版会、21-42頁。

門田隆将（2014）『「吉田調書」を読み解く』ＰＨＰ。

金森修（2000）『サイエンス・ウォーズ』東京大学出版会。

烏谷昌幸（2001）「フレーム形成過程に関する理論的一考察――ニュース論の統合化に向けて」『マス・コミュニケーション研究』58、78-93頁。

――（2006）「地方紙と全国紙――川辺川ダム問題と事例として」大石裕編『ジャーナリズムと権力』世界思想社、158-184頁。

片岡正巳（1998）『朝日新聞の「戦後」責任』展転社。

加藤尚武（1991）『環境倫理学のすすめ』丸善。

——編（2005）『〈新版〉環境と倫理——自然と人間の共生を求めて』有斐閣。

川崎秦資・柴田鉄治（1996）『ジャーナリズムの原点——体験的新聞・放送論』岩波書店。

北田暁大（1998）「《観察者》としての受け手」『マス・コミュニケーション研究』53、83-96頁。

——（2001）「〈構築されざるもの〉の権利をめぐって——歴史的構築主義と実在論」上野千鶴子編『構築主義とは何か』勁草書房、255-273頁。

北澤毅・片桐隆嗣（2002）『少年犯罪の社会的構築——「山形マット死事件」迷宮の構図』東洋館出版社。

Kitsuse, J. I. (1962) "Societal Reaction to Deviant Behavior: Problems of Theory and Method," *Social Problems*, Vol. 9 (3), pp. 247-256.

Kitsuse, J. I. and A. V. Cicourel (1963) "A Note on the Use of Official Statistics," *Social Problems*, Vol. 11 (2), pp. 131-139.

キツセ、J・I、山村賢明（1963）「現代日本における個人的責任の意識」『社会学評論』14（1）、79-90頁。

Kitsuse, J. I. (1980) "Coming Out All Over," *Social Problems*, Vol. 28 (1), pp. 1-13.

草柳千早（1999）「書評論文 構築主義論争を読みかえす」『文化と社会』1、197-209頁。

——（2004）『「曖昧な生きづらさ」と社会——クレイム申し立ての社会学』世界思想社。

小林直毅（2003）『メディアテクストの冒険』世界思想社。

——（2003）「『消費者』、『視聴者』、そして『オーディエンス』」小林直毅・毛利嘉孝編『テレビはどう見られてきたか』せりか書房、20-48頁。

——編（2007）『「水俣」の言説と表象』藤原書店。

——（2007）「編者まえがき」「『水俣』の言説的構築」「テレビドキュメンタリーと『水俣の経験』」小林直毅編『「水俣」の言説と表象』藤原書店、9-14頁、15-70頁、333-370頁。

小林茂（2003）「不確実な環境情報と環境破壊論」池谷和信編『地球環境問題の人類学』世界思想社、92-117頁。

小松丈晃（2003）『リスク論のルーマン』勁草書房。

小室広佐子（2002）「ダイオキシン問題報道の展開」『東京大学社会情報研究所紀要』62、161-189頁。

熊本日日新聞社編（2004）『検証・ハンセン病史』河出書房新社。

リップマン、W著、掛川トミ子訳（1922=1987）『世論　上・下巻』岩波書店。

ルークス、S著、中島吉弘著（1974=1995）『現代権力論批判』未来社。

ルーマン、N著、大庭健・正村俊之訳（1973=1990・2010）『信頼——社会的な複雑性の縮減メカニズム』勁草書房。

——著、林香里訳（1996=2005）『マスメディアのリアリティ』木鐸社。

ラスウェル、H・D著、本間康平訳（1948=1968）「社会におけるコミュニケーションの構造と機能」W・シュラム編、学習院大学社会学研究室訳『新版 マス・コミュニケーション——マス・メディアの総合的研究』東京創元社、66-81頁。

McNair, B. (2003) *News and Journalism in the UK*, Routledge.

マクネア、B著、小川浩一・赤尾光史監訳（1998=2006）『ジャーナリズムの社会学』リベルタ出版。

丸山徳次（2005）「文明と人間の原存在の意味への問い」加藤尚武編『〈新版〉環境と倫理——自然と人間の共生を求めて』有斐閣、67-90頁。

益永茂樹（2003）「ダイオキシン類の発生源探索」中西準子・益永茂樹・松田裕之編『演習　環境リスクを計算する』岩波書店、１１９-１３８頁。

松本三和夫（1998）『科学技術社会学の理論』木鐸社。

——（2009）『テクノサイエンス・リスクと社会学——科学社会学の新たな展開』東京大学出版会。

マートン、R・K著、森東吾・森好夫・金沢実訳（1969）『現代社会学大系13　社会理論と機能分析』青木書店。

Merton, R. K. and R. Nisbet (eds.) (1971) *Contemporary Social Problems*, Harcourt Brace Jovanovich.

Miller, G. and J. Holstein (1989) "On the Sociology of Social Problems" in *Perspectives on Social Problems*, No. 1, pp. 1-16.

ミラー、G、J・ホルスタイン著、鮎川潤訳（2000）「社会構築主義とその批判者たち」平英美・中河伸俊編『構築主義の社会学——論争と議論のエスノグラフィー』世界思想社、１２２-１４５頁。

ミルズ、C・W（1971）「社会病理学者の職業的イデオロギー」I・L・ホロビッツ編、青井和夫・本間康平訳『権力・政治・民衆』みすず書房、４０７-４２５頁。

McRobbie, A. and S. L. Thornton (1995) "Rethinking 'Moral Panic' for Multimediated Social Worlds", *British Journal of Sociology*, Vol. 46 (4), pp. 441-451.

マクウェール、D著、大石裕監訳（2005=2010）『マス・コミュニケーション研究』慶應義塾大学出版会。

水俣病50年取材班（2006）『水俣病50年』西日本新聞社。

宮田秀明（1998）『よくわかるダイオキシン汚染——人体と環境を破壊する猛毒科学物質』合同出版。

——（1999）『ダイオキシン』岩波書店。

宮崎正弘（2009）『朝日新聞がなくなる日——新聞・テレビ崩壊！』ワック。

水越伸（2002）『デジタル・メディア社会』岩波書店。

水間政憲（2010）『朝日新聞が報道した「日韓併合」の真実』徳間書店。

メドウズ、D・H他著、大来佐武郎監訳（1972）『成長の限界——ローマ・クラブ「人類の危機」レポート』ダイヤモンド社。

森元孝（1995）『モダンを問う——社会学の批判的系譜と手法』弘文堂。

——（1995）『アルフレート・シュッツのウィーン』新評論。

——（2001）『アルフレッド・シュッツ——主観的時間と客観的時間』東信堂。

門奈直樹（1990）「政治ジャーナリズム批判の展開過程」『新聞学評論』39、6-13頁。

村上直之（1978）「マートン『社会構造とアノミー』論の再考察」『京都大学教育学部紀要』（24）、70-85頁。

——（1999）「ラベリング論への招待」H・S・ベッカー著、村上直之訳『アウトサイダーズ』新泉社、２５３-２８１頁。

宗像慎太郎・塚原東吾（2005）「地球温暖化と不確実性」藤垣裕子編『科学技術社会論の技法』東京大学出版会、175-197頁。

長山淳哉（1994）『しのびよるダイオキシン汚染――食品・母乳から水・大気までも危ない』講談社ブルーバックス。

中村昭雄（2012）『基礎からわかる政治学　増補版』芦書房。

仲村祥一編（1986）『社会病理学を学ぶ人のために』世界思想社。

中河伸俊（1989）「クレイム申し立ての社会学（上）」『富山大学教養部紀要』22（2）、57-73頁。

――（1990）「クレイム申し立ての社会学（下）」『富山大学教養部紀要』23（2）、49-79頁。

――（1993）「社会問題ゲームと研究者のゲーム」『富山大学教養部紀要』25（2）、57-81頁。

――（1999）『社会問題の社会学――構造主義アプローチの新展開』世界思想社。

――（2001a）「Is Constructionism Here to Stay?」中河伸俊・北澤毅・土井隆義編（2001）『社会構築主義のスペクトラム――パースペクティブの現在と可能性』ナカニシヤ出版、3-24頁。

――（2001b）「方法論のジャングルを越えて」『理論と方法』16（1）、31-46頁。

中河伸俊・北澤毅・土井隆義編（2001）『社会構築主義のスペクトラム――パースペクティブの現在と可能性』ナカニシヤ出版。

中河伸俊・赤川学編（2013）『方法としての構築主義』勁草書房。

中本博通編（1974）『社会病理と社会問題』亜紀書房。

中西準子・益永茂樹・松田裕之編（2003）『演習　環境リスクを計算する』岩波書店。

日本民間放送連盟編（1997）「少年犯罪報道を考える」『月刊民放』1997年12月号、4-13頁。

日本新聞協会編（2004）「犯罪報道の現代的諸相」『新聞研究』2004年12月号、10-28頁。

日本新聞協会編（2006）「記者読本2006」『新聞研究』2006年3月号、10-68頁。

NHK「地球大進化」プロジェクト編（2004）『地球大進化――46億年・人類への旅――6　ヒト　果てしなき冒険者』NHK出版。

那須壽（1997）『現象学的社会学への道――開かれた地平を求めて』恒星社厚生閣。

西原和久（1994）『社会学的思考を読む――社会学理論と「意味の社会学」へのアプローチ』人間の科学社。

――（1998）『意味の社会学――現象学的社会学の冒険』弘文堂。

――（2003）『自己と社会――現象学の理論と〈発生社会学〉』新泉社。

西原和久・張江洋直・佐野正彦編著（1991）『社会学理論のリアリティ』八千代出版。

西坂仰（1996）「差別の語法」栗原彬編『講座差別の社会学1　差別の社会理論』弘文堂、61-76頁。

小田康徳編（2008）『公害・環境問題史を学ぶ人のために』世界思想社。

小俣一平（2009）「調査報道の社会史（1）～（5）」『放送研究と調査』58-2～6。

――（2011）『新聞・テレビは信頼を取り戻せるか――「調査報道」を考える』平凡社。

大庭絵里・中根光敏（1991）「社会問題の社会学の構築をめざして」『ソシオロジ』36（2）、71-86頁。

大庭絵里（2000）「犯罪ニュースにおけるフレイムと犯罪に関する公的議論」『現代社会理論研究』（10）、161-170頁。

大庭健（2010）「訳者解説Ⅰ」N・ルーマン著、大庭健・正村俊之訳（1973=1990・2010）『信頼』勁草書房、201-223頁。

大場英雄（1979）『環境問題と世界史』公害対策技術同友会。

大井眞二（1996）「ジャーナリストの意識の研究」『マス・コミュニケーション研究』48号、68-90頁。

――（1999）「客観報道の起源を巡って――アメリカ・ジャーナリズム史のコンテクストから」鶴木眞編『客観報道』弘文堂、3-31頁。

――（2003）「コミュニケーションとジャーナリズム」鶴木眞編『コミュニケーションの政治学』慶應義塾大学出版会、127-141頁。

――（2004）「マス・コミュニケーションとジャーナリズム」田村紀雄・林利隆・大井眞二編『現代ジャーナリズムを学ぶ人のために』世界思想社、34-53頁。

――（2008）「日本のジャーナリスト像」『朝日総研リポート』2008年1月号、27-58頁。

大石裕（1992）『地域情報化』世界思想社。

――（1998）『政治コミュニケーション――理論と分析』勁草書房。

――（2005）『ジャーナリズムとメディア言説』勁草書房。

――（2006、2011、2016）『コミュニケーション研究　第2版、第3版、第4版』慶應義塾大学出版会。

大石裕・藤田真文・岩田温（2000）『現代ニュース論』有斐閣。

大石裕編（2012）『戦後日本のメディアと市民意識――「大きな物語」の変容』ミネルヴァ書房。

岡田光弘（2001）「構築主義とエスノメソドロジー研究のロジック」中河伸俊・北澤毅・土井隆義編『社会構築主義のスペクトラム――パースペクティブの現在と可能性』ナカニシヤ出版、26-42頁。

奥井智之（2010）『社会学の歴史』東京大学出版会。

尾崎正直（1970）「公害報道の現実と方向」『新聞研究』1970年7月号、14-19頁。

小関三平（1962）「『社会病理学』の現実と可能」『社會問題研究』11（4）、9-82頁。

パリサー、E著、井口耕二訳（2011=2012）『閉じこもるインターネット』早川書房。

ロンボルグ、B著、山形浩生訳（2001=2003）『環境危機をあおってはいけない――地球環境のホントの実態』文藝春秋。

――（2007=2008）『地球と一緒に頭も冷やせ』ソフトバンククリエイティブ。

Rubington, E. and M. Weinberg (eds.) (2003) *The Study of Social Problems*, Oxford University Press.

Sabin, T. R. and J. I. Kitsuse (1994) "A Prologue to Constructing the Social." T. R. Sarbin and J. I. Kitsuse (eds.) *Constructing the Social*, Sage, pp. 1-18.

桜井均（2001）『テレビの自画像』筑摩書房。

佐幸信介（2012）「ジャーナリズムにとって相対的自律性は可能か」『ジャーナリズム＆メディア』（4）、221-234号。

サンスティーン、C著、石川憲幸訳（2001=2003）『インターネットは民主主義の敵か』毎日新聞社。

佐藤俊樹（1996）『ノイマンの夢・近代の欲望――情報化社会を解体する』講談社選書メチエ。

――（2010）『社会は情報化の夢を見る』河出文庫。

Schneider, J. W. (1985) "Social Problems Theory: The Constructionist" in *Annual Review of Sociology*, Vol. 11, pp. 209-229.

関礼子（2003）『新潟水俣病をめぐる制度・表象・地域』東信堂。

瀬川晃（1995）『イギリス刑事法の現代的展開』成文堂。

――（1998）『犯罪学』成文堂。

千田有紀（2001）「構築主義の系譜学」上野千鶴子編『構築主義とは何か』勁草書房、1-41頁。

新明正道（2007）『社会学史概説』岩波書店。

下川耿史（2003）『環境史年表　昭和・平成1926-2000』河出書房新社。

Spector, M. and J. I. Kitsuse (1977=1987) *Constructing Social Problems*, Aldine de Gruyter.

スペクター、M、J・I・キツセ著、村上直之・中河伸俊・鮎川潤・森俊太訳（1977=1990）『社会問題の構築――ラベリング理論をこえて』マルジュ社。

Shoemaker, P. J. and S. D. Reese (1991) *Mediating the Message: The Theories of Infruences on Mass Media Content*, Longman
シュッツ、A著、佐藤嘉一訳（1932=2006）『社会的世界の意味構成』木鐸社。
A. Schutz, *Collected Papers I*, The Hague.（渡部光・那須壽・西原和久訳（1962=1983・1985）『アルフレッド・シュッツ著作集第1・2巻　社会的現実の問題［1］［2］』マルジュ社。）
――*Collected Papers II*, The Hauge.（渡部光・那須壽・西原和久訳（1964=1991）『アルフレッド・シュッツ著作集第3巻　社会理論の研究』マルジュ社。）

――*Collected Papers III*, The Hauge.（渡部光・那須壽・西原和久訳（1966=1998）『アルフレッド・シュッツ著作集4巻　現象学的哲学の研究』マルジュ社。）

スプロンデル、W・M編（2009）『社会的行為の理論論争――A・シュッツ＝T・パーソンズ往復書簡改訳版』木鐸社。

Springhall, J. (1999) *Youth, Popular Culture and Moral Panics*, Palgrave Macmillan.

鈴木基之・植田和弘（2009）『環境と社会』放送大学出版会。

平英美・中河伸俊（2000）「序」『構築主義の社会学――論争と議論のエスノグラフィー』世界思想社。3-16頁。

平英美・中河伸俊編（2000）『構築主義の社会学――論争と議論のエスノグラフィー』世界思想社。

――（2006）『新版　構築主義の社会学――実在論争を超えて』世界思想社。

高峰武（2004）「水俣病とマスコミ」原田正純編『水俣学講義』日本評論社、１２３‐１６１頁。

高橋昌一郎（2002）『科学哲学のすすめ』丸善出版。

竹内正雄他（1999）『地球環境サイエンスシリーズ13　ダイオキシンと環境』三共出版。

竹田青嗣（2004）『近代哲学再考――「ほんとう」とは何か　自由論』径書房。

――・現象学研究会（2008）『知識ゼロからの哲学入門』幻冬舎。

玉木明（1992）『言語としてのニュー・ジャーナリズム』學藝書林。

――（1996）『ニュース報道の言語論』洋泉社。

田村紀雄・林利隆編（1999）『新版　ジャーナリズムを学ぶ人たちのために』世界思想社。

田村紀雄・林利隆・大井眞二編（2004）『現代ジャーナリズムを学ぶ人のために』世界思想社。

田中伸尚（2002）『靖国の戦後史』岩波書店。

田中耕一（2003）「再帰性の神話――社会的構築主義の可能性と不可能性」『関西学院大学社会学部紀要』（93）、93‐１０８頁。

Taylor, I., P. Walton, and J. Young (1973) *The New Criminology: For Social Theory of Devine*, Routledge.

Thompson, K. (2003) *Moral Panics*, Routledge
富樫豊・小俣一平（2008a）「取材現場で何が起きているのか（上）２００７年ＮＨＫ記者、カメラマンアンケート調査結果から」『放送研究と調査』58（2）、2‐28頁。

――（2008b）「取材現場で何が起きているのか（下）２００７年ＮＨＫ記者、カメラマンアンケート調査結果から」『放送研究と調査』58（３）、2‐27頁。

徳岡秀雄（1987）『社会病理の分析視角――ラベリング論・再考』東京大学出版会。

――（1997）『社会病理を考える』世界思想社。

富田富士雄（1983）『社会問題の社会学』有隣堂。

Tuchman, G. (1972) "Objectivity as a Strategic Ritual," *American Journal of Sociology*, Vol. 77 (4), pp. 660–679.

タックマン、G著、鶴木眞・櫻内篤子訳（1978=1990）『ニュース社会学』三嶺書房。

津田正太郎（2010）「モラル・パニックとメディア――監視社会における「自由」の論理の衝突」石坂悦男編『市民的自由とメディアの現在』法政大学出版局、29‐60頁。

――（2012）「戦後日本の社会理論における権力主体とメディア」『戦後日本のメディアと市民意識――「大きな物語」の変容』ミネルヴァ書房、45‐88頁。

――（2016）『メディアは社会を変えるのか――メディア社会論入門』世界思想社。

辻正二（2000）『高齢者ラベリングの社会学――老人差別の調査研究』恒星社厚生閣。

鶴見俊輔（1965）「解説、ジャーナリズムの思想」『現代日本思想大系12　ジャーナリズムの思想』筑摩書房、7-46頁。

鶴木眞編（1999）『客観報道――もう一つのジャーナリズム論』弘文堂。

鶴木眞（1999）「国際ニュースとメディア・フレーム」『客観報道――もう一つのジャーナリズム論』弘文堂、１７３-１９４頁。

上野千鶴子編（2001）『構築主義とは何か』勁草書房。

上野加代子（1996）『児童虐待の社会学』世界思想社。

上野加代子・野村知二（2003）『〈児童虐待〉の構築――捕獲される家族』世界思想社。

梅田拓也（2018）「社会理論とメディア研究――ニクラス・ルーマンのマスメディア理論の再解釈」『マス・コミュニケーション研究』92、87-１０４頁。

Ungar, S. (1998) "Bringing the Issue Back in," *Social Problems*, Vol. 45 (4), pp. 510-27

――（2001）"Moral Panic versus the Risk Society," *British Journal of Sociology*, Vol. 52 (2), pp. 271-291

Waddington, J. (1986) "Mugging as Moral Panic: A Question of Proportion," *British Journal of Sociology*, Vol. 37 (2), pp. 245-259.

Wahl-Jorgensen, K. and T. Hanitzsch (2009) "Introduction: On Why and How We Should Do Journalism Studies" in K. Wahl-Jorgensen and T. Hanitzsch (eds.) *The Handbook of Journalism Studies*, Routledge, 3-16.

若林誠一・漆間治（2004）「メディアの何が問われているのか」『放送研究と調査』54（1）、日本報道協会出版会、36-57頁。

若宮啓文（2008）『闘う社説――朝日新聞論説委員室２０００日の記録』講談社。

ウールガー、S、D・ポーラッチ著、平英美訳（1985=2000）「オントロジカル・ゲリマンダリング」平英美・中河伸俊編『構築主義の社会学――論争と議論のエスノグラフィー』世界思想社、18-45頁。

山口仁（2005）「情報社会論とインターネット社会論の連続性」『メディア・コミュニケーション』第55号、19-32頁。

――（2006）「地方紙のニュース生産過程」『メディア・コミュニケーション』第56号、２１１-２２３頁。

――（2011）「ネット・ジャーナリズムの可能性」三野裕之編『デジタルメディア社会の展望』ムイスリ出版、１５９-１７１頁。

――（2018）「現象としての『フェイク・ニュース』、認識としての『フェイク・ニュース』」『帝京社会学』第31号、77-92頁。

山口いつ子（2005）「ニュース放送と名誉毀損」堀部政男・長谷部恭男編『別冊ジュリスト№１７９　メディア判例百選』有斐閣、１９０-１９１頁。

山口節郎（2002）『現代社会のゆらぎとリスク』新曜社。

山腰修三（2006）「地方紙と地域問題」『メディア・コミュニケーション』（56）、１９９-２１０頁。

――（2012）『コミュニケーションの政治社会学――メディア言説・ヘゲモニー・民主主義』ミネルヴァ書房。

山際澄夫（2007）『これでも朝日新聞を読みますか？』ワック。

山本明（1967）『現代ジャーナリズム』雄渾社。

――（1969）「日本ジャーナリズム論史の一デッサン」『新聞学評論』18、61-69頁。

山本博（2001）「調査報道とは何か」『新聞研究』２００１年3月号、22-25頁。

山本武利（1986）『公害報道の原点』御茶の水書房。

横田一（2001）『所沢ダイオキシン報道』緑風出版。

米川茂信（1991=2002）『現代社会病理学——社会問題への社会学的アプローチ』学文社。

——（2004）「現代社会と社会病理学」松下武志・米川茂信・宝月誠編『社会病理学講座1　社会病理学の基礎理論』学文社、1-26頁。

吉岡一男（1991）『ラベリング論の諸相と犯罪学の課題』成文堂。

吉田理恵・中野佐和子（2006）「生活時間調査からみたメディア利用の変遷と現在」『放送研究と調査』２００６年7月号、64-74頁。

好井裕明（1987）「『あたりまえ』へ旅立つ」H・ガーフィンケル他著、山田富秋・好井裕明・山田敬一訳『エスノメソドロジー——社会学的思考の解体』せりか書房、２９７-３１０頁。

吉澤夏子（2002）『世界の儚さの社会学——シュッツからルーマンへ』勁草書房。

Zelizer, B. (2004) *Taking Journalism Seriously: News and the Academy*, SAGE.

—— (2009) "Journalism and the Academy," K. Wahl-Jorgensen and T. Hanitzsch (ed.) *The Handbook of Journalism Studies*, Routledge, 29-41.

参照資料・参照ホームページ

※ここで掲載したホームページは、２０１８年4月に確認済み。

内閣府大臣官房政府広報室編『月刊世論調査』各号。
全国紙（東京版）：『朝日新聞』、『読売新聞』、『毎日新聞』、『産経新聞』。
月刊総合誌：『諸君！』文藝春秋、『正論』産経新聞社、『世界』岩波書店、『ＷｉＬＬ』ワック。
日本新聞協会編『新聞研究』各号。
厚生省（厚生労働省）『厚生白書』　http://www.mhlw.go.jp/toukei_hakusho/hakusho/kousei/
環境省『公害白書』『環境白書』　http://www.env.go.jp/policy/hakusyo/past_index.html
ダイオキシン類対策特別措置法　http://law.e-gov.go.jp/htmldata/H11/H11HO105.html
環境省（2013）『水俣病の教訓と日本の水銀対策』　https://www.env.go.jp/chemi/tmms/pr-m/mat01/ja_full.pdf
郵政省（総務省）『情報通信白書』　http://www.soumu.go.jp/johotsusintokei/whitepaper/
文部科学省国際教育協力懇談会資料（2002）「我が国の教育経験について：環境教育」　http://www.mext.go.jp/b_menu/shingi/chousa/kokusai/002/

shiryou/02801ee.htm
人間環境宣言（1972） http://www.env.go.jp/council/21kankyo-k/y210-02/ref_03.pdf
新聞通信調査会（2010）『メディアに関する全国世論調査』 http://www.chosakai.gr.jp/notification/pdf/report3.pdf
判例検索システム（裁判所） http://www.courts.go.jp/search/jhsp0010?hanreiSrchKbn=01
朝日新聞：「ＮＨＫ報道」委員会の見解と各委員の意見（２００５年９月30日） http://www.asahi.com/shimbun/release/20050930a.html リンク切れ
朝日新聞の不祥事年表 http://www35.atwiki.jp/kolia/pages/108.html
マスコミ不祥事（ウィキペディア内） http://ja.wikipedia.org/wiki/%E3%83%9E%E3%82%B9%E3%82%B3%E3%83%9F%E4%B8%8D%E7%A5%A5%E4%BA%8B
ログ速 https://www.logsoku.com/r/2ch.net/newsplus/1418258031/
政経ch政経ちゃんねる http://fxya.blog129.fc2.com/blog-entry-17814.html
ねっとのＮＥＷＳ http://netnonews.net/2014/12/11/13077
ドクダミ速報 http://doku.publog.jp/archives/18480862.html（リンク切れ）
黒マッチョニュース http://kuromacyo.livedoor.biz/archives/1793344.html
超速☆ニュース http://tyousokunews.blog.fc2.com/blog-entry-5319.html
ブルボッコチャンネル http://fullbokko.2chblog.jp/archives/41750220.html
「お粗末な朝日新聞『吉田調書』のキャンペーン記事」 http://blogos.com/article/87529/
新聞協会調査 http://www.pressnet.or.jp/data/
togetter「共同通信、印象操作で山中教授を叩く」⇒「炎上」⇒「記事をＵＲＬそのままでタイトルと内容をごっそり書き換えて改竄」 https://togetter.com/li/119328O
togetter「共同通信の山中バッシングとは関係ないという朝日新聞記者のつぶやきとＲＴ」 https://togetter.com/li/1193361
ＮＨＫ放送文化研究所『放送研究と調査』 https://www.nhk.or.jp/bunken/research/title/month/2012/index.html
インターネット・アーカイブ http://archive.org/index.php

おわりに

近代以降、社会的な事件・出来事に関する情報の伝達をする活動の大部分をマス・メディア組織（新聞社、放送局など）が担ってきた。それらの行為は社会の人々の間で「ジャーナリズム活動（報道活動・評論活動）」として理解され、そうしたマス・メディアの活動をめぐるさまざまな現実（例：「マス・メディアとはニュースを伝える存在だ」、「マス・メディアはニュースを正しく伝えられるべきだ」、「マス・メディアはその役割を果たしている（果たしていない）」）が構築・構成されてきた。

だが、このような現実の構築・構成の過程はあくまでも現象学的社会学やその流れを汲んだ社会構築主義的な視座に立つことで見えてくる理念上の過程であった。日常的にこうした過程が常に活性化しているわけではない。そのため、こうした過程をわざわざ研究対象に据えようという試みはほとんど存在しなかったのも無理はない。

もちろん日常生活を営む人々が、彼らが普段接しているマス・メディア報道に関して解釈をしてこなかったということではない。ただ、その解釈を他者に伝えたり、社会的に共有したりするには、やはりマス・メディアに相当程度依存せざるをえなかった。もしくは「メディア・リテラシー」や「ＮＩＥ（教育に新聞を活動）」と呼ばれる教育の場において、マス・メディア報道に対する解釈が行われてきた程度であろう。あるいは、本書の第Ⅱ部で取り上げたダイオキシン問題報道のように、特定のマス・メディア報道が社会問題化していくという特殊的状況においてのみ、マス・メディア報道をめぐる現実の構築・構成過程は活性化していたのである。

だが、インターネットの普及によってそれらの特殊的状況は一般的状況へと変化しつつある。人々はインターネットを活用することで、マス・メディア報道に関する解釈を他の人々と共有することが極めて容易にできるようになった。この傾向を加速させたのが、マス・メディア組織の「斜陽化」である。マス・メディア組織にとって、インターネットの台頭は自らの経営基盤を揺るがしかねない事態だった。多くの経営者が、マス・メディアの従来のビジネスモデルはもはや通用しないと繰り返し述べている。「マス・メディア報道に関する現実の構築・構成過程」は、インターネット利用者によってだけではなく、マス・メディア組織によっても活性化させられている。

そして「フェイクニュース」「オルタナティブ・ファクト」「ポスト真実」というキーワードで、インターネットのあり方もまた激しく論じられている。メディアをめぐる現実の構築・構成過程が活性化した時代、それが現代社会なのである。そうした時代では「ジャーナリズム」の構築・構成のあり方も変わらざるをえないだろう。

本書は2012年に慶應義塾大学大学院法学研究科へ提出した学位請求論文「ジャーナリズムに関する構築主義的アプローチ—マス・メディアと二重の現実の構築・構成—」をもとにしたものである。この博士論文をとりまとめていたのは2010年4月から2012年5月であるが、その最中に戦後日本社会の転換点である東日本大震災が発生した。しかし、それが論文の内容に大きな変化をもたらすことはなかった。むしろ自分がまとめてきたジャーナリズムに関する議論が裏付けられたような気すらした。不確実性・予防原則を唱えながら「警鐘的」な報道を正当化するマス・メディアがある一方で、そうした報道を批判する別のマス・メディア、マス・メディア批判を自らの正当性の根拠にしながら報道を行う非主流派のマス・メディアやネット・メディア、さらにはそうした論争に巻き込まれる研究者……、どれも本書で議論してきた枠組みで把握できると思えたからである。

もっとも本来、論文博士（乙種）であれば学位授与と同時並行的にその成果を出版するべきであろう。これに関しては、筆者の生来の憶病なところと面倒くさがりなところもあって、出版までこうして何年も経ってしまったのは不徳のいたすところである。その代わりと言っては何だが、いくつかの論考（6章の一部、7章、終章）を追加することで、現代社会の問題に少しでも迫ったつもりではあるが……。

ジャーナリズムと社会問題を研究することの奇妙でやっかいなところは、その対象領域が何重にもメタ的構造に重なり合っていることである。すなわち、①社会問題とされる現象（事件・出来事そのもの）、②それを報道・論評するメディアの記事（出来事の解釈）、③そうしたメディアの活動を分析する活動（出来事の解釈に関する解釈）である。もっとも、人間はこうした理念型的分類にそって活動しているわけではない。事件・出来事の当事者が自前のメディアでそうした事件を伝える、メディアがメディアの活動自体に規範的に自己言及する、など複数の次元にまたがってメディアにまつわる現実は構築・構成されている。

こうした日常生活において「すで」に行われている諸活動に、研究者はどういう立場で臨むべきか。ここでしばしば主張されるのが「社会科学は立場性が避けられないので、それを自覚しながら研究すべき」というという見解である。こうした見解は、ジャーナリズム研究以外ならば通用するかもしれないが、①のように社会問題そのものに対する見解が②や③の研究に影響を与えてしまう以上、①に関して安易な覚悟はあまり意味をなさない。もちろん、自分が有する価値観・イデオロギーを「限界を抱えたもの」として自覚することは必要であるが、それはあくまでも研究のスタートにすぎないのである。

筆者は、ジャーナリズムの研究は一般的な説明、すなわち理論構築を目指すべきであると考えている。そのためには「社会問題とされるもの」や「ジャーナリズムとされるもの」についての「カッコ入れ」、とくに現代の研究界隈の中で当たり前とされているものについてそれをする必要があると思う。そうでなければメディアにまつわる現実の構築・構成過程を普遍的・網羅的に把握することは困難であろう。特に現代のように、「正統的な」秩序それ自体が問題視されている状況においては、自分自身が拠って立つ価値観すらもポーズではなく疑う姿勢が求められる。

そしてジャーナリズムの研究は、ジャーナリズムの実践とは異なる論理で行われるべきだとも筆者は考える。これはジャーナリズムの論理をどうとらえるかにもよるだろうが、少なくともジャーナリズムに対して対抗的言論を展開することはジャーナリズム研究とは言えないと思う。ではジャーナリズム研究とは一体どんな論理で展開されるべきなのだろう？　その問いに対する回答（のごく一部）を本書で示してきたつもりだが、まだまだ先は長い。そういう点で「はじめに」でとりあげた「ジャーナリズム研究というものはない」という意見は、この研究を行っていく以上、筆者が立ち向かっていかなくてはならないものである。

さらに一人ひとりが情報発信できる時代に、そうした研究を学術出版物として情報発信することの意義とは何だろうか。かつて筆者はソーシャル・メディアで情報発信の真似事をしたことがあるのだが、情報発信の「サイクル」の差が重要なのだと痛感した。幸いにも大学教員（研究者）として活動することが許されている筆者ではあるが、どのような情報発信をするべきなのだろうか。おそらく「社会」の流れとは異なった視点やサイクルで活動することが、研究者としての責任なのだと思う（もちろん研究者といえども「社会」から独立することはできないのではあるが……）。

そしてそうした研究から生まれる概念、理論、モデルは、ジャーナリズムの実践とは異なるスパンで存在するものになるだろう。もちろんジャーナリズムを研究する者が、ジャーナリズムの実践をすることもできるし、逆にジャーナリズムの実践をする者がジャーナリズムを研究することも可能である。しかしそれは別の作業なのである。

インターネット、とくにＳＮＳの普及に伴い、人々の表層的なコミュニケーションは活性化する一方、社会の「分断」がまた指摘されるようになってきている。それは社会問題をめぐる状況、そうした社会問題を報道するジャーナリズム、さらにジャーナリズムを考察する議論・研究にまで「分断」をもたらしつつある。そうした中で、ジャーナリズムを研究することを通じて社会に「統合」をもたらす、少なくとも共通の議論の土台を作っていくことがジャーナリズムの研究にも求められると筆者は考えている。

こういう状況下で「社会科学としてのジャーナリズム研究」、さらには（社会）科学の基底となる「哲学」について考えるときに、筆者が共感するのがある哲学の入門書に書かれていた竹田青嗣の言葉である。

哲学は〝この問題について、誰が考えてもこういうのがいちばん妥当だ〟と言えるような道だけを探して進む。それが哲学の独自の方法だ。そこですぐれた哲学の考えは、何度も何度も読んでいく内に、必ず、だんだんかみ砕かれて、一般の人に理解できるようなものになってゆく。それが哲学の思考のとても重要な特質だと私は思う。すぐれた哲学ほど、複雑な問題を扱っていながら、それをよく追いつめて、誰もがなるほどこれはこう考える以外にないな、と思えるような「原理」にまで届いているのである。（竹田・現象学研究会編 2008, 011）

ジャーナリズム研究に求められるものがあるとすれば、ジャーナリズムに関する諸現象の「原理」に向かって、概念と理論を精緻化していくことにほかならないと筆者は考える。

こうした「思い」の一方で、本書の理論的な「詰め」はまだまだ発展途上であると痛感している。本書は社会学理論（のごく一部）に依拠しながら、ジャーナリズムを論じてきたわけだが、社会学理論は膨大な歴史があり、それは現在でも進化し続けてもいる。例えば一言で「ジャーナリズムを社会的行為としてとらえる」といっても、その社会的行為の基底にあるものは何かという問いはもっと深く掘り下げることができるだろう。現に、現象学的社会学の発想は意識的・言語的な領域のみにとどまらず、人々の身体的側面にも注目するようになってきているという。またブルデューの「界・領域の理論」を用いながら、「ジャーナリズム」という特殊な業界・領域で通用する論理を探っていくという方向もあるだろう（例えばニック・クドリーは「界の理論」に基づいてメディアの「界」を論じている）。

ほかにも、現象学的社会学と社会システム論を組み合わせることでより総合的な社会理論を展開したルーマンのコミュニケーション論に基づいてジャーナリズム研究を展開していくことも可能であろう。ルーマンの議論は、本書の第7章で「信頼」の構築・構成過程を論じる際にわずかに言及したが、近年、ジャーナリズム研究の観点からルーマンに言及するもの、特に若手の研究者の論文も公刊されるようになってきている（たとえば梅田 2018 参照）。社会学理論が進化・深化するかぎり、その知見はジャーナリズム研究にも反映できるし、そうならなければならない。

また本書では、政治過程研究における規範論としてのジャーナリズム研究という側面についてはほとんど言及しなかった。現在のジャーナリズムを支える主要な規範、例えば表現の自由や民主主義などに関しては、政治哲学の途方もない蓄積がある。今後はそうした領域の議論をふまえつつもそれを超えた政治哲学に基づいてジャーナリズムの規範を論じる必要性も生じてくるはずである。

いずれにせよ具体的な社会問題報道に関する時事的な評論へと引き寄せる重力から離れてジャーナリズムを俯瞰的に論じるためには社会理論・政治理論の推進力が必要なのである。本書にもその推進力が少しはあると自負はしているものの、それが「ジャーナリズム批判」の重力圏を抜けられたのか、それとも途中で再度地面に落下する試みだったかは、読者の評価を待たねばならない。なお、本書で用いたデータや文献の引用・参照については注意を払ったつもりではあるが、お気づきの点はご指摘くだされば幸いである。

学際的・応用的な研究分野ということもあって、本書はまさにさまざまな人々との「出会い」によって構築・構成されたものである。学術書の「あとがき」ではこうした人々に対して御礼を表明することが通例になっているようだが、本書は特に幾多の人との対面的相互作用の産物である。長い自分語りになるが、思考の過程を吐露するものとご笑覧くだされば幸いである。

筆者の研究人生の中で最初の「就職」先としてお世話になったのが、財団法人国際通信経済研究所（2007年3月に解散し、現在は一般財団法人マルチメディア振興センターにその事業が継承されている）である。筆者が所属していた情報通信研究部は、主に海外の情報通信政策や情報経済に関する調査・研究業務を行う部署だった。この研究所で行った情報化社会に関する共同自主研究は、筆者がその分野に興味を持つきっかけにもなった。それは最初に担当した講義「情報化社会論」でも活かされた。大学の教壇に立つ機会を与えてくださった尚美学園大学の三野裕之先生には感謝している。そして筆者の人生に影響を与えたのは、こうした調査・研究の〝内容〟だけではなかった。おりしも小泉郵政改革の影響を受け、財団も収益構造に大きな変化があって財務状況は急速に悪化していた。筆者はたまたまそうした時期に勤務していたが、「研究所」としてのアイデンティティが大きく揺らいでいくのがひしひしと感じられた。豊富な財源に支えられていた自主研究・公益研究はどんどん縮小され、官公庁や民間企業からの受託研究、情報サービスの割合が増していった。別にどの仕事が崇高であるのかという区分をするつもりはない。ただ全職員数十人という小さな組織だったこともあり、経営環境の変化が業務内容の変化に直結しやすかった。こうした環境の激変が、それまで「ただ良い研究をしていればよい」と思い込んでいた自分の認識を大きく変えたことは確かである。そして「自分たちの仕事の意味・意義について考えながら仕事する」という行為をまさに実践することになった。同僚との日常的な会話、上司との衝突を含んだ相互行為、そして「研究とは何か」「研究をする環境はどう維持されるべきなのか」と繰り返し考えるようになった。今になって思えば、「ジャーナリズムとは何か」「大学とは何か」を自問自答するジャーナリズムの関係者や大学関係者と似たようなものだったのかもしれない。ジャーナリズムを特殊な領域とみなしすぎず、ほかの領域と比較しながら考える癖はここらへんで着いたのだろう。そういう意味では、一緒に「苦難」を乗り越えたかつての同僚達には感謝している。

筆者が本格的に博士論文の取りまとめにかかったのは、２０１０年に帝京大学文学部社会学科に有期助教として赴任してからである。その際、筆者が論文に集中して取り組めるように、授業や事務作業の負担を軽減してくれた同僚諸氏には非常にお世話になった。

さらに同僚の社会学者たちとの日常的なコミュニケーションが研究のヒントにもなった。たとえば私の「みんな、ジャーナリズムのことを語りたがるんですよね。不思議な研究領域です」という何気ない一言に「実は教育も同じなんですよ。みんな『教育』の経験者ですからね。みんな教師とか学校とかには一家言あるんですよ。そういう点でジャーナリズム論と教育学は似ているんですね」とコメントしてくれた教育社会学者。「人々の意識が社会を動かす。でも社会意識に影響を与えるのはメディアだけではなくて、教育もそうだし、国によっては宗教がいちばん影響力持っているんです」という宗教学者の会話、「社会学もジャーナリズムもどちらも社会問題を扱うと思うんですけど、社会学独自の特徴って何なんでしょうね」という私の素朴な疑問に「やはり社会学は理論化を意識しないといけないと思うんだよね」と返してくれた理論社会学者の同僚。逆に「人々の行為は意識なんかに影響されない、社会構造で決まる」とウェーバー批判を展開する人口学者との世間話では、メディアや社会意識・世論を論じることそれ自体の意味を再度考えさせられた。自分の経験を巨匠と比べるのは気が引けるが、ジョン・キツセはエスノメソドロジー研究者のハロルド・ガーフィンケルの同僚であったらしい。ガーフィンケルからの耳学問がキツセの議論に影響を与えたという話は、なるほど同僚との何気ない会話が研究を発展させる思わぬヒントになるものだと再確認する。

そしてジャーナリズムを社会学的な観点から考察するというのは「わかりづらい分野」ではある。本書のいくつかの章は間接的には競争資金の支援を受けて実施した研究をもとにしているが、大学の個人研究費に大きく依存していることも確かである。競争資金のために企画書を書くということなしに〝とりあえず〟研究を始められるのは非常にありがたい。応用研究というよりは基礎研究としての要素が強い本書ではあるが、こうした研究を可能にする経済的・時間的・精神的余裕を与えてくれる帝京大学には感謝したい。

筆者の研究のスタイルは、決して現代のスタンダードなものではないと思う。研究計画をしっかりと練って、論文を執筆していくスタイルとは程遠い。そうした性格の筆者にとって共同研究は貴重な勉強の機会である。とくに2003年からお世話になった水俣病事件報道研究会（文部科学省科研費の「水俣病事件報道のメディアテクストとディスクールにかんする研究」「メディア環境における水俣病事件の構築と記憶」による）では事例調査の場を得ることができた。右も左もわからぬまま、共同研究者とともに熊本・水俣の現地調査を行い、新聞記事の報道を分析し、報告書の分担執筆もさせていただいた。自分の研究の「手ごたえ」もなんとなくつかめるようになってきたのがこの頃である。水俣病事件報道の研究は、その後のダイオキシン問題報道研究へとつながっていった。研究代表者の小林直毅先生、共同研究者の藤田真文先生、伊藤守先生、別府三奈子先生、小林義寛先生には大変お世話になった。

筆者の研究人生は、慶應義塾大学とともにあった。本書のもとになった博士論文は李光鎬先生と澤井敦先生に副査として審査をしていただいた。お二人にはその後も慶應義塾大学メディア・コミュニケーション研究所における研究・教育活動で大変お世話になっている。また研究所の前所長の山本信人先生にも研究の機会、アドバイスをしばしばいただいている。

また慶應義塾大学大学院の先輩である津田正太郎氏、烏谷昌幸氏は、研究者として尊敬しているのは当然として、なによりそのお人柄に大変助けられた。それまで「先輩―後輩」という人間関係の中で生きてこなかった不躾な私がなんとかこれまでやってこられたのは、お二人のおかげだったと言っても過言ではない。また後輩で情報社会論が専門の平井智尚氏、政治コミュニケーション論が専門の三谷文栄氏には、筆者の「思い付き」をよく聞いてもらった。かれらと話すことによって自分の思考が整理されたのには感謝している。そして同輩の山腰修三氏との出会いは、自分の研究人生の中で大きなウェイトを占めている。今から20年近く前、学部3年のときに政治学科大石裕ゼミに入ったときからの付き合いである。いまでも慶應義塾大学を訪ねた際には彼の研究室に寄らせてもらうが、そういう場での何気ないコミュニケーションが自分の研究の原動力・推進力となっているように思う。なお大学院の研究室内のこうした関係性について、前述の津田氏は著書のあとがきで「腐れ縁」と評していたが、そうした「腐れ縁」が今後も続くことを願っている。

大石裕先生には学部ゼミから指導していただいたが、実はそれ以前から密かにお世話になっている。慶應義塾には大変申し訳ないのだが、政治学科は筆者の第一希望ではなかった。入学式もそれほど晴れやかな気持ちで迎えられなかった。当時の筆者は、大学とは適当に単位をとって卒業していくものという認識だった。しかし1年生の春学期に受けた大石先生の「社会学（政治学科の必修科目）」が自分の意識を大きく変えた。それまで社会学もマス・コミュニケーション研究もジャーナリズム研究のこともまったく知らなかった私が「大学の勉強って結構面白いものなんだな」と思ったきっかけがその授業だった。そうした偶然が自分の研究人生の始まりだったと思うと感慨深い。大学院では、大石先生が展開されていた「現実の社会的構築・構成」という考え方を取り入れつつも、それを少しでも先に進めるべく研究してきた。学位論文と本書はその成果である。とはいえ、学恩に報いるというにはまだまだ不十分だろう。「最初の単著は一点突破・全面展開たるべき」をモットーに、今後は広げた大風呂敷（特に終章）の処理の仕方について考えていきたい。

初出の原稿・論文を本書へ収録することを許可してくださった、慶應義塾大学大学院法学研究科、帝京大学文学部社会学科、藤原書店、日本マス・コミュニケーション学会、ミネルヴァ書房、帝京大学情報処理センター、慶應義塾大学メディア・コミュニケーション研究所、日本大学法学部に対して御礼を申し上げたい。なお本書の出版にあたり慶應法学会から助成をいただくことができた。感謝の意を表したい。

また厳しい出版状況のなか本書をこうして公刊させてくださった勁草書房の鈴木クニエ氏にも感謝したい。出版のことについて何もわからないまま企画を持ち込んだ筆者の相談相手となり、多大なアドバイスをくださった鈴木氏のご協力がなければ本書がこうして公刊されることはなかっただろう。

最後に私事にわたることをご容赦願いたい。当初の進路を変更し、研究者を志した私を理解し支えてくれた父・清徳、母・文枝に本書を捧げたいと思う。

2018年4月

山口　仁

初出一覧

第1章　「構築主義再考　―J・キツセを手掛かりに―」『法学政治学論究』第59号、2003年。

第2章　書き下ろし。

第3章　「社会的世界の中の『ジャーナリズム』―構築主義的アプローチからの一考察―」『帝京社会学』第24号、2011年。

第4章　①『全国報道』における水俣病事件の表象」小林直毅編『「水俣」の言説と表象』藤原書店、2007年。

②「戦後日本のマス・メディア報道と公害・環境問題　―市民意識、マス・メディア報道、報道規範の相互関係―」大石裕編『戦後日本のメディアと市民意識』ミネルヴァ書房、2012年。

第5章　①「ダイオキシン問題とマス・メディア報道―『不確実性』下における社会問題の構築過程に関する一考察―」『マス・コミュニケーション研究』第74号、2009年。

②「ダイオキシン問題報道における『ニュースステーション問題』―ジャーナリズム批判による現実の社会的構築・構成―」『メディア・コミュニケーション』第60号、2010年。

第6章　①「クレイム申し立ての中のマス・メディア　―小泉首相の靖国参拝問題論争（2005-2006）を事例に―」『メディア・コミュニケーション』61号、2011年。

②「マス・メディアの世論調査・報道の対するネット上の反応」『情報処理センター年報』、17号、2015年。

③「インターネット社会においてジャーナリズム論は成立するのか？　構築主義的パースペクティブの多層的適用」『帝京社会学』第30号、2017年。

第7章　①『「ジャーナリズム」の構築過程に関する一考察：不確実性下における『信頼』概念を手掛かりに」『メディア・コミュニケーション』64号、２０１４年。
②「ニュースメディアの信頼性の構築に関する問題提起」『ジャーナリズム＆メディア』11号、２０１８年。
終　章　①「ジャーナリズム論と『大衆（マス）』：インターネット社会で活性化する「マスコミ批判」をどうとらえるべきか？」『メディア・コミュニケーション』第67号、２０１７年。
②「インターネット社会においてジャーナリズム論は成立するのか？　構築主義的パースペクティブの多層的適用」『帝京社会学』第30号、２０１７年。

※第1章から第6章までは博士論文（慶應義塾大学）に所収。

マ 行

ヤ 行

ラ 行

索　引

著者略歴

1978年埼玉県生まれ。2001年慶應義塾大学法学部政治学科卒業、2006年同大学院法学研究科後期博士課程（政治学専攻）単位取得退学。財団法人国際通信経済研究所、財団法人マルチメディア振興センター、帝京大学を経て、日本大学法学部新聞学科准教授。博士（法学）。

主要著作 『戦後日本のメディアと市民意識』（共著、ミネルヴァ書房、2012年）、『戦後日本のメディアと原子力問題』（共著、ミネルヴァ書房、2017年）、『現代ジャーナリズムを学ぶ人のために 第2版』（共著、世界思想社、2018年）。専門はジャーナリズム研究、マス・コミュニケーション研究、政治社会学、情報社会論。

メディアがつくる現実、メディアをめぐる現実
ジャーナリズムと社会問題の構築

2018年8月15日　第1版第1刷発行
2021年7月20日　第1版第2刷発行

著　者　山《やま》　口《ぐち》　　仁《ひとし》

発行者　井　村　寿　人

発行所　株式会社　勁《けい》　草《そう》　書　房

112-0005 東京都文京区水道2-1-1　振替　00150-2-175253
（編集）電話 03-3815-5277／FAX 03-3814-6968
（営業）電話 03-3814-6861／FAX 03-3814-6854
精興社・牧製本

ISBN978-4-326-60308-4　　Printed in Japan

大石　裕　メディアの中の政治　A5判　四〇七〇円　30227-7

大石　裕　政治コミュニケーション　理論と分析　A5判　四〇七〇円　30122-5

津田正太郎　ナショナリズムとマスメディア　連帯と排除の相克　A5判　七一五〇円　60294-0

畑仲哲雄　地域ジャーナリズム　コミュニティとメディアを結びなおす　A5判　五二八〇円　60272-8

上野千鶴子編　構築主義とは何か　四六判　三〇八〇円　65245-7

野口裕二編　ナラティヴ・アプローチ　四六判　三〇八〇円　65340-9

＊表示価格は二〇二一年七月現在。消費税10%が含まれております。